Mark Meynell

CÓMO LEER Y PREDICAR EL NUEVO TESTAMENTO

Cómo leer y predicar el Nuevo Testamento

Original en inglés: *What Angels Long to Read: Reading and Preaching the New Testament*
Langham Publishing
PO Box 296, Carlisle, Cumbria CA3 9WZ, United Kingdom
www.langham.org

Hecho el Depósito Legal en la Biblioteca Nacional del Perú N° 2019-04939
ISBN N° 978-612-4252-28-0

Primera edición: abril 2019

Categoría: Estudios bíblicos - Estudios del Nuevo Testamento

Editado por:
© 2019 Centro de Investigaciones y Publicaciones (CENIP) – Ediciones Puma
Av. 28 de Julio 314, Dpto. G, Jesús María, Lima - Perú
Apartado postal: 11-168, Lima - Perú
Telf.: (511) 423–2772
E-mail: administracion@edicionespuma.org
ventas@edicionespuma.org
Web: www.edicionespuma.org
Ediciones Puma es un programa del Centro de Investigaciones y Publicaciones (CENIP)

Traducción: Sara A. Deik
Diseño de carátula: Eliezer Castillo
Fotografía del autor: Jodi Hinds
Diagramación: Hansel James Huaynate Ventocilla

Esta traducción se publica en virtud de un acuerdo con Langham Publishing

Dedicado a
David Jackman
predicador y educador,
mentor y amigo

Contenido

Segunda sección

Predicando las parábolas

Tercera sección

Predicar las epístolas

Cuarta Sección

Predicar sobre el Apocalipsis

Prólogo a la edición en castellano

Cada libro tiene una historia particular conectada con las vivencias, saberes e intereses del autor. Trazan su itinerario de vida, dan cuenta de sus experiencias, y de las destrezas que fueron descubriendo, afinando y modelando en su peregrinaje personal y colectivo. El libro de Mark Meynell, *Cómo leer y predicar el Nuevo Testamento,* expresa y delinea bien, así me parece, lo que intento comunicar al inicio de este prólogo acerca del valor, propuesta y pertinencia del aporte metodológico, pastoral, bíblico, teológico y académico del autor.

Mark Meynell tiene un amplio dominio del tema. Lo demuestra a lo largo de los distintos capítulos que son una suerte de mirada panorámica a todo el Nuevo Testamento. Pero no se trata de cualquier mirada o de una mirada desinformada, desmemoriada o descontextualizada. El autor lee y comprende el Nuevo Testamento desde un punto de vista bíblico y teológico particular. Conoce bien los dos contextos: el contexto del texto bíblico y el contexto del lector y oyente contemporáneo. Maneja con destreza el trasfondo del Antiguo Testamento y adorna con historias de vida y bosquejos contextuales lo que busca comunicar a todos sus eventuales lectores.

La lectura del libro de Mark Meynell me recordó —siempre es necesario y útil recordar estas buenas prácticas— la urgencia de leer y comprender adecuadamente el Nuevo Testamento, para transmitir su mensaje siempre contemporáneo y desafiante, a los distintos públicos con los que interactuamos diariamente dentro y fuera de la frontera religiosa. Los bosquejos explicados de predicación que el autor inserta en el libro, sobre los evangelios o las cartas paulinas (entre otros), son excelentes ejemplos de abordaje contextual basados en una lectura y comprensión del texto bíblico en su doble contexto (contexto del texto y contexto del lector y oyente). ¡Cuánta falta hace sermones o predicaciones basadas en la doble contextualización, con esmerada atención a los dos horizontes del texto bíblico, que transmitan fielmente el mensaje del Nuevo Testamento!

El libro es de lectura obligatoria para todos los que aspiramos predicar el Nuevo Testamento, contextualmente, con claridad, sencillez y relevancia. ¿No necesitan las iglesias y las sociedades humanas escuchar el mensaje del Nuevo Testamento, con el poder del Espíritu, para construir mejores relaciones humanas y hacer de nuestra casa común un espacio de vida y de justicia plenas para todas las personas, sin marginaciones y exclusiones de ninguna naturaleza?

Mark Meynell ha escrito un libro de inmenso valor para todos los públicos y, particularmente, para los maestros y los expositores de la buena noticia del reinado de Dios. Un mensaje que tiene que ser proclamado en la plaza pública como una verdad pública. Verdad pública que siempre será incómoda y que desacomodará a todos los que sean confrontados con el Dios de paz, justicia, verdad, perdón y reconciliación.

Darío A. López Rodríguez PhD
Lima, abril de 2019

Prefacio

Por supuesto, ni Jesús ni Pablo hicieron lo que este libro pretende hacer para sus lectores. Nunca predicaron del Nuevo Testamento. Nunca lo leyeron tampoco (aunque podemos asumir que Pablo releyó sus cartas dictadas antes de enviarlas, y a veces quizá quisiéramos que, en ciertos lugares, las haya editado más a fondo). Es un pensamiento inusual, pero vale la pena reflexionar acerca de ello por un momento.

Cuando leemos, predicamos y enseñamos desde el Antiguo Testamento, estamos manejando lo que Jesús, Pablo (y todos los apóstoles) sabían con gran profundidad. Tenemos su certeza de que esas Escrituras hablan con autoridad, fueron inspiradas por Dios, escritas para nuestro aprendizaje, provechosas para la instrucción, corrección y entrenamiento en justicia, etcétera. Seguimos la hermenéutica de la resurrección que Jesús expuso en Lucas 24, o por lo menos el esquema de ella, en toda la ley, los profetas y las Escrituras. Hacemos nuestro mejor intento para desenmarañar la exégesis de Pablo y amamos la manera en la que él percibe toda la historia de Dios e Israel en el Antiguo Testamento recapitulada y cumplida en Cristo y que ahora está siendo trasplantada a todas las naciones, hacia donde siempre se había dirigido. Dada la escala de la exposición del Antiguo Testamento en el Nuevo, uno creería que tenemos toda la motivación y algunos buenos modelos de predicación para nosotros mismos. El hecho de que muchos predicadores no sepan cómo o encuentran difícil predicar desde el Antiguo Testamento, justifica leer el libro complementario a éste, *Cómo Predicar desde el Antiguo Testamento.*[1]

Sin embargo, a pesar de que no vemos a Jesús o a Pablo predicar desde lo que ahora llamamos Nuevo Testamento, ciertamente vemos

1 Christopher J. H. Wright, *Cómo Predicar desde el Antiguo Testamento* (Lima: Ediciones Puma, 2016).

en ellos algunos modelos maravillosos de comunicación para diversas audiencias. Como este libro deja hermosamente claro, Jesús era un magnifico predicador, profesor, narrador —un comunicador con enorme habilidad y poder. Y Lucas se aseguró de que podamos ver y oír algunos ejemplos clásicos de Pablo cuando predicaba a los gentiles, ya sea exponiendo las Escrituras a los judíos, o anunciando el mensaje y verdad de las Escrituras, sin necesariamente citarlas.

Pero no solo nos proporcionan modelos. Aunque no predicaron del Nuevo Testamento (porque no podían), ambos Jesús y Pablo mandaron a sus discípulos a predicar y enseñar lo que eventualmente se convirtió en el Nuevo Testamento. La comisión de Jesús especifica que la tarea de hacer discípulos incluye «enseñándoles a obedecer todo lo que yo les he encomendado.» Y el legado de todo lo que Jesús hizo, enseñó y decretó, se nos ha confiado en los cuatro evangelios. La pura obediencia misional debe llevarnos a predicar los evangelios.

Y Pablo instruye a Timoteo a tomar todo lo que de él aprendió (que incluye el contenido de lo que ahora tenemos en sus cartas) y confiárselo a aquellos que fielmente lo compartirían con otros. Por lo tanto, el propio Pablo nos dio la tarea de predicar las epístolas, al menos en principio. De manera que, por su ejemplo e instrucción, Jesús y Pablo nos convocan a hacer lo que ellos nunca hicieron, esto es, predicar y enseñar esa colección de escritos inspirados que ahora tenemos el privilegio de llamar Nuevo Testamento.

¿Pero por qué deberíamos hacerlo? Quizá la respuesta más concisa a esto, apropiada para un libro en la serie de Recursos de Predicación Langham, es recordar la «lógica Langham» que es un legado del fundador de Langham Partnership, John Stott. Él nos diría que tenemos tres convicciones bíblicas y una conclusión inescapable:

- *Primero, Dios quiere que su iglesia madure*, no solamente que crezca. Esto quiere decir que Dios quiere que su iglesia crezca hasta alcanzar la madurez en Cristo.
- *Segundo, la iglesia crece por medio de la Palabra de Dios*. Cuando a la iglesia se le alimenta con la Palabra, crecerá en profundidad y madurez. Cuando no es así, fácilmente caerá en error o morirá.
- *Tercero, la Palabra de Dios llega a su pueblo principalmente por medio de la predicación*. Aunque puede que haya otras maneras en las que los cristianos estudien la palabra por sí mismos, para muchos creyentes la única forma en la que se alimentarán de

la Palabra de Dios es cuando alguien más abra la palabra y la predique.

Si estas tres cosas son ciertas, John Stott diría, entonces la pregunta lógica sería: *¿Qué podemos hacer para mejorar los estándares de predicación bíblica?*

Ese es el objetivo de los tres programas Langham, y el libro de Mark Meynell jugará sin menor duda un rol muy significativo en levantar el estándar de la predicación del Nuevo Testamento.

Es con un gran gozo y gratitud que doy la bienvenida a este libro, como una guía clara y relevante y como un feliz complemento de mi propio libro.

Chris Wright
Director Ministerial Internacional
Sociedad Langham

Prefacio

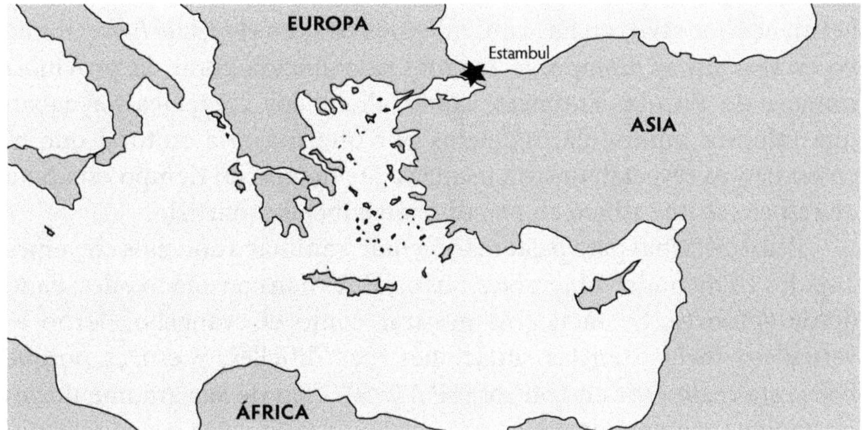

Estambul. Constantinopla. Bizancio.

Tres nombres diferentes para la misma antigua y extraordinaria ciudad. Esta ciudad es un puente entre Occidente y Asia, entre los dos continentes de Europa y Asia. Ya no es la capital de Turquía, pero sigue siendo el centro cultural del país. Mi primera visita en el 2008 fue el cumplimiento de un sueño de toda la vida. La historia única de la ciudad parece brillar en cada esquina, con restos a cada lado de los antiguos griegos, del tardío Imperio Romano, del cristianismo bizantino y del islam otomano.

¿Y luego dedicarme a la capacitación de predicadores turcos? Me pareció que un sueño se hacía realidad. Que privilegio, especialmente porque en la última década he tenido la oportunidad de hacer buenos amigos en la pequeña iglesia de habla turca en ese país de mayoría musulmana. Son una pequeña minoría, tal vez unos cuantos miles, en una población de casi 80 millones.

Una pequeña serie que predique ahí siempre estará presente en mi mente, no tanto por su impacto en la congregación, pero por su impacto en el predicador. Estaba trabajando en los dos primeros capítulos de 1 Pedro durante un taller de fin de semana sobre como predicar las epístolas. Solo había diez de nosotros en ese cuarto. A pesar del calor, las constantes llamadas de la tarde a la oración nos habían forzado a cerrar las ventanas. Luego leí la línea de apertura de Pedro:

> Pedro, apóstol de Jesucristo, a los elegidos, extranjeros dispersos por el Ponto, Galacia, Capadocia, Asia y Bitinia…

De repente me di cuenta. Pedro estaba escribiendo a hermanos y hermanas que vivieron hace dos milenios atrás en el *mismo lugar* donde yo estaba. En su tiempo, la región era conocida como la provincia romana de Bitinia. Entonces, como ahora, los creyentes formaban una minoría minúscula, rodeados por una mayoría cultural que ni entendían ni respetaban sus creencias. De tiempo en tiempo esta falta de respeto se intensificó en persecución e incluso martirio.

Pedro escribió para pastorear, alentar y animar a aquellos creyentes aislados y a menudo vulnerables. Sus palabras han consolado y desafiado desde entonces. Su táctica es mostrar cómo el evangelio eterno es verdadero incluso en las situaciones más difíciles, y eso es porque Dios está realmente en control (1P 1.2–9). Uno de sus argumentos es realmente sorprendente.

> Los profetas, que anunciaron la gracia reservada para ustedes, estudiaron cuidadosamente esta salvación. Querían descubrir a qué tiempo y a cuáles circunstancias se refería el Espíritu de Cristo, que estaba en ellos, cuando testificó de antemano acerca de los sufrimientos de Cristo y de la gloria que vendría después de estos. A ellos se les reveló que no se estaban sirviendo a sí mismos, sino que les servían a ustedes. Hablaban de las cosas que ahora les han anunciado los que les predicaron el evangelio por medio del Espíritu Santo enviado del cielo. **Aun los mismos ángeles anhelan contemplar esas cosas.** (*1P 1.10–12*)

Medita en esa última oración por un momento.

Significa que poder estudiar las Escrituras es nada menos que un privilegio divino. ¡Cada vez que abrimos las Escrituras, somos atraídos a una experiencia que los servidores celestiales de Dios no tienen! Eso es presumiblemente porque aquellos que constantemente viven y sirven en la presencia de Dios en realidad no necesitan que se les revele estas cosas. Sin embargo, el no necesitar de una Biblia no es suficiente para calmar la curiosidad angelical acerca del evangelio. ¡Aparentemente les encantaría tener lo que tenemos y hacer lo que hacemos!

¡Qué alentados nos sentimos cuando abrimos las Escrituras aquel día! A pesar de estar rodeados de millones que consideran lo que hacíamos irrelevante, los diez de nosotros en esa sofocante habitación de Estambul nos sentíamos profundamente inspirados. La Escritura nos dio una nueva fuerza para predicar más allá de esas cuatro paredes, cuando y donde sea que tuviéramos la oportunidad.

Nunca debemos de olvidar esto mientras consideramos cómo proclamar lo que se le reveló a Pedro y a sus amigos y a los demás colaboradores del evangelio. Nuestro sentir de privilegio nunca debe desvanecerse. Curiosamente mientras más estudio y predico la Biblia, más este sentir se profundiza. Me asombra más su mensaje, su coherencia y consistencia, su belleza y sorpresas. Esto me impulsa a proclamarlo.

Espero que tengas una experiencia similar mientras lees este libro. Es ciertamente lo que deseamos para los movimientos de predicación de Langham en el mundo entero. Esto es porque el aprender y crecer como predicadores no es simplemente asunto de afinar nuestras habilidades, o memorizar información, o incluso mejorar como comunicadores (aunque todas esas cosas tienen su lugar, y este libro tendrá un enfoque claro en el desarrollo de habilidades). No se trata ciertamente de ganar los atributos suficientes para avanzar en la escalera ministerial. Es simple y maravillosamente, tomar conciencia del privilegio que tenemos al servir a nuestro Dios misericordioso como sus embajadores y heraldos.

Agradecimientos

Hay muchas personas para agradecer por este proyecto.

Primeramente, debo de agradecer a mis colegas de Langham. Es un privilegio ser parte de un equipo tan diverso, pero a la vez unido y alentador.

- India: Paul Windsor, Director de Programa, reside en Bangalore
- Canadá: Jennifer Cuthbertson, Coordinadora de Capacitación, Vancouver
- Francia: Mike McGowan, Consultor para África francófona, Dinard
- Bosnia y Herzegovina: Slavko Hadzic, Pastor, Coordinador regional para los Balcanes, Sarajevo
- Colombia: Jorge Atiencia, equipo latinoamericano, Medellín

También estoy agradecido a Benji Stephen quien trabaja con Paul en Bangalore. Él ha sido muy paciente al lidiar conmigo con mis incesantes preguntas acerca de su contexto cultural.

Al escribir este libro, he tratado de hacerlo lo más transcultural y traducible posible. En ese esfuerzo, he recibido bastante apoyo de los siguientes amigos que han leído y comentado el manuscrito.

- Hong Kong: Heewoo Han, ministro, Iglesia Anglicana Shatin
- Uganda: Robert Atwongyeire, Pastor, Kampala
- España: Andrés Reid, director de la Escuela Evangélica de Teología de FIEIDE, Barcelona
- Turquía: Bayram Erdem, Estambul
- Hungría: Tamas Schauermann, especialista en tecnología de la información, predicador, Pecs, Hungría
- Austria: Sharon McClaughlin, ex trabajador de la iglesia, ahora en Viena
- Reino Unido: Jonathan Lewis, y Dan Wells, Londres

Estoy muy agradecido a mi editora de Literatura Langham, Isobel Stevenson por su dura labor para lograr que este contenido sea transferible y pertinente a tantas culturas como sea posible. También estoy muy agradecido a Pieter Kwant, director del Programa de Literatura Langham, por todo su apoyo y aliento para este proyecto.

Este libro está dedicado a David Jackman, director fundador del curso de capacitación Cornhill en Londres. No es una exageración decir que mi año en Cornhill (1994–1995) no solo me dio a mi esposa sino también mi ministerio en Sheffield y Londres, como profesor de seminario en Kampala, Uganda, y como miembro itinerante del equipo de liderazgo global de Predicación Langham. Pero más que eso, David ha sido un modelo inspirador y atractivo de generosidad y servicio fiel. ¡Agradezco a Dios constantemente por el!

¡Finalmente, mi familia ha soportado mucho más de lo que merecen, y así merecen mucho más de lo que reciben! Pero estoy, como siempre, eternamente agradecido por el amor y el apoyo de Joshua y Zanna, y en última instancia, por supuesto, de Rachel quien es, sin duda, una de las personas más amables y desinteresadas que conozco.

Agosto de 2016
Bergh Apton, Norfolk
SDG

I. Cómo entender el panorama general de la Biblia

Cada vez que visito un lugar nuevo, quiero ver un mapa de este. Sin uno a mano, me siento bastante desorientado. Esto fue particularmente cierto cuando visité Estambul, pero me pasa incluso en zonas de mi ciudad natal, Londres. Aunque nací aquí, y ha sido mi hogar de forma intermitente durante muchos años, hay muchas partes de las que jamás he escuchado y mucho menos explorado. ¡Me podría perder fácilmente!

Aquí es donde los mapas se vuelven útiles. Los mapas ayudan a ubicar todo en contexto, a nivel mundial, nacional y local. Por lo tanto, son cruciales para la planificación de cualquier viaje. Pero es necesario tener diferentes tipos de mapas para que nos ayuden en las distintas etapas de la planificación de un viaje.

- **Mapas continentales:** Son mapas que nos ofrecen una imagen general, que nos permiten ver a un continente en un solo vistazo. Muestran los principales puntos de referencia como las montañas, océanos y ríos, y las fronteras entre países. Si sé que Estambul está en Turquía, un mapa continental me mostrará la ubicación de Turquía en relación con los demás países.
- **Mapas nacionales:** Estos mapas abarcan un país completo, como Turquía y su propósito es ayudar a los viajeros a viajar de un lugar a otro. Nos mantienen en los caminos correctos entre ciudades y pueblos mostrándonos solamente los edificios y carreteras más importantes. Omiten detalles que distraigan o confundan. Al utilizar un mapa nacional, podré encontrar mi camino por Estambul fácilmente.
- **Mapas locales:** Una vez que llegue a Estambul, sin embargo, un mapa continental o un mapa nacional no me servirán si trato de

caminar por la ciudad. Lo que necesito ahora es un mapa local, que muestra los pequeños detalles y puntos de referencia como mezquitas, tiendas y callejones escondidos.

¿Pero qué tiene que ver este asunto con la Biblia?

La respuesta es que te puede ser útil pensar en la Biblia como si fuera un vasto territorio que debes explorar. Hay, por supuesto, partes que conocemos bien y que naturalmente las preferimos si nos dieran a elegir. Pero, pese a que hemos estado estudiando y predicando la Biblia por muchos años, hay todavía partes que nos confunden o que parecen plantear más preguntas de las que quisiéramos hacer. Es algo inevitable con un libro tan diverso y profundo como la Biblia. Su contenido fácilmente nos ocuparía toda una vida. Por esta razón, el teólogo del siglo seis, conocido como Gregorio Magno describió la Biblia como un río cuyas aguas son tan poco profundas que los corderos pueden cruzarlo y a la misma vez tan profundo que los elefantes pueden nadar en él. Tiene sorpresas y tesoros para el niño como para el erudito, para el nuevo converso y para el miembro más antiguo de la iglesia.

Siempre hay más para aprender, y seríamos sensatos en aprovechar al máximo toda la ayuda que pudiéramos obtener. El propósito de este libro, y de su complemento, el libro de Chris Wright *Más dulce que la miel,*[2] es ayudarte a explorar la Biblia ofreciéndote distintas clases de mapas que te permitirán estar más equipado para ayudar a otros a que entiendan las Escrituras.

1. Trazo de los viajes bíblicos

A medida que leas este libro, encontraras ciertos símbolos que indican qué clase de «mapa» de la Biblia estamos revisando.

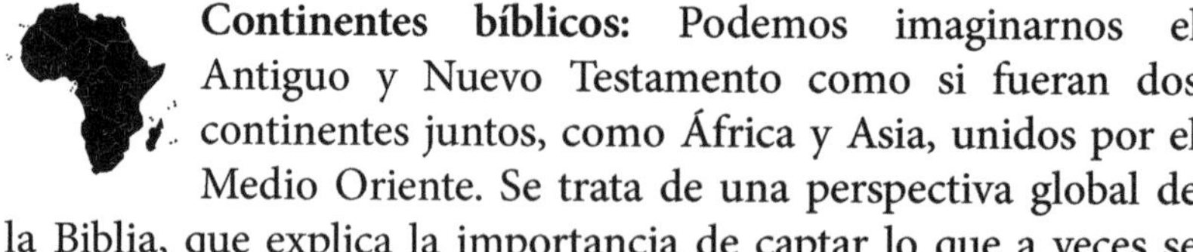

Continentes bíblicos: Podemos imaginarnos el Antiguo y Nuevo Testamento como si fueran dos continentes juntos, como África y Asia, unidos por el Medio Oriente. Se trata de una perspectiva global de la Biblia, que explica la importancia de captar lo que a veces se conoce como *teología bíblica* (los temas y la trama que integran

[2] Christopher J. H. Wright, *Cómo Predicar desde el Antiguo Testamento* (Lima: Ediciones Puma, 2016).

todo el libro). Ya que toda la Biblia es en realidad una historia en el sentido de narración, a esto se le denomina a veces su *historia* o *arco narrativo*. Utilizo un mapa de África para indicar lugares en los que abordaremos una perspectiva «continental».

Países del Nuevo Testamento: Ya que es un país cuyo significado vale mucho para nuestra familia (y es donde mi esposa nació), voy a utilizar un mapa de Uganda como símbolo para indicar que nos estaremos enfocando en elementos clave del Nuevo Testamento. Podemos hacer esto de dos formas distintas, pero ambas son igualmente válidas: ofreciendo una visión general de cada libro,[3] o trazando los diferentes tipos de terreno que encontraremos. En este libro, tomaremos el segundo enfoque y consideraremos cuatro terrenos clave del Nuevo Testamento:

- Narraciones (como en los evangelios y Hechos)
- Parábolas (las historias que Jesús contó)
- Cartas o epístolas (a individuos y grupos)
- Apocalíptico (la visiones vívidas y sueños que encontramos especialmente en Apocalipsis)

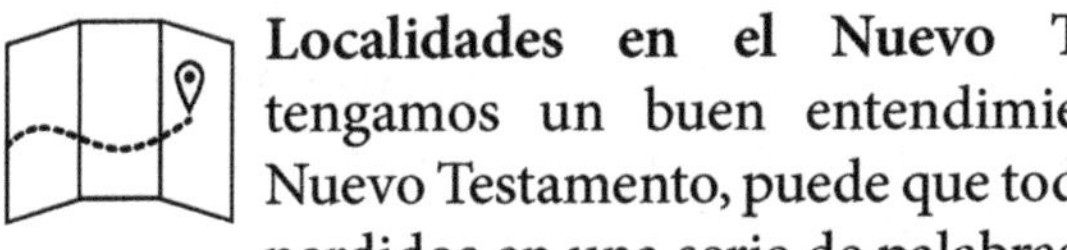

Localidades en el Nuevo Testamento: Aunque tengamos un buen entendimiento del terreno del Nuevo Testamento, puede que todavía nos encontremos perdidos en una serie de palabras que no nos permitan encontrar la salida. Así que el libro también incluye mapas locales para ayudarnos a encontrar un camino a través de ciertos párrafos y capítulos.

A medida que avancemos, estaremos moviéndonos entre los tres niveles del mapa. Así que deberás imaginarte a ti mismo sentado en un escritorio con tres mapas distintos extendidos en frente tuyo.

Comencemos por ver cómo se vería un mapa continental. Acabo de decir que podemos imaginarnos el Antiguo y Nuevo Testamento como dos continentes que están unidos. Para tener una idea a que me refiero con esto, observa estas importantes palabras de la primera carta de Pedro que cité en el prefacio:

---

3 Un gran ejemplo es: *How to Read the Bible Book by Book: A Guided Tour* por Gordon Fee y Douglas Stuart (Grand Rapids: Zondervan, 2014).

> Los profetas, que anunciaron la gracia reservada para ustedes, estudiaron cuidadosamente esta salvación. Querían descubrir a qué tiempo y a cuáles circunstancias se refería el Espíritu de Cristo, que estaba en ellos, cuando testificó de antemano acerca de los sufrimientos de Cristo y de la gloria que vendría después de estos. A ellos se les reveló que no se estaban sirviendo a sí mismos, sino que les servían a ustedes. Hablaban de las cosas que ahora les han anunciado los que les predicaron el evangelio por medio del Espíritu Santo enviado del cielo. Aun los mismos ángeles anhelan contemplar esas cosas. (*1P 1.10–12*)

Cuando Pedro habla acerca «los profetas», se refiere a los escritores del Antiguo Testamento. Estos profetas «no se estaban sirviendo a sí mismos, sino que les servían a ustedes» porque cuando escribieron, sirvieron a la generación del Nuevo Testamento, quienes fueron los primeros testigos del cumplimiento de la predicación de los profetas.

La noticia de «esta salvación» en Cristo podría haber sido nueva para los lectores de Pedro en el primer siglo. Pero difícilmente fue algo que se había inventado hace poco. Dios había dedicado siglos sentando las bases para que el Mesías de Israel sea revelado como Jesús de Nazaret. Y todo esto fue preservado para que nosotros lo leamos en las escrituras judías, incluyendo el sufrimiento que Jesús tendría que soportar por seguir el camino de Dios.

Esto significa que es imprescindible que todos los lectores y predicadores del Nuevo Testamento logren entender lo que enseña el Antiguo Testamento y hacia dónde apunta. ¡Después de todo, abarca más de la mitad de la historia de la Biblia! También nos provee de todas las imágenes e ideas clave, precedentes y expectativas que se desarrollan en el Nuevo Testamento. Leer el Nuevo Testamento sin el Antiguo seria como empezar una película a los dos tercios de su recorrido y esperar poder entenderlo todo. Nunca llegaríamos a saber quiénes fueron todos los personajes y por qué tenían que padecer sus respectivas batallas.

2. Seguir la historia de la Biblia

En esta etapa, voy a cambiar mi metáfora de «un mapa» a «una historia» ya que comenzaremos nuestra exploración del «continente» mirando la historia o arco narrativo de la Biblia. Efectivamente, puede que sea una sorpresa para muchos que la Biblia entera forme en realidad una historia. Es una historia compleja y larga. Pero es una historia de todos modos. ¿Qué significa esto para nuestro entendimiento y nuestra predicación de ella?[4]

Comencemos con preguntarnos qué ingredientes tiene una buena historia. ¿Qué tendrías que incluir si te pedirían contar una historia, tal vez para niños o para un grupo de amigos?

- **Un contexto interesante:** ¿Dónde y cuándo se lleva a cabo esta historia? ¿Cuáles son los retos y oportunidades que presenta? Supongamos que decidimos contar una historia de aventuras ubicada en la Antártida. El desafío seria entonces obvio: ¡hace frío todo el año!
- **Personajes que cautivan:** Los personajes son los que giran en torno a la historia, y mientras más realistas sean, mejor. Esto probablemente significa que nadie es totalmente malo o bueno. Así que podríamos enfocar nuestra historia en dos marinos y exploradores muy distintos: un inglés Robert Falcon Scott, y un noruego, Roald Amundsen. Serán muy diferentes en cultura, trasfondo y temperamento.
- **Temas potentes:** Temas muy parecidos pueden encontrarse en las historias de todas las culturas. Por ejemplo, hay una lucha entre el bien y el mal o la injusticia; un peregrinaje o un viaje de descubrimiento; un personaje que logra superar grandes obstáculos en su camino al triunfo; la tragedia que le sucede a alguien debido a un defecto fatal o mala decisión. Claro que existen muchas variaciones de estos temas, y los mismos eventos pueden ser descritos desde diferentes ángulos y según distintos temas. Así que la historia de Amundsen puede contarse como una en la que se supera condiciones hostiles para cumplir un objetivo heroico. La historia de Scott puede ser la de arrogancia y falta de preparación que culmina en tragedia.
- **Una trama fascinante:** ¡Algo tiene que suceder en la historia! Entonces nuestra historia involucra la carrera de 1910 por ser la primera persona en llegar al Polo Sur. La trama involucrará los

---

4 En su libro, *Cómo Predicar desde el Antiguo Testamento,* Christopher J.H. Wright también recalca la importancia de entender a la Biblia como una historia completa. Su esquema del drama de la escritura en seis etapas es ligeramente diferente de lo propuesto aquí, pero el esquema general y la forma de la historia es la misma.

retos que ambos equipos enfrentarán. Al final, Amundsen ganará a Scott por 5 semanas, y todos los miembros del equipo de Scott morirán en el camino de regreso.

Ahora miremos cómo se compara la Biblia a este listado de características de una historia:

- **Un contexto interesante:** El contexto de la Biblia es el universo de Dios, y en particular nuestro planeta. ¡Esto nos produce un interés automático, porque es nuestro hogar!
- **Personajes que cautivan:** Los personajes de la Biblia son creíbles e intrigantes (incluso cuando solo aparecen en una o dos páginas). Son tal como nosotros, lo que sin duda nos ayuda a relacionarnos con ellos. Pero hay una excepción: Dios mismo. Él es el único personaje que mantiene unida toda la historia, y es en realidad el personaje principal. Cuando Dios se revela a sí mismo como Jesús de Nazaret, nos encontramos con la persona más sorprendente que haya caminado en la tierra. No tenía pecado, pero atraía a la gente como si fuera un imán; era poderoso pero lleno de misericordia; estaba en control, pero sufrió terriblemente. ¡No ha habido nadie como él!
- **Temas impactantes:** Los temas de la historia de la Biblia repiten todas las grandes historias del mundo. ¡O quizá sea más preciso decir que las historias más grandes del mundo hallan eco en la historia de la Biblia! Así que, cuando una historia trata acerca de un individuo que se alza en defensa de la verdad a pesar de lo que los demás digan, o cuando alguien es humillado por causa de su arrogancia o su vida sufre un cambio por el poder del perdón, sus historias reflejan la esencia de los grandes temas de la historia final de Dios.
- **Una trama fascinante:** La Biblia definitivamente tiene una trama fascinante, pero es una trama tan grande, que pienso que necesitamos analizarla separadamente de los otros elementos que contiene una historia.

La trama de la Biblia

Necesitamos estar al tanto de la trama de la Biblia cuando nos dirigimos hacia el Nuevo Testamento. Esto es porque el Nuevo Testamento no puede concebirse por separado —es la conclusión de una trama mucho más grande. Ningún Testamento tiene sentido sin el otro —precisamente porque la Biblia es una gran historia.

El siguiente diagrama establece las características clave de una buena trama:

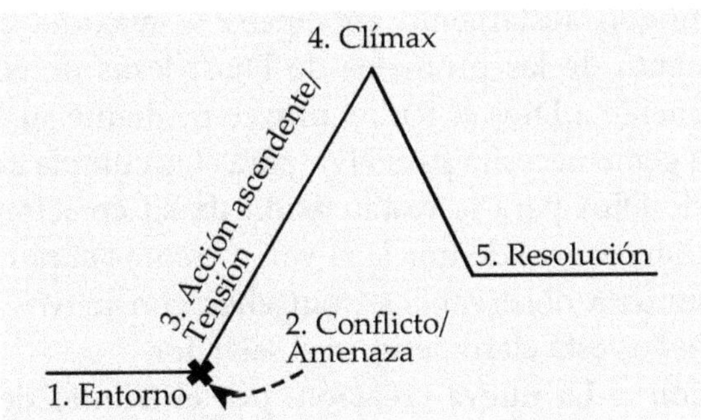

- **Entorno:** los personajes se presentan contra el trasfondo de la tensión que se avecina.
- **Conflicto:** Causado por un cambio de circunstancias o de planes y acciones de uno o más personajes.
- **Tensión:** El conflicto se agrava mientras la tensión asciende —en algunas de las grandes historias, no es siempre posible adivinar lo que ocurrirá después.
- **Clímax:** Se logra vencer o eliminar lo que haya causado el conflicto o la amenaza inicial.
- **Resolución:** Los resultados de la trama, especialmente en términos de si dejarán el entorno inicial cambiado o intacto.

Toda la Biblia encaja perfectamente en este patrón, como lo puedes ver en el diagrama correspondiente a continuación.[5]

- **Entorno = creación.** Precisamente porque Dios lo ha creado todo es que se preocupa por el universo y tiene el derecho de gobernarlo.
- **Conflicto = la caída.** La tragedia de Génesis 3 consiste en que las criaturas de Dios rechazan la bendición del reino del Creador, con consecuencias devastadoras para toda la creación.
- **Tensión = ¿Cómo Dios restaurará la creación?** Desde Génesis 4 en adelante, la Biblia encara la pregunta: ¿cómo Dios afrontará las

5 Adaptado de Jeffrey D. Arthurs, *Preaching with Variety* (Grand Rapids : Kregel, 2007), p. 70.

consecuencias? La tensión de la narrativa proviene completamente del temor que la rebelión humana podría estropear las promesas de Dios.

- **Clímax = Cristo.** Como ya lo hemos visto desde 1 Pedro 1, todo en el Antiguo Testamento anticipaba la máxima expresión del cumplimento de las promesas de Dios. Jesús de Nazaret revela perfectamente a Dios el Padre, provee mediante su Espíritu todo lo que su gente necesita para vivir para él, y cumple a la perfección el plan de Dios para la restauración de su creación. Claro está, que no todo ocurre de una sola vez. Veremos el por qué, cuando comencemos a observar los evangelios con mayor detalle. Pero esto al menos está claro: Jesús es el salvador.
- **Resolución = La nueva creación:** por el triunfo de Jesús en su encarnación, muerte, resurrección y ascensión, existe ahora una esperanza segura de restauración. Pero, tal como veremos cuando lleguemos al libro de Apocalipsis, la nueva creación será de algún modo más perfecta que la creación original (¡si bien es imposible que entendamos esto!).

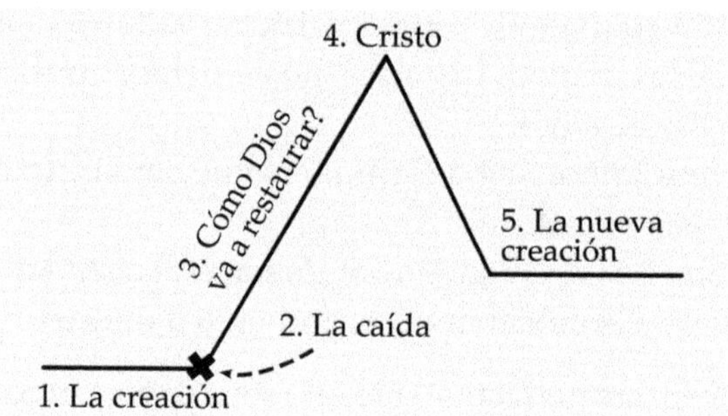

Como lo podemos ver a partir de estos diagramas, la historia de la Biblia se desarrolla gradualmente, y que cada etapa añade a lo que ha ocurrido anteriormente. El rey David sabía cosas que Abraham no supo. Jeremías sabia cosas que David no supo. Y nosotros sabemos cosas que Jeremías no supo —porque vivimos después de la máxima revelación que Dios ofreció de sí mismo en Cristo (ver Heb 1.1–4).

¿Por qué es importante comprender este punto? Bueno, piensa en la siguiente declaración, la cual he escuchado decir en cuatro continentes distintos:

> *Dios quiso reconciliarse con la gente, así que creó una nación para que lo siguiera. Ese fue el «Plan A». Al revelarles su ley, les mostró cómo deberían seguirle, tal como lo resume los Diez Mandamientos. Pero fracasaron rotundamente. El Antiguo Testamento es la historia de ellos. Así que a Dios tuvo que ocurrírsele una alternativa, es por eso que envió a Jesús. Entonces, el «Plan B» es Jesús. Donde la ley fracasa, la gracia triunfa.*

Si logras ver la trama de la Biblia entera, te darás cuenta que lo que acabamos de leer es una distorsión inútil que genera confusión. Efectivamente, es cierto que Dios reveló su ley, y que la gente no pudo cumplirla. Pero si lo que sucedió fue una sorpresa para Dios o que le generó problemas, nos sugiere que los seres humanos pecadores fueron más astutos que Dios. Y convierte a la venida de Cristo en una desesperada misión de último recurso. Pero cuando logramos ver la Biblia como una historia coherente, queda claro que Dios y su naturaleza consecuente es lo que mantiene todo unido. Significa que Dios no tiene «Plan B».

La primera pista de esto aparece al principio, cuando Dios juzga a la serpiente.

> Pondré enemistad entre tú y la mujer, y entre tu simiente y la de ella; su simiente te aplastará la cabeza, pero tú le morderás el talón. (*Gn 3.15*)

Todavía no tenemos una idea clara de quien es esta persona. ¡Pero es una promesa clara de alguien que «aplasta serpientes»! Alguien que es humano tendrá que hacer esto, y él será herido en el proceso, pero su victoria será completa. Él librará al mundo de la causa primordial de la caída aplastando la cabeza de la serpiente.

Luego dirígete al otro lado de la Biblia. ¡No te preocupes mucho acerca del imaginario por ahora, vamos a llegar a eso! Juan habla de una batalla cósmica que se llevará a cabo en nuestro mundo. Toma atención en como él describe a Jesús:

> A la bestia la adorarán todos los habitantes de la tierra, aquellos cuyos nombres no han sido escritos en el libro de la vida, el libro del Cordero que fue sacrificado desde la creación del mundo (*Ap 13.8*)

En otras palabras, el plan de Dios siempre fue que Jesús muriera como un cordero en la cruz. Esto es impresionante. Es imposible entenderlo completamente. Pero podemos confiar en la bondad y la gracia de Dios. Después de todo, como ya lo hemos sugerido, su naturaleza es el hilo conductor que mantiene a toda la historia unida. No hay «Plan B», todo es «Plan A». Dios es el héroe de la historia.

Diferentes perspectivas de la historia

Los buenos narradores mantienen a sus audiencias o lectores fascinados aun con historias antiguas o familiares al abordarlas desde nuevos ángulos. Aunque muchos de los detalles no cambien, lo vemos desde nuevas perspectivas. Esto es lo que ocurre repetidamente en la Biblia. El esquema que acabo de ofrecer solo raspa la superficie de todos los giros y vueltas en su trama, y ni siquiera menciona la amplia variedad de temas que fluyen a través de ella.

Podemos pensar en estos temas como diferentes rutas hacia nuestro destino. Por ejemplo, en mi mapa continental, puedo ver que para llegar a Estambul puedo volar hacia el oeste a través de Europa o al este a través de Asia. Mi viaje comenzaría y terminaría en el mismo lugar, pero como volaría por rutas diferentes, observaría cosas diferentes al ver por la ventana. Me daría cuenta de cosas que no había notado antes. Lo mismo ocurre con la historia bíblica. Podemos comenzar y terminar en el mismo destino, pero podemos tomar rutas distintas mientras vemos la misma historia desde diferentes ángulos.

Así que veamos tres rutas diferentes que nos llevan a través de la historia bíblica. Cada una de ellas presenta la historia desde un ángulo diferente. Obviamente, cada una de ellas merece mayor estudio y consideración, que no pueden ser descritas aquí por falta de espacio. Pero tú puedes continuar investigando por ti mismo. Por ahora, enfoquémonos en algunos puntos de referencia a lo largo del camino. Mientras más entendamos cómo la Biblia desarrolla más estos temas, mejor será nuestra predicación.

i) La perspectiva del pacto

Un pacto es un acuerdo entre dos individuos o grupos en el cual cada lado muestra su compromiso hacia el otro prometiendo cumplir fielmente términos y condiciones específicos. Algunos pactos se establecen en rituales públicos, lo cual añade seriedad al compromiso, comúnmente también hay una señal publica que recuerde a todos lo que ha ocurrido. Algunos pactos se hacen entre iguales (como en el ideal bíblico del matrimonio). Otros no lo son (como cuando un conquistador impone su dominio en una nación ocupada). Sería imposible que los seres humanos inicien un pacto con su Creador, ya que no somos sus iguales. Así que, si tiene que haber algún acuerdo entre Dios y nosotros, el acuerdo tiene que iniciarlo Dios mismo.

Sin embargo, el aspecto más significativo de los pactos es que establecen e incluso profundizan las relaciones. Nuestro creador quiere tener una relación con sus criaturas. Se trata de una verdad extraordinaria. Y es una verdad que hace que la Biblia cobre vida.

En el curso de la historia, Dios ha hecho varios pactos con su creación, pero todos ellos han sido parte del desarrollo de la historia.

El viaje va de lo general a lo específico:

- El compromiso de Dios de no destruir a la humanidad con el diluvio (revelado a Noé).
- Las promesas de Dios para una nación y sobre la misma (a Abraham se le promete una familia, y se les muestra a sus descendientes como vivir a través de Moisés).
- Dios promete que esta nación será gobernada por un único Rey (uno de los descendientes de David reinará para siempre).
- El pacto de Dios inaugurado por Jesucristo.

Mantener el tema de pacto a la vista nos permite recordar que los propósitos de Dios siempre han tenido en cuenta a todo el mundo. Eso es obvio en el caso de la promesa hecha a Noé, pero es el mismo caso con las promesas hechas a Abraham, Moisés, y David. Aunque la nación se enfoque en Israel, el propósito de Dios siempre fue global. Aquí está la primera revelación de Dios a Abraham:

> Haré de ti una nación grande, y te bendeciré;
> haré famoso tu nombre, y serás una bendición.
> Bendeciré a los que te bendigan, y maldeciré a los que te maldigan;
> ¡por medio de ti serán bendecidas todas las familias de la tierra!» (*Gn 12.2–3*)

Por tanto, la máxima bendición vendrá por medio de Jesús, quien establece el nuevo pacto por medio de su sangre al morir en la cruz y al ofrecer a sus seguidores un recordatorio de su muerte por medio de la Santa Cena. Lo que sorprende es que esto es para personas de todas las naciones (Mt 26.27–29; 28.16–20).

La siguiente tabla resume estos pactos y muestra cómo encontrarlos en la Biblia.[6]

Pacto	Promesa	¿Señal?	¿Condiciones?
Noé	**Protección en medio del Juicio** Pero contigo estableceré mi pacto, y entrarán en el arca tú y tus hijos, tu esposa y tus nueras. *(Gn 6.18)* Este es mi pacto con ustedes: Nunca más serán exterminados los seres humanos por un diluvio; nunca más habrá un diluvio que destruya la tierra. *(Gn 9.11)*	**El arcoíris** *(Gn 9.13)*	
Abram/ Abraham	**Un pueblo prometido en un hogar prometido** Un pueblo tan "innumerable como las estrellas" vivirá en la tierra que Dios les da. Todos los pueblos de la tierra serán bendecidos a través de esta gente. *(Gn 12.1–3; 15.1–21; 17.1–14)*	**Circuncisión de los varones**	**Confiar en Dios** Abram creyó en el Señor, y el Señor lo reconoció como una virtud
Moisés	**Un pueblo rescatado de la esclavitud egipcia** Mucho tiempo después murió el rey de Egipto. Los israelitas, sin embargo, seguían lamentando su condición de esclavos y clamaban pidiendo ayuda. Sus gritos desesperados llegaron a oídos de Dios, quien al oír sus quejas se acordó del pacto que había hecho con Abraham, Isaac y Jacob. *(Éx 2.23–24)*	**Descanso en el sábado** Los israelitas deberán observar el sábado. En todas las generaciones futuras será para ellos un pacto perpetuo, una señal eterna entre ellos y yo. En efecto, en seis días hizo el Señor los cielos y la tierra, y el séptimo día descansó. *(Éx 31.16–17)*	**Obediencia** "Ustedes son testigos de lo que hice con Egipto, y de que los he traído hacia mí como sobre alas de águila. Si ahora ustedes me son del todo obedientes, y cumplen mi pacto, serán mi propiedad exclusiva entre todas las naciones. Aunque toda la tierra me pertenece, ustedes serán para mí un reino de sacerdotes y una nación santa. *(Éx 19.4–6)*

6 Nota: Las citas directas de la Biblia están en cursiva.

Pacto	Promesa	¿Señal?	¿Condiciones?
David	**Una dinastía real para el pueblo de Dios** El Señor te hace saber que será él quien te construya una casa... será él quien te construya una casa...Tu casa y tu reino durarán para siempre delante de mí; tu trono quedará establecido para siempre. *(2S 7.11–16)*		
Profetas	**Un nuevo pacto prometido** Vienen días —afirma el Señor— en que haré un nuevo pacto con el pueblo de Israel y con la tribu de Judá. *(Jer 31.31–34)*		
Jesús	**La inauguración de un nuevo pacto** Esto es mi sangre del pacto, que es derramada por muchos para el perdón de pecados. *(Mt 26.28;* ver también *1Co 11.25)* Pero el servicio sacerdotal que Jesús ha recibido es superior al de ellos, así como el pacto del cual es mediador es superior al antiguo, puesto que se basa en mejores promesas. *(Heb 8.6)*	**La Santa Cena** Pan y vino	**Arrepiéntanse y crean**

Esta tabla muestra como cada pacto sucesivo encaja en el desenvolvimiento de la historia. Quizá podamos ver esto más claramente si estudiamos con mayor detalle la profecía de Jeremías sobre un nuevo pacto. (Esta profecía era a la que Jesús se refería cuando instituyo la Última Cena). Si es correcto decir que el nuevo pacto es una mejora o extensión del antiguo pacto, esperaríamos encontrar los mismos elementos que encontramos en versiones anteriores. Pero como con cualquier mejora, existen nuevos avances. Así que veamos lo que permanece igual a lo que se reveló antes del tiempo de Jeremías, y qué es nuevo e innovador en la revelación a Jeremías acerca del nuevo pacto que Dios iba a inaugurar con Jesucristo.

- **Sin cambios:** El mismo Dios quien le hizo promesas a Abraham y reveló su nombre a Moisés continúa haciendo promesas a su gente en los tiempos de Jeremías:

> Vienen días —afirma el Señor— en que haré un nuevo pacto con el pueblo de Israel y con la tribu de Judá. (*Jer 31.31*)

- **Sin cambios:** El mismo objetivo

  Yo seré su Dios, y ellos serán mi pueblo. (*Jer 31.33*)

- **Cambio:** Un nuevo método

  No será un pacto como el que hice con sus antepasados... ya que ellos lo quebrantaron a pesar de que yo era su esposo. Este es el pacto que después de aquel tiempo haré con el pueblo de Israel —afirma el Señor—: Pondré mi ley en su mente, y la escribiré en su corazón. (*Jer 31.32-33*)

- **Cambio:** Una nueva universalidad. Todos tendrán acceso para conocer a Dios, no solo la élite.

  Ya no tendrá nadie que enseñar a su prójimo, ni dirá nadie a su hermano: "¡Conoce al Señor!", porque todos, desde el más pequeño hasta el más grande, me conocerán —afirma el Señor—. (*Jer 31.34a*)

- **Cambio:** Una nueva confianza

  Yo les perdonaré su iniquidad, y nunca más me acordaré de sus pecados. (*Jer 31.34b*)

Aunque los elementos troncales se mantienen iguales, otros elementos se extienden o profundizan. Eso es lo que esperaríamos de una historia en desarrollo. Esto refuerza nuestro punto de que jamás debemos entender el Nuevo Testamento como un gran cambio de dirección, es la conclusión revelada de los planes eternos de Dios.

ii) La perspectiva del reino

Otro ángulo por el cual podemos abordar la gran historia de la Biblia es la perspectiva del Reino.[7] Este ángulo es útil porque nos ayuda a colocar el tema del pacto en una perspectiva más amplia. Es como si estuviéramos viendo un mapa aún más amplio del que veíamos anteriormente.

---

7 Un profesor australiano, Graeme Goldsworthy, ha escrito un numero de libros acerca de este enfoque, incluyendo *According to Plan* (Leicester: IVP/Grand Rapids: Eerdmans 1991, y *Preaching the Whole Bible as Christian Scripture* (Leicester: IVP/ Grand Rapids: Eerdmans, 2000). Vaughan Roberts lo ha popularizado en su corto pero útil libro, *God's Big Picture* (Leicester: IVP, 2009).

Algunos asumen que la idea del Reino de Dios es una invención del Nuevo Testamento porque Jesús fue el que enseñó acerca de ello más que nadie. Sin embargo, tan pronto echamos un vistazo continental de la Biblia, recordando la relación entre los dos Testamentos, queda claro que este no puede ser el caso.

¿Recuerdas como Samuel reprendió al pueblo por pedir un rey para que puedan llegar a ser "como otras naciones" (1S 8.20)?

> No obstante, cuando ustedes vieron que Najás, rey de los amonitas, los amenazaba, me dijeron: "¡No! ¡Queremos que nos gobierne un rey!" Y esto, a pesar de que el Señor su Dios es el rey de ustedes. (*1S 12.12*)

Finalmente, Samuel ungió a un rey sobre Israel. Pero durante el reinado de Saúl y David y todos los reyes que los siguieron, la idea era que el rey estaba sujeto a Dios, el rey aún más grande. Los autores del libro de Reyes y Crónicas juzgaron a los reyes según su obediencia a Dios.

Pero la idea del reino de Dios es muy anterior al reino de Israel. Ese reino fue solamente una etapa en un proceso más grande. Podemos decir que la idea del reino de Dios comenzó en el huerto del Edén. ¿Como podemos afirmar esto? Bueno piensa en los requisitos para cualquier reino. Debe de tener un rey que gobierne al pueblo en un determinado lugar. Ahora veamos cómo esas ideas se aplican al reino de Dios en el Edén:

- **Un rey.** Dios claramente cumple este rol en Génesis 1–2.
- **Pueblo de Dios.** El primer hombre y la primera mujer fueron creados a imagen de Dios, lo cual los distinguía de otras criaturas (Gn 1.27). Podían ser únicamente capaces de cumplir los propósitos de Dios y reflejar el carácter de Dios.
- **El lugar de Dios:** Dios es el creador del cosmos, pero delimitó un huerto lleno de vida como el perfecto hábitat para un hombre y una mujer. Aquí es donde iba a visitarles «cuando el día comenzó a refrescar» (Gn 3.8).
- **La bendición y dominio de Dios:** El huerto tenía límites físicos, pero es poco probable que el hombre y la mujer hayan estado muy preocupados al respecto. Porque con inmensa generosidad, Dios hizo previsiones para todas sus necesidades dentro del juerto (incluso el acceso al árbol de la vida, véase Gn 3.22) más significativo fue el limite espiritual que Dios puso cuando les ordenó no comer del árbol del

conocimiento del bien y el mal, o enfrentarían consecuencias terribles (Gn 2.16–17). Esta era una prueba a la lealtad y devoción a su creador. Era una prueba para ver si vivirían o no bajo su Rey legítimo.

Existe un tema adicional, que muchas veces pasamos por alto. Génesis 1 y 2 lo implica, y se desarrolla en los siguientes capítulos, pero solo se vuelve explícito en Génesis 12. Este es el hecho de que Jehová es el Rey de TODO. Él es el creador de todo, y por eso se preocupa de todos. Así que, desde el principio, debería de estar claro que el Antiguo Testamento no está exclusivamente pendiente de un solo grupo de gente en el Medio Oriente. Israel es el foco de atención de los planes de Dios, pero no se trata de todo el plan de Dios. Mira de nuevo lo que Dios promete a Abraham si viaja a la nueva tierra.

> Haré de ti una nación grande, y te bendeciré; haré famoso tu nombre, y serás una bendición. Bendeciré a los que te bendigan y maldeciré a los que te maldigan; ¡por medio de ti serán bendecidas todas las familias de la tierra!» (*Gn 12.2–3*)

Así como la provisión y el cuidado de Dios son una bendición para su gente, así mismo Israel será una bendición para todas las personas. La promesa de Dios a Abraham inaugura el plan de restauración global de Dios. Ese plan tardará siglos en cumplirse. En realidad, todavía seguimos esperando a que las últimas piezas del rompecabezas se coloquen en su lugar por alguien que es aún más grande que Abraham: Jesús mismo (véase Jn 8.53–59).

¡Pero nos estamos adelantando! Si seguimos el hilo del reino a lo largo de toda la Biblia, el tema del reino se desarrollaría así.[8]

EL REINO DE DIOS	El pueblo de Dios	El lugar de Dios	El gobierno de Dios
Creación	Adán y Eva	El huerto del Edén	La Palabra de Dios
El juicio de Dios	LA CAÍDA		
Promesas	Abraham y su familia	La tierra prometida	El pacto con Abraham
Después de Egipto	Moisés e Israel	El tabernáculo	El pacto en el Sinaí
En la tierra	David, Salomón, Judá e Israel	La tierra y el templo	El pacto en el Sinaí

[8] Adaptado del libro de Goldsworthy y Robert mencionado anteriormente.

El Juicio de Dios	EL EXILIO		
La esperanza de los profetas	Un vestigio de Judá e Israel	La tierra y el templo restaurados	Un nuevo pacto prometido
La ERA DEL EVANGELIO	JESÚS	JESÚS	JESÚS
Los últimos días	El cuerpo de Cristo	La iglesia y el templo del Espíritu	Un nuevo pacto de la Palabra y el Espíritu
El día final: El infierno o el cielo	EL INFIERNO		
	La novia de Cristo	El cielo (no habrá templo)	Alrededor del trono de Dios

Se podría decir mucho más. Pero esta tabla debería de dejar en claro que la perspectiva del reino nos ayuda a ver como todo encaja en la historia de la Biblia.

iii) Perspectiva de cerca y de lejos

Christopher Ash es un predicador británico que vincula resúmenes bíblicos con fotos de una misma escena tomadas desde diferentes ángulos. ¿Cómo podríamos capturar la grandeza de una majestuosa cordillera con solo una imagen bidimensional? Es imposible. Pero al observar diferentes fotos de esas montañas, uno puede por lo menos tener una idea de cómo son. De la misma manera, Ash sugiere que necesitamos mirar a la Biblia desde distintas perspectivas para comprender su esplendor.[9]

Ash se dio cuenta que la Biblia es una secuencia de separaciones y reencuentros humanos, siendo el pecado la raíz de la división, y la reconciliación divina la única forma para el reencuentro. Este es un tema muy relevante para nuestro mundo contemporáneo. Donde vivimos nuestros periódicos están llenos de conflictos, dentro del hogar, entre razas y étnias, y a lo largo de fronteras.

Al estudiar las ideas de Ash, se me ocurrió que también la geografía es frecuentemente significativa en la Biblia. Cuando Dios reúne a su pueblo, es a menudo en un lugar particular (prometido anteriormente). Cuando las cosas van mal, son expulsados de aquel

9 Christopher Ash, *Remaking A Broken World* (Milton Keynes: Authentic, 2010).

lugar. Esto hace que la historia se sienta un poco como las olas del mar, entrando, saliendo y entrando de nuevo. Así como las mareas de la tierra son causadas por el empuje gravitacional de la luna, los movimientos de los personajes del evangelio dependen de la soberanía de Dios.

Al presentar la historia de la Biblia como lo ilustra el cuadro de la siguiente página podemos observar una serie de detalles en primer plano.

- La atención se enfoca en estar en el lugar de Dios (la columna de la izquierda). Cada etapa es de cierto modo una expansión de la anterior, y cada una está también prefigurando la siguiente. Pero la historia nunca está completa hasta que alcancemos la última etapa, en la nueva Jerusalén. Esto encaja perfectamente con lo que el autor de los Hebreos escribió acerca de Abraham y los otros creyentes del antiguo pacto que no confundieron las dimensiones territoriales de la tierra con lo que Dios estaba finalmente prometiendo.

  > Antes bien, anhelaban una patria mejor, es decir, la celestial. Por lo tanto, Dios no se avergonzó de ser llamado su Dios, y les preparó una ciudad. (*Heb 11.16*)

- También apunta al trabajo de Dios más allá de los lugares prometidos (la columna de la derecha). Adán y Eva todavía experimentan su gracia después de su exclusión (Gn 3.15 y 3.21) como lo hacen otros en el exilio. Algunos de los más grandes héroes de la fe del Antiguo Testamento fueron usados por Dios precisamente en tiempos difíciles cuando las personas estaban en el lugar equivocado (piensa en Moisés, Daniel, la reina Ester). Mas significativamente, la última casilla a la izquierda (la numero 8) recuerda al cristiano moderno como debemos vernos. Aunque tengamos muchas bendiciones del reino, de muchas maneras no pertenecemos a este mundo, o como lo pone Pedro, somos «extranjeros dispersos».

Cada una de estas perspectivas de la historia de la Biblia es compatible con las demás. Mientras que la perspectiva del pacto se enfoca en el mandato de Dios, la perspectiva del Reino se enfoca en el pueblo de Dios y la perspectiva de cerca y de lejos resalta la morada de Dios.

Al observar la historia de la Biblia bajo esta luz, contrarresta la mentalidad individualista que se está filtrando en muchas iglesias, esto es, una manera de pensar que reduce la esencia de ser cristiano a un sencillo asunto entre Dios y yo solo. Pero eso es absurdo, así como egocéntrico. Yo no soy el centro del universo, es solamente mi pecado el que me engaña y me hace creer eso. La obra salvadora de Dios consiste en la restauración del cosmos. Es solamente por su gracia que tenemos un lugar en dicha obra.

3. Entablar una conversación para toda la vida

Luego de haber visto todas estas distintas perspectiva puede haberte dejado con sentimientos encontrados. Puede que los hayas encontrado útiles y convincentes, pero al mismo tiempo puede que te sientas algo desanimado. Puede que te preguntes como podrás ver por ti mismo otras perspectivas sin la ayuda de otros. Esto subraya el punto anterior de que en la vida cristiana nunca dejamos de aprender, y en especial en el ministerio cristiano. ¡Siempre hay más!

Nadie espera que propongas perspectivas radicalmente nuevas en la Biblia. Pero lo que todos necesitamos hacer es evaluar cualquier tema que se nos ocurra mientras leemos la Biblia. Quizá no lo estemos buscando, pero mientras más familiarizados estamos con toda la Biblia, más a menudo veremos conexiones, o lo que aparentan ser conexiones, entre los pasajes que estamos estudiando y otras partes de la Biblia.

Una manera de pensar en esto es dar por sentado que cuando estudiamos las Escrituras, nos involucramos en lo que necesita verse en términos de una conversación para toda la vida. Ninguno de nosotros es capaz de saberlo todo. Desde luego no en esta vida. Esto es *especialmente* cierto con temas que pertenecen a la revelación de Dios.

Para animarte, permíteme contarte un incidente que me enseñó mucho sobre conversaciones para toda la vida con las Escrituras. Ocurrió un día en Londres. Estaba caminando en una calle cuando repentinamente vi a John Stott, el fundador de la Sociedad Langham acercándose a mí. ¿Nos detuvimos para conversar, y me preguntó, «¿Tienes el libro de Malcolm Muggeridge, *Jesús Redescubierto*? Estoy actualmente reflexionando acerca de la encarnación».

1: De cerca – Edén
El pueblo de Dios trabaja y vive en el huerto. Les provee todo lo que necesitan para prosperar bajo su generosa mano. (*Gn 2*)

2: De lejos – Este del Edén
El pueblo de Dios es expulsado del huerto por causa de su rebelión. (*Gn 3.22–24*)
Pero Dios sigue con su obra... (*Gn 3.15, 21*)

3: De cerca – Tierra Prometida
Dios promete dar a la familia nómada de Abraham una tierra para que puedan establecerse. (*Gn 12.1–3*)

4: De lejos – Esclavitud en Egipto
Al principio, Egipto es un lugar de protección contra la hambruna, pero una vez establecidos en Egipto, las nuevas generaciones son esclavizadas allí. (*Éx 1.8–10*)
Pero Dios sigue con su obra... (*Éx 2.23–25*)

5: De cerca – La tierra
Dios rescata a su pueblo de la esclavitud por medio de Moisés, para formar una nación bajo su buen gobierno. Luego, 40 años después entran a la tierra prometida bajo el liderazgo de Josué (*Éx 12.40–42; Jos 11.23*)

6. De lejos – El exilio a Babilonia
Después de siglos de rebelión, Dios exilia a su pueblo utilizando al Imperio Babilónico.
(*2R 24.15–17*)
Pero Dios sigue con su obra... (*Jer 29.10–14*)

7. De cerca – Jesús en Judea
Jesús cumple todo lo que Dios prometió y marca el inicio del Reino de Dios en la tierra al venir como sirviente que da su vida como rescate. (*Mr 1.14–15; 10.45*)

8. De lejos – Extranjeros en el mundo
Ya no existe una tierra o un templo, pero el pueblo de Dios está esparcido por todas las naciones, para alcanzar a todas las naciones.
Pero Dios sigue con su obra... (*Mt 28.18–20; 1P 2.8–9*)

9. De cerca - La Nueva Jerusalén
Dios reunirá a todo su pueblo redimido en una ciudad que ha descendido a la tierra (*Ap 21.1–8*)

Muchas cosas me llamaron la atención al respecto. Para comenzar, John Stott conocía a Muggeridge muy bien y seguramente leyó aquel libro por lo menos una vez anteriormente. Segundo, Stott escribió con frecuencia acerca de Cristo y su encarnación, particularmente en su maravilloso libro *Cristo, el incomparable.*[10] Tercero, Stott estaba en ese

10 John R. W. Stott, *El Cristo incomparable* (Nottingham: IVP, 2009).

entonces a mediados de sus ochenta, y fácilmente podría descansar de sus ajetreos y jubilarse. ¡Sin embargo, estaba determinado a continuar profundizando su entendimiento y amor por Cristo! Este pequeño encuentro causó un gran impacto en mí. Yo tomé la decisión, y espero que tú también lo hagas, que me convertiría en alguien que seguiría aprendiendo por el resto de su vida. Esto es particularmente importante para predicadores y maestros bíblicos, porque la Biblia es un libro muy amplio.

Mientras continuamos nuestra conversación con la Biblia, encontraremos que se divide en dos conversaciones.

Una conversación entre textos específicos y el panorama general

A veces te encuentras leyendo un pasaje que al parecer no encaja con el resto de la Biblia. Quizá parece contradecir una verdad general acerca de Dios, o desafía opiniones generalizadas sobre la historia de la Biblia. Si trabajamos con la suposición básica de que la Biblia es el libro de Dios y por lo tanto es consistente, tenemos entonces dos opciones:

O hemos cometido un error al interpretar el texto específico que estamos leyendo, o no hemos entendido del todo los grandes temas que unifican la Biblia. Este tipo de conversación requiere humildad. Tenemos que aceptar que nos hemos equivocado en alguna parte.

El siguiente paso es darnos cuentas dónde nos hemos equivocado. Esto puede tomar tiempo. Y no es algo que podemos hacerlo fácilmente solos. Tenemos que invitar a otras personas a acompañarnos en la conversación: compañeros discípulos, maestros y pastores, intérpretes pasados y presentes. La conversación seguirá mientras escuchamos a otros predicadores, leemos libros, hablamos con amigos de confianza. Un buen lugar para realizar este tipo de conversación es en las escuelas de predicación de Langham. Estas toman diferentes formas en diferentes partes del mundo, pero todas involucran maestros de la Biblia que se reúnen para aprender más acerca de la Biblia y como predicarla.

El libro de Proverbios lo resume maravillosamente: El hierro se afila con el hierro, y el hombre en el trato con el hombre» (*Pr 27.17*). Siempre hay más para aprender, y aprendemos de cada uno. Esto es porque todos estamos involucrados en una conversación para toda la vida en la cual permitimos que nuestro entendimiento de toda la Biblia nos forme y sea formado por medio de nuestro involucramiento con partes de ella. Es un proceso que nunca se acabará en esta vida.

Una conversación entre mi propio contexto y el contexto de Dios

Mientras estamos inmersos en nuestra conversación sobre las diferentes partes de la Biblia, puede que nos demos cuenta que hay otro participante en la conversación. Este participante es la cultura a la que perteneces. No siempre lo reconocemos, pero nuestra cultura (nuestra cultura nacional, cultura de la iglesia y cultura del hogar) afectará la forma en la que interpretamos la Biblia. A continuación, algunos ejemplos de ello.

- **Crianza y vida familiar:** Nuestras experiencias con nuestras familias humanas, que están formadas por nuestras culturas nacionales, también afectan como leemos la Biblia. Afectará como entendemos la relación entre hombres y mujeres. Afectará como entendemos conceptos como la familia de Dios. Por ejemplo, la calidad de la relación que tenemos con nuestros padres humanos (buena o mala) tiene un impacto profundo en cómo nos relacionamos con Dios nuestro Padre, y en cómo interpretamos las enseñanzas de la Biblia acerca de él. Si tuviste un padre muy estricto, puede que te encuentres a ti mismo enfocándote en los mandamientos de Dios y en la ira de Dios; si tuviste un padre muy amoroso, puede que te enfoques en el amor de Dios y su deseo de que nosotros nos comuniquemos con él.
- **Experiencia de conversión y con la iglesia:** Si creciste en una fe distinta, o conociste a Cristo de adulto, tendrás una perspectiva muy diferente a la de alguien que creció en la iglesia y ha estado rodeado de cristianos desde niño. Tus perspectivas diferentes afectarán como ves al mundo y entiendes tu fe.
- **Contexto denominacional y nacional:** Tu interpretación de la Escritura se verá afectada por las creencias de tu iglesia. ¿Por ejemplo, tu iglesia bautiza niños o considera incorrecto que los creyentes se involucren en asuntos de política nacional?

Muchas otras cosas también nos influyen: nuestra edad, nuestra educación y formación profesional, cuán a menudo tenemos encuentros interculturales, la cantidad de sufrimiento que hemos experimentado. Todo esto forman nuestras perspectivas, los esquemas de nuestra mente que nos ayudan a darle sentido al mundo de Dios y la Palabra de Dios.

¡El problema es que muchos cristianos presumen muy rápidamente que *su propio* entendimiento del mundo automáticamente se convierte en el de Dios en el momento de su conversión, o cuando obtuvieron su título en teología, o cuando se convirtieron en pastores! O presuponen que *su* denominación es la correcta, mientras que todas las demás están gravemente equivocadas. O que su propia cultura nacional es superior a las demás en asuntos como, por ejemplo, la actitud hacia los ancianos.

La combinación de estos elementos de fondo forma lo que podemos llamar nuestro paradigma para interpretar el mundo y la Biblia. Si no tenemos cuidado cuando predicamos, simplemente predicaremos nuestros propios paradigmas, no lo que la Biblia realmente enseña. Así que es un viaje de toda la vida permitir que Dios transforme nuestros propios paradigmas para que se parezca cada vez más al paradigma de Dios (como lo indica el diagrama).

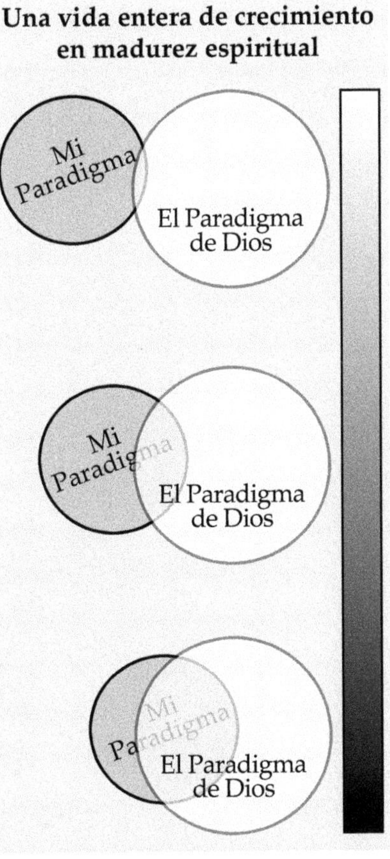

A esto es lo que se refirió Pablo cuando le dijo a los cristianos romanos:

> No se amolden al mundo actual, sino sean transformados mediante la renovación de su mente. Así podrán comprobar cuál es la voluntad de Dios, buena, agradable y perfecta. (*Ro 12.2*)

La conversación entre nuestros propios paradigmas y el de Dios tomara lugar mientras estudiamos las Escrituras y tratamos de vivirlas. Mientras crecemos en nuestro conocimiento y nuestra experiencia de discipulado, también creceremos en nuestra madurez cristiana. Poco a poco, nuestra perspectiva comenzará a parecerse más a la perspectiva revelada por Dios.

Primera sección

Predicar los evangelios y Hechos

Para muchos, la idea de sentarse bajo las estrellas, alrededor de una cálida fogata, escuchando a un emocionante narrador es cosa de sueños. Mientras más poblaciones se mudan a estrechas y concurridas ciudades, lo que una vez fue normal, solo entretenimiento para el atardecer, ahora se ha convertido en una de esas experiencias únicas en la vida para unos cuantos afortunados.

¡Pero las historias todavía importan! ¿Qué otra razón podría explicar que nos quedemos pegados a la tele? ¿y por qué las librerías venden tantas novelas? Todavía se respeta a los buenos narradores y tienen seguidores por todo el mundo.

Esa debe ser la razón más básica para la popularidad duradera de los evangelios. ¡Son historias magníficas y fascinantes! Desafortunadamente, muchos predicadores (quizá especialmente en las iglesias occidentales) al parecer se han olvidado de esto. Parecen estar contentos de tratar a los evangelios como un denso párrafo de Romanos, del cual sacan (¡usualmente tres!) puntos de teología sistemática. Tales sermones pueden comunicar verdades del evangelio y la verdad siempre será útil; y Dios es lo suficientemente misericordioso como para usar cualquier sermón, por pobre que sea. ¡Pero esa no es excusa para olvidar que los evangelios son historias!

Dios comunica su verdad no solamente por medio de palabras, sino también por medio de la forma (o género) en la que estas palabras se transmiten. Esto significa que no hacerle justicia a la forma de un pasaje puede que resulte en no hacerle justicia al significado de un pasaje.

Para cualquier predicador cristiano, Jesús será el enfoque de nuestra fe, la esencia de nuestro mensaje y los cimientos de nuestro ministerio. Sin él, no tendríamos ni fe, ni mensaje, y ni ministerio. No es de extrañar que nos encante hablar de él, contar historia acerca de él. Y eso es lo que hacen los evangelios. Nuestra tarea es hacer que Jesús «salga de las paginas» de estos libros y entre a las vidas de estas personas. ¿Puede acaso haber mayor gozo que presentar a Jesús a los demás y ver cómo sus rostros se alumbran y sus corazones arden mientras las vendan caen de sus ojos?

II. Los desafíos al predicar los evangelios

Si amamos y seguimos a Cristo, es natural que amemos los evangelios. Sin embargo, muchos de nosotros los encontramos difíciles de predicar. Hay muchas razones por las que quizá es difícil hacerlo.

1. Son muy conocidos

¿Alguna vez has ido a la cocina o al dormitorio para buscar algo? ¿Tal vez buscabas una bolsa de té o un par de calcetines limpios? Abres repisas y cajones y miras dentro, pero no encuentras lo que buscas. Así que llamas a tu esposa, ella entra y lo encuentra al instante, en el lugar que estabas buscando. Sencillamente no lo viste. Quizá buscabas un paquete diferente u olvidaste el color y no buscaste con la debida atención. Porque el lugar te es tan conocido que no ves los detalles con detenimiento.

Lo mismo ocurre con los evangelios. Nos sentimos más que familiarizados con ellos. Por ejemplo, conocemos la historia de las tentaciones de Jesús en el desierto o la parábola del buen samaritano. De hecho, podríamos planear el esquema del sermón sin siquiera abrir la Biblia. Pero eso es peligroso y puede llevar a toda clase de interpretaciones extrañas y errores. Tal vez nos acordamos a medias el relato de Mateo sobre la tentación, sin darnos cuenta que el suyo es sutilmente diferente al de Lucas. El resultado es que perdemos completamente el punto que Lucas quiso comunicar cuando predicamos desde su evangelio. Mucho del poder de su historia se pierde. Lo mismo ocurre al revés cuando predicamos desde Mateo.

En los siguientes dos capítulos de este libro, me propongo desinflar tu suposición de que conoces los evangelios y demostrarte que éstos son más desconocidos y sorprendentes de lo que creemos.

El peligro de creer que ya conocemos el relato: **nuestras predicas no logran su objetivo**

2. Tratamos a los evangelios como si fueran cuentos morales

Cada cultura tiene fábulas e historias para niños que pasan de generación a generación. Nos cuentan de grandes héroes del pasado, o de gente común que logra superar situaciones terribles, o de animales que hablan y actúan de maneras sorprendente, lo cual las hacen perfectas para historias a la hora de acostar a los niños. En realidad, la clave acerca de ellas es que ilustran lecciones importantes para la vida. Por ejemplo, toma la clásica historia del antiguo narrador griego Esopo, de la carrera entre una tortuga y una liebre. Dado que las liebres son rápidas y las tortugas lentas, la liebre supone que fácilmente puede ganar la carrera. Así que se detiene a tomar una siesta a media carrera. Desafortunadamente, se despierta muy tarde y ve que la tortuga cruza la meta antes que ella. La lección queda clara: nunca sobreestimes a tus oponentes o confíes en tu propia aparente superioridad. Es el tipo de moraleja que esperarías de un cuento así.

Ahora, como predicadores responsables todos anhelamos que nuestros hermanos y hermanas alcancen la madurez y logren tomar decisiones sabias. Así que en nuestros sermones y reuniones de estudios queremos abordar problemas específicos que estamos enfrentando. A veces, esto nos motiva a identificar pasajes adecuados para estudiarlos y predicar acerca de ellos. Pero esto también podría causar lo que llamamos *la impaciencia del predicador*. Es muy frecuente que estemos apurados por llegar a la aplicación del mensaje, así que tomamos atajos para estudiar el texto bíblico. El resultado es parecido con lo que ocurre cuando estamos demasiado familiarizados con los evangelios. El objetivo del narrador al contar la historia queda eclipsado por nuestras propias intenciones ocultas de predicación, incluso si eso no era lo que queríamos que sucediese.

Claro que, las historias de la Biblia presentan un mayor reto. ¿Cómo debemos aplicarlas en primer lugar? ¿Será que nos cuentan estas historias principalmente como ejemplos a seguir o evitar? ¿Son acaso cuentos morales de parte de Dios, con el propósito de mostrarnos como ser buenos niños y niñas?

Veamos este ejemplo:

> Muy de madrugada, cuando todavía estaba oscuro, Jesús se levantó, salió de la casa y se fue a un lugar solitario, donde se puso a orar. (*Mr 1.35*)

¿Por qué Marcos incluye este detalle? ¿Nos estará tratando de decir que siempre deberíamos tener nuestro devocional antes del amanecer? ¿Pero qué pasaría si tú, como yo, eres una persona nocturna, que no le gusta madrugar? ¿Fue esa la razón principal de Marcos para describir el horario de Jesús?

El contexto nos va a ayudar aquí. En la siguiente sección, Marcos nos da una idea de las exigencias en los tiempos de Jesús. ¿Será que este tiempo de oración temprana tenga que ver con lo difícil que era dar prioridad a lo necesario para que Jesús cumpla su misión? ¿No sería más probable que el punto de Marcos es de que siempre es recomendable orar antes de tomar decisiones grandes y difíciles? ¿Pero, entonces, eso significa que debemos de despertarnos temprano para orar?

Seguramente nosotros estaremos en un terreno más firme al responder esa pregunta si comenzamos preguntándonos por qué Jesús se levantó tan temprano.

Este punto es aún más claro si observamos las tentaciones de Jesús en el desierto. Mateo nos dice que el diablo trato de tentarlo con tres desafíos específicos:

- Convertir las piedras en pan (4.3)
- Tirarse del techo del templo para ser rescatado por ángeles (4.6)
- Adorar al diablo a cambio de poder global (4.9)

Cada vez Jesús respondió con una cita de Deuteronomio 6 u 8. ¿Pero, una vez más, por qué se nos dice esto? ¿Es acaso principalmente un modelo para cómo manejar la tentación?

Nadie niega que citar las Escrituras cuando estamos siendo tentados es sensato. ¿Pero acaso no hay algo extraordinario acerca de la tentación de Jesús aquí? No he conocido a alguien que haya batallado con esos desafíos específicos. ¿Nos ayudaría si recordamos que aquí el diablo está tratando de desviar a Jesús de su misión divina de marchar a la cruz, y a corto plazo, sabotear su fidelidad al Padre? Esta clase de obras fue la que el diablo logró hacer con éxito cuando tentó al pueblo de Israel mientras anduvo errante por el desierto durante el éxodo. Por eso es que Jesús contraataca citando el sermón de Moisés en Deuteronomio. ¡Sucede mucho más en esta historia que un simple modelo para nuestra conducta!

Reducir las historias de la Biblia a cuentos morales producirá dos resultados desafortunados: Primeramente, lograremos que la gente se nos duerma. Esto es porque nuestros sermones serán predecibles. Nuestra congregación podrá predecir nuestra aplicación de lejos. ¡De hecho, es probable que algunos miembros de nuestra congregación puedan anticipar exactamente lo que será dicho en el instante en que se anuncie el pasaje bíblico! Y como veremos, muy pocas historias de los evangelios fueron escritas principalmente para decirnos qué hacer. En la mayoría de casos, su objetivo es que Jesús nos abra los ojos.

Un resultado mucho más serio de reducir el evangelio a cuentos morales es debilitar el evangelio. Nadie de nosotros quiere hacer eso, pero puedo pasar fácilmente. ¿Que se lleva la gente de nuestros sermones semana tras semana? ¿Son buenas noticias? ¿O una lista de reglas?

Si tratamos las narraciones del evangelio como cuentos morales, entonces una serie de sermones de Mateo será solamente una lista de reglas. Podemos suponer que la única cosa que Dios quiere para nosotros es que seamos perfectos, santos, devotos y religiosos. Creeremos que la medida del cristiano depende de cuánto dinero damos, cuántas oraciones ofrecimos, cuán rectos nos hemos convertido. Todas estas cosas son buenas, tal como Jesús lo aclara en el sermón del monte. Pero, reducir al evangelio a reglas nos hace que perdamos su elemento de asombro y, de hecho, no entendemos el punto que Mateo quería dar. El evangelio es un mensaje de gracia desde el principio hasta el final. El evangelio se trata de Jesús que nos rescata de nuestras fallas, no se trata de una serie de mandamientos para que seamos mejores. Cuando la Biblia nos invita a ser santos, es siempre en respuesta a ese rescate. Un mensaje que sugiera algo diferente no es cristianismo, sino una religión basada en obras.

> ***El peligro de relatos moralizadores:*** **nuestros sermones se vuelven aburridos y legalistas.**

3. Los tratamos como mensajes en clave

Si no deberíamos moralizar las historias del evangelio: ¿qué deberíamos hacer con ellas? A menos que tengamos cuidado, podríamos irnos al otro extremo y buscar una historia con diferentes significados. Las trataríamos como una alegoría.

¿Te acuerdas de la película del año 2006, *El Código Da Vinci*? Se nos sugiere que la hermosa pintura de Leonardo Da Vinci, *La última cena*, era un mensaje en clave sobre la vida de Jesús, en vez de una representación de un importante evento en los evangelios. Tanto el libro como la película son controversiales por sus absurdas afirmaciones. Es fácil desacreditar a la película, pero la manera alegórica que algunos pastores manejan los evangelios, sugiere que ellos también se ven como expertos descifradores de códigos.

Las alegorías son básicamente historias escritas con una cierta clase de código. El propósito puede ser causar intriga en los lectores o comunicar un mensaje mientras se protege a los que corren peligro. Cual fuera la razón, el verdadero significado de la historia esta al fondo de la superficie. Cada detalle es un símbolo de algo más.

Claro que esto hace que el predicador se vea inteligente e impresionante (tal vez por esto algunas personas lo hacen). Pero muy a menudo, no hay nada que controle la imaginación creativa del intérprete. Como resultado, la interpretación tiene muy poco que ver con el mensaje original del pasaje. Otro efecto secundario es que los que están escuchando un sermón alegórico suponen que entender la Biblia está reservado solo para el que es verdaderamente espiritual o para un cristiano profesional. Esto es nefasto.

La Biblia sin lugar a dudas contiene alegorías (consideraremos algunos ejemplos en los próximos capítulos). Pero antes de tratar las historias de los evangelios como alegóricas, primeramente tenemos que determinar si la intención del autor fue que estas historias sean alegóricas. Si no fue así, y no hay evidencias, entonces no debemos tratarlas como tales.

> ***El peligro de alegorizar:* nuestros sermones pierden totalmente sus bases bíblicas.**

En vez de pasar nuestro tiempo buscando significados escondidos, deberíamos enfocarnos completamente en los significados aparentes, *tal como los autores de los evangelios los comunican*. Garantizo que esto ofrecerá suficiente material para predicar. Para obtener ayuda con eso, ¡sigue leyendo!

III. La naturaleza de los evangelios

Unos de los atributos fascinantes de los cuatro evangelios no es su parecido, sino sus diferencias. Cada uno de ellos tiene un propósito sutilmente contrastante, pero a la vez compatible. Sin embargo, todavía es útil preguntarnos qué es lo que estos cuatro libros tienen en común. Esa es nuestra preocupación ahora, mientras consideramos qué tipo de libros son. Puede que parezca obvio. Al fin y al cabo, todos sabemos que son lo que denominamos «evangelios».

Sin embargo, esa afirmación es menos útil de lo que parece. Porque nadie había escrito un evangelio antes que Marcos comenzara a escribir. De hecho, probablemente él ni pensaba que estaría escribiendo un evangelio. Por eso comenzó su obra diciendo simplemente que era el: «Comienzo del evangelio (buenas nuevas) de Jesucristo, el Hijo de Dios». (1.1). Fue tal la influencia de estos cuatro escritores del Nuevo Testamento que se creó todo un nuevo tipo de literatura. Pero lo que tenemos que hacer es tratar de entender qué pensaron aquellos que los escribieron.

1. ¿Son biografías?

Me encantan leer las biografías de personas impresionantes o influyentes. Una de mis biografías favoritas es de alguien que pocos fuera de Gran Bretaña conocen: Willian Pitt, el Joven. Se convirtió en la persona más joven de ocupar el cargo de primer ministro con solo 24 años en 1783 (un récord que es poco probable que sea vencido). Puede que hayas escuchado acerca uno de sus más cercanos amigos, William Wilberforce, el gran activista contra la esclavitud. Pitt tuvo ese cargo por más de 20 años, antes de morir en 1806 con 46 años. Así que el fácilmente amerita una biografía de 600 páginas. Su vida fue notable en tiempos turbulentos que incluyeron la Revolución Francesa, las guerras en contra del Emperador Napoleón, y los debates en torno al comercio de esclavos.

Debido a que los evangelios tratan acerca la vida notable de Jesús, no es sorprendente que llamen a estos libros biografías antiguas. Aquellos que han estudiado a autores antiguos detectan paralelos entre los evangelios y obras acerca la vida de oradores griegos o emperadores romanos.

Sin embargo, los evangelios no son biografías típicas, bajo parámetros modernos o antiguos. Considera estas curiosidades. ¿Cómo las explicarías?

- Marcos no nos dice nada sobre el nacimiento y la crianza de Jesús. De hecho, el parece ignorar la mayoría de los detalles de su vida.
- Mateo y Lucas si escriben brevemente acerca el nacimiento de Jesús. Y con solo una excepción (Jesús a los 12 años en Lucas 2.41–52), se saltan a su bautismo (que es donde Marcos comienza).
- Mateo ordena su libro alrededor de secciones de enseñanzas de Jesús. Pero Juan toma esto al extremo. Casi la mitad de su libro se enfoca en las enseñanzas de Jesús, que revelan más acerca de su identidad.

Estas son decisiones raras. Los biógrafos modernos se obsesionan por los años formativos de una persona, y tratan de descubrir pistas acerca su fama como adulto. Pero no los autores de los evangelios. Entonces al otro extremo de la vida, en la biografía de Pitt se describen sus últimos días, su muerte y las causas, en solo 4 páginas de las 600. Eso es solamente 0.6 por ciento del libro.

Contrasta eso con el libro de Marcos. ¡Aproximadamente 42 por ciento del libro trata con los últimos días de Jesús, su muerte y sus causas! Eso no causa sorpresa a los creyentes, pero es sorprendente si te pones a pensar que está escribiendo una biografía. Pero no lo está. Lo que Marcos escribió era algo totalmente distinto.

2. ¿Siguen cronologías precisas?

Si en una biografía moderna se encontraran errores factuales, o habría fechas equivocadas de eventos importantes, de seguro habría preocupaciones acerca de su confiabilidad en otras cuestiones. Con razón que la gente se sorprende al encontrar rarezas como las siguientes:

- Retornemos a la tentación de Jesús en el desierto. Ya hemos visto la versión de Mateo. Pero Lucas cambia el orden de la segunda y tercera tentación. Concluye con la tentación de arrojarse desde el templo (Lc 4.9–12).
- Lucas y Marcos describen a Jesús cuando sana a un ciego de camino a Jericó (Mr 10.46–52; Lc 18.35–43). Pero Mateo cuenta acerca de dos ciegos cuando Jesús salía de Jericó (Mt 20.29–34). ¿Qué está ocurriendo aquí? ¿Son versiones contradictorias del mismo milagro? ¿O son milagros diferentes? No queda claro de inmediato, pero por lo menos debemos suponer que Dios inspiro a ambos escritores, no es un problema mayor.
- La tempestuosa visita de Jesús al templo alcanza su momento culminante después de su entrada triunfal a Jerusalén en Mateo 21, Marcos 11 y Lucas 19. A estos tres se los llaman comúnmente los evangelios sinópticos (palabra griega que significa «vistos juntos»). Sin embargo, Juan presenta las cosas muy distintas. Presenta al Jesús adulto visitando el templo varias veces, pero describe a Jesús expulsando a los que cambiaban dinero al inicio de su ministerio (Jn 2.12–25).

Entonces, ¿deberíamos perder la confianza en estos libros por completo? Los escépticos dicen que sí.

Sin embargo, no debemos confundir géneros literarios. Los escritores de los evangelios no deberían ser juzgados con parámetros del siglo veintiuno. Sea lo que hayan estado haciendo, claramente no tenían problemas con cambiar el orden de los eventos (por ejemplo, Mateo a menudo edita o adapta el material de Marcos).

Esto no hace que los libros sean poco fiables. Simplemente significa que debemos ajustarnos a la manera de escribir de ellos, no al revés. Es obvio que su propósito no es proporcionar una cronología detalladas, sino transmitir un mensaje. Podemos estar seguros que los milagros de Jesús ocurrieron, y que Jesús compartió sus enseñanzas.

Pero, ¿qué querían lograr estos escritores?

3. ¿Son sermones biográficos?

Piensa de nuevo en la introducción de Marcos: «Comienzo de las buenas nuevas». Nos dice que tiene buenas noticias para quien quiera leerlas. Concierne a Jesús el Mesías, el Hijo de Dios.

No es un gran paso suponer que todo lo que escribe después es parte de estas buenas noticias. Esto no hace que estas buenas noticias sean fáciles de escuchar. Por ejemplo, la enseñanza de Jesús acerca la pecaminosidad del corazón humano en Marcos 7.20–23 es difícil de aceptar (por lo menos al inicio).

El mensaje acerca de Jesús es lo que precisamente hace que estas noticias sean buenas. Él, a la vez, nos revela y asegura la gracia de Dios para con nosotros. La respuesta correcta seguramente es confiar en Jesús por esa gracia, o en palabras de su primer sermón en Marcos: «¡Arrepiéntanse y crean las buenas nuevas!» (Mr 1.15).

Así que en un sentido Marcos nos está predicando, a nosotros sus lectores. Y Dios, por medio de su Espíritu, está usando este libro antiguo para hablar a la gente de hoy. Lo mismo se puede decir de Mateo, Lucas y Juan. Esto explica las curiosidades que notamos anteriormente:

- Su selectividad a la hora de escoger que historia y detalles incluir.
- La falta de preocupación en cambiar el orden y los eventos.
- El énfasis sorprendente que le dan a los días y horas finales de Jesús en contraste con el casi completo silencio acerca su vida familiar y juventud.

Se puede explicar cada rareza sencillamente como el deseo del autor de comunicar el mensaje del evangelio lo mejor posible. Cada autor trajo consigo sus propios talentos; cada uno de ellos tenía propósitos y ángulos sutilmente diferentes; cada uno acomodó su material para que encaje con sus propósitos.

Pero al final, los cuatro comparten el deseo de que sus lectores crean en las buenas noticias y los acompañen a seguir a Cristo. Esto significa que cada vez que prediquemos desde cualquier parte de los evangelios, estemos consientes de una pregunta crucial. ¿Es mi interpretación una buena noticia? Si no, ciertamente me he desviado.

IV. Siguiendo las pistas de los evangelios

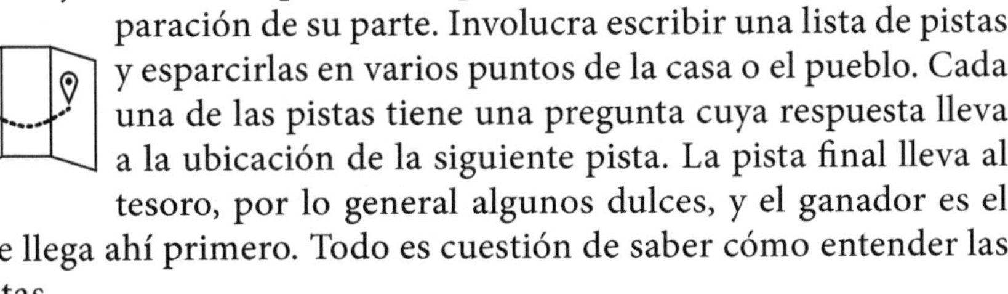

«Busquemos el tesoro» era un juego que mis papas solían jugar con nosotros cuando éramos niños, y que ahora juegan con mis hijos. El concepto es simple, aunque requiere mucha preparación de su parte. Involucra escribir una lista de pistas y esparcirlas en varios puntos de la casa o el pueblo. Cada una de las pistas tiene una pregunta cuya respuesta lleva a la ubicación de la siguiente pista. La pista final lleva al tesoro, por lo general algunos dulces, y el ganador es el que llega ahí primero. Todo es cuestión de saber cómo entender las pistas.

De alguna manera estamos haciendo algo similar cuando leemos los evangelios. Dado que los autores nos están contando una historia, tienden a no comunicar sus mensajes con secas declaraciones teológicas. Dejan que las verdades salgan a partir de historias y escenas. Es como si cada historia fuera una pista, y mientras vamos descubriendo estas pistas, se nos garantiza que encontraremos un gran tesoro.

Así que en el resto de este capítulo, nos dedicaremos a buscar el tesoro del evangelio, una búsqueda de las distintas clases de pistas que los autores de los evangelios dejaron escondidas en el texto hace siglos atrás. Si bien es es una tarea difícil, no es imposible porque nos dejaron algunos consejos para saber qué buscar, dónde mirar y cómo interpretar las pistas que dejaron.

Esta búsqueda del tesoro del evangelio es mucho más emocionante que cualquier juego de niños porque el tesoro es mucho más valioso. Descubriremos que nuestra visión del Señor Jesucristo se profundizará y crecerá mientras aprendemos a leer estas pistas bien.

1. Discernir el propósito del escritor

La primera pista/consejo que cada autor de los evangelios nos ofrece es su propia declaración del porqué ha escrito el libro. Pero, curiosamente, a menudo ignoramos esta información cuando leemos los evangelios. Es casi como elegir un libro moderno y nunca revisar la descripción de su contenido en la tapa antes de comprarlo. ¡Puede que te lleves una sorpresa al comenzar al leer el libro si es que fue así como lo escogiste!

Así que miremos qué tiene que decir cada autor acerca de su propósito cuando escribe su evangelio:

Mateo: El hacedor de discípulos

La pista del por qué Mateo escribe su evangelio está bien oculta. A diferencia de los otros tres escritores del evangelio, Mateo no ofrece una declaración clara como las que se ven en las tapas de los libros. Nos deja resolverlo a medida que avanzamos. Una técnica que funciona bastante bien aquí (y es útil para estudiar muchos libros de la Biblia) es fijarse en los pasajes del inicio y los del final del libro.

Mateo comienza con la genealogía de Jesús (Mt 1.1–17). Tal vez lo encontremos aburrido, pero habría sido emocionante para los lectores judíos del primer siglo. Está proclamando en voz alta y clara que Jesús es *judío* (es descendiente de Abraham, 1.2) y de la familia real (es descendiente del Rey David, 1.6).

Pero cuando nos dirigimos a la conclusión del libro, encontramos una declaración de Jesús que solamente se encuentra en el evangelio de Mateo.

> Jesús se acercó entonces a ellos y les dijo: «Se me ha dado toda autoridad en el cielo y en la tierra. Por tanto, vayan y hagan discípulos de todas las naciones, bautizándolos en el nombre del Padre y del Hijo y del Espíritu Santo, enseñándoles a obedecer todo lo que les he mandado a ustedes. Y les aseguro que estaré con ustedes siempre, hasta el fin del mundo.» (*Mt 28.18–20*)

A este pasaje se lo conoce comúnmente como la Gran Comisión porque en él Jesús inaugura la misión global de Dios. Tiene la autoridad de hacerlo, porque ejerce la autoridad del cielo (28.18). Es el Hijo divino, que reina con el Padre y el Espíritu, y en cuyo nombre y poder los apóstoles son enviados.

Pero muchos de nosotros malinterpretamos esta pista porque perdemos la figura completa de lo que esta misión busca cumplir. El objetivo de Jesús no es solamente hacer conversos por todo el mundo, sino hacer *discípulos* por todo el mundo. La palabra «discípulo» literalmente significa «estudiante», no solo de datos, sino también de cómo vivir. Lo que Jesús está buscando es no solo son personas que aprendan algunos datos acerca de él, sino personas que obedezcan todo lo que él les ha enseñado. Tal vez es esta una pista porque Mateo ha ordenado su libro en secciones de enseñanzas a los discípulos, como el sermón del monte (Mt 5–7).

Así que tal vez, cuando prediquemos desde Mateo debemos preguntarnos cómo el pasaje a tratarse nos ayuda en el aprendizaje de por vida que Jesús nos llamó a seguir. ¡Jesús busca discípulos, no conversos! Vamos a desarrollar más este punto en los siguientes capítulos.

¿Como encajan estos pasajes al tema del discipulado para toda la vida?

- Jesús sana a un paralítico (Mt 9.1–8)
- La petición de una madre (Mt 20.20–28)
- No imiten a los fariseos (Mt 23.1–12)

Marcos: el que trae buenas noticias

La pista que Marcos nos ofrece acerca el propósito de su libro esta oculta en la primera frase de su evangelio:

> Comienzo del evangelio de Jesucristo, el Hijo de Dios. (*Mr. 1.1*)

Por lo tanto, cualquier interpretación de este libro nos debe ofrecer buenas noticias, como lo dije en la sección donde veíamos si los evangelios eran cuentos con moraleja. Pero hay más acerca de esta pista que este punto.

Marcos claramente dice que lo que hace que su mensaje sea una «buena noticia» es su enfoque en la identidad y misión de Jesús. Por eso dice que las buenas noticias son acerca de «Jesús el Mesías» o «Jesús el Cristo» («Cristo» es el término griego del hebreo «mesías»). La palabra «mesías» literalmente significa «el ungido». Cuando un nuevo rey de

Israel era instaurado, a él se le ungía con aceite, como paso con Samuel que ungió al joven pastor David (1S 16.13). Esta acción declaraba que el era el ungido rey de Dios, reemplazando al rey Saúl. Al anunciar que Jesús era el Mesías, Marcos afirmaba que Jesús de Nazaret era el mesías supremo a la cabeza de una larga línea de reyes.

Pero la siguiente declaración de Marcos acerca de Jesús comúnmente se malinterpreta. Es quizá natural asumir que la referencia «Hijo de Dios» sea una declaración acerca de la divinidad de Jesús y su identidad como miembro de la trinidad. Pero esto no es del todo correcto. Si estuvieras hablando con Marcos y le hablarías de la trinidad, él probablemente te habría mirado sin comprender (aunque ciertamente él habría creído en la trinidad una vez que se le haya explicado su significado). Pero la expresión en sí se inventó mucho tiempo después de su muerte.

Para descubrir lo que Marcos quería decir, tenemos que buscar lo que él conocía, en vez de lo que nosotros sabemos. Hablaremos más de esto en la pista 4.

Lucas: un investigador que ofrece consolación

Lucas es el escritor del evangelio que nos da la pista más clara sobre su propósito cuando escribe:

> Muchos han intentado hacer un relato de las cosas que se han cumplido entre nosotros, tal y como nos las transmitieron los que desde el principio fueron testigos presenciales y servidores de la palabra. Por lo tanto, yo también, excelentísimo Teófilo, habiendo investigado todo esto con esmero desde su origen, he decidido escribírtelo ordenadamente, para que llegues a tener plena seguridad de lo que te enseñaron. (*Lc 1.1–4*)

No tenemos idea de quien era Teófilo. Tal vez era el nombre de alguien, o tal vez un nombre en código para proteger su identidad (Teófilo significa literalmente «el que ama a Dios»). Algunos sugieren que Lucas usa este nombre como un código para «cualquiera que ama a Dios», pero esto no parece ser muy posible porque al parecer Lucas tenía alguien en mente. Realmente no importa a quién estaba escribiendo exactamente.

Pero me gusta imaginarme conversaciones entre Lucas y Teófilo, tal vez tarde en la noche, acerca de lo que entendieron acerca de Jesús.

Lucas no fue un testigo presencial de estos eventos trascendentales, así que tuvo que depender de las descripciones de quienes estuvieron allí. Al parecer Teófilo estaba en la misma situación. Pero en algún momento en el camino su confianza fue sacudida. Esto motiva a Lucas a escribir su relato, primordialmente para mejorar la fe de su amigo. Él es bastante abierto en admitir que se prestó de otros autores (casi seguramente esta lista incluye a Marcos y probablemente a Mateo), pero tiene un objetivo sutilmente diferente, como lo explica su introducción.

La consolación de Lucas tiene cuatro ingredientes.

i) «Las cosas que se han cumplido»

El Antiguo Testamento anticipó y a menudo predijo abiertamente la vida y el ministerio de Jesús. Para alguien que lucha con las declaraciones hechas acerca la identidad de Jesús, no es poca cosa ver cuán a menudo Jesús cumple estas antiguas Escrituras judías. El efecto acumulativo es un gran estímulo. Jesús no fue un fenómeno repentino que apareció de la nada. Fue el clímax de un antiguo, incluso eterno, plan.

ii) Investigaciones y testigos presenciales

Tal vez Teófilo se sintió inseguro después de perderse los eventos que Lucas le contó. Así que, toma nota de cómo Lucas lo tranquiliza. Porque él tampoco fue un testigo presencial, Lucas se aseguró de hablar con aquellos que sí lo fueron. Como un buen historiador moderno, probablemente visitó todos los lugares a los que él se refiere en el libro, lo cual claramente encajaría con su fascinación con la geografía (véase el siguiente capítulo) y fechas. Ser confiable es claramente importante para él.

iii) Un relato ordenado

Lucas entonces recopila todo su material, a partir de sus viajes de investigación, entrevistas y colección de otros relatos («Muchos han intentado hacer un relato»). Esto no implica que todo esté en orden cronológico; lo más probable es que todo está dispuesto para ajustarse a su propósito general.

iv) «Para que llegues a tener plena seguridad de lo que te enseñaron»

La esencia de la fe cristiana consiste en confiar en lo que Cristo promete a sus seguidores. Esto trae bendiciones que son literalmente interminables. Entonces, importa tanto que lo que se dice de él sea confiable (realmente él ofreció estas promesas) y que él sea confiable (puede cumplir las promesas que hizo). Lucas escribió su libro para asegurarse que Teófilo tenga esta doble convicción.

Lo que se dice arriba no son conjeturas, es simplemente creer en las palabras de Lucas. Así que cuando prediquemos desde Lucas, siempre deberíamos tener en cuenta su propósito de darnos seguridad. Cada pasaje y secciones claramente tendrá su propio propósito y aplicación. Pero nunca debemos de perder de vista el propósito general de Lucas.

Considera cómo estos pasajes pueden encajar en el propósito general de Lucas:

- La fe del centurión (Lc 7.1–10)
- Jesús sana en sábado a una mujer encorvada (Lc 13.10–17)
- El dirigente rico (Lc 18.18–30)

Juan: el creyente de Jesús

El estilo de Juan es muy diferente a los otros tres. Al parecer está menos interesado en una narrativa basada en la acción y más interesado en ideas profundas y verdades eternas. Así que, en contraste con los demás evangelios, comienza su libro lejos de la provincia romana de Judea. Más bien, escribe sobre la mente y el propósito de Dios. Su introducción misteriosa e intrigante hace eco intencionalmente con los primeros versículos de Génesis.

Retiene la clave del por qué está escribiendo hasta el final de su evangelio. Pero una vez que lo alcanzamos, su propósito es fácil de entender. Porque a pesar de nuestra primera impresión, el propósito de Juan es simple:

> Porque me has visto, has creído —le dijo Jesús—; dichosos los que no han visto y sin embargo creen. Jesús hizo muchas otras señales milagrosas en presencia de sus discípulos, las cuales no están registradas en este libro. Pero estas se han escrito para que ustedes crean que Jesús es el Cristo, el Hijo de Dios, y para que al creer en su nombre tengan vida. (*Jn 20.29–31*)

Jesús dice estas palabras después de la oportunidad que tiene Tomás de verificar su fe, al tocar las heridas de la crucifixión de Jesús. A ninguno de los otros discípulos se le invitó a hacer eso. No lo necesitaban porque habían visto lo suficiente para creer.

Como Teófilo y Lucas, e incluso Marcos, ninguno de nosotros estuvimos presentes cuando ocurrieron estos eventos. Pero Juan sí estaba, y escribe para nuestro beneficio. A diferencia de los otros autores, es mucho más selectivo acerca de qué obras de Jesús va a incluir (como lo indica implícitamente en el versículo 30), pero lo que sí decide incluir sirve a su propósito de recalcar una serie de puntos que constituyen un orden lógico.

i) Señales de Jesús

Juan selecciona solo unos cuantos milagros del ministerio de Jesús, culminando en el más grande, su resurrección. Pero ha hecho esto con cuidado, porque todos apuntan más allá de lo que sucede hacia verdades más grandes. Es por eso que las llama *señales*. Piénsalo de esta manera. Cuando estás conduciendo hacia la capital de tu país, naturalmente buscas señales para asegurarte que vas por buen camino. Sería ridículo parar en una de estas señales para un picnic y creer que has llegado a tu destino. Una señal solo funciona si vas hacia donde te dirige. Así que en su evangelio Juan simplemente está diciendo, «No te enfoques tanto en los milagros a no ser que te pierdas lo que revelan».

ii) Identidad de Jesús

¿Notaste algo familiar acerca la identidad a la que apuntan estos signos? Juan utiliza precisamente las mismas palabras que Marcos 1.1: «Jesucristo, el Hijo de Dios». Ese hecho sugiere que Juan no es tan diferente a los otros evangelios como algunos creen. Así que, cada vez que leamos acerca de una señal en Juan, tenemos que estar alertas en cómo Juan lo conecta con un aspecto particular de la identidad de Jesús.

iii) Confíar en Jesús

A Juan no le interesa simplemente ofrecer a sus lectores información o hechos, mucho menos afirmaciones. Espera que lo que escribe haga una diferencia. Espera una respuesta, aunque sea simple. Es precisamente porque ahora entendemos quién es Jesús es que podemos poner nuestra confianza en él. Para decirlo de otra manera, la fe cristiana se trata de creer verdades acerca de Jesucristo y confiar en las promesas hechas por Jesús. En el pensamiento de Juan, eso nos deja con una pieza vital más.

iv) La vida de Jesús

La vida es el máximo regalo de Dios, pero puede que sea algo extraño mencionar esto aquí. Después de todo, la habilidad que tienes de leer estas palabras sugiere que estás vivo. Por supuesto que Juan explica a qué se refiere con esto en su libro, y que Jesús ofrece algo mucho mayor que una vida biológica (aunque esto fue lo que Lázaro recibió de Jesús en Juan 11). «La vida en su nombre» tiene implicaciones eternas, como ya veremos.

Así que aquí está la lógica detrás de la respuesta que Juan espera de sus lectores.

Habiendo visto el propósito general de cada evangelio, tenemos que decidir qué hacer cuando estudiamos un pasaje individual. ¿Cómo usamos las pistas que tenemos para encontrar tesoros y así predicar sus verdades fielmente? El enfoque de lo que sigue de este capítulo será ver cómo Marcos esparce pistas en su narrativa, aunque podríamos igualmente haber elegido uno de los otros para hacer precisamente los mismos puntos.

2. Esperar sorpresas

Una búsqueda del tesoro sería menos divertida si la persona que la prepara utiliza las mismas pistas cada año y las oculta en los mismos lugares cada vez. Lo impredecible hace que la búsqueda sea más interesante. No sabes cómo será la siguiente pista o dónde exactamente te llevará.

Lo mismo ocurre en una narración (y por ende en la predicación). Las audiencias y los lectores dejan de escuchar atentamente si saben lo que ocurrirá. ¿A quién le importaría ver una serie policial en la televisión si la primera escena nos diría todo acerca de quiénes son el criminal y su víctima, como se cometió el crimen, y por qué? Es la incertidumbre sobre esas preguntas las que nos mantienen mirando. Pero si ya sabemos las respuestas, apagamos la televisión o cambiamos de programa.

El problema de los evangelios para muchos de nosotros es que no venimos a ellos con ningún tipo de expectativa. Los conocemos muy bien, o al menos eso *creemos*. Después de todo, todos sabemos que Jesús muere en la cruz, y que también resucita. Sabemos que los fariseos son los malos, y que los discípulos se equivocan mucho (¿la mayor parte del tiempo?). Ya podemos ver los bostezos en la iglesia mientras nos ponemos de pie para predicar acerca de Jesús que enfrenta la hostilidad de los fariseos y la ceguera de los discípulos.

La única forma en que podemos mantener a nuestros oyentes entusiasmados con nuestros sermones sobre historias del Evangelio es si nosotros también tenemos entusiasmo. ¿Y cómo nos podemos asegurar que esto pase? La respuesta corta es que todo depende de las preguntas que le hacemos a la historia. Sin excepción, la pregunta más importante que podemos hacer es ésta: *¿Qué es lo que sorprende?*

Cuando haces esta pregunta, un pasaje que al parecer era muy familiar de repente comienza a verse diferente. Es como subirse a un árbol alto en tu vecindario por primera vez y dar un buen vistazo. Puede que hayas vivido en ese vecindario por años, pero desde ese ángulo, de repente todo se ve diferente.

Hay diferentes formas de plantear la pregunta, pero todo se reduce a lo mismo: *¿qué es lo que sorprende?*

- ¿Qué podrían haber esperado los personajes de la historia? ¿Qué resultó diferente?
- ¿Qué podría haber parecido raro o sorprendente para alguien que conocía el Antiguo Testamento en los días de Jesús?
- ¿Si yo estuviera escribiendo este relato, que habría hecho diferente?
- ¿Qué diferencia existiría si pretendiéramos no saber qué pasa después, o al final de la vida de Jesús?

Toma por ejemplo el famoso relato de la sanación del hombre paralitico en Marcos 2.1–12. Este es un clásico para una clase de escuelita dominical. ¡Lo tiene todo! Para el comunicador realmente emprendedor con un don para lo visual, incluso puedes intentar recrear la perforación del techo. (No recomendado al menos que sepas exactamente como volver a montarlo).

> Unos días después, cuando Jesús entró de nuevo en Capernaúm, corrió la voz de que estaba en casa. Se aglomeraron tantos que ya no quedaba sitio ni siquiera frente a la puerta mientras él les predicaba la palabra. Entonces llegaron cuatro hombres que le llevaban un paralítico. Como no podían acercarlo a Jesús por causa de la multitud, quitaron parte del techo encima de donde estaba Jesús y, luego de hacer una abertura, bajaron la camilla en la que estaba acostado el paralítico. Al ver Jesús la fe de ellos, le dijo al paralítico: —Hijo, tus pecados quedan perdonados.
>
> Estaban sentados allí algunos maestros de la ley, que pensaban: «¿Por qué habla este así? ¡Está blasfemando! ¿Quién puede perdonar pecados sino solo Dios?» En ese mismo instante supo Jesús en su espíritu que esto era lo que estaban pensando. ¿Por qué razonan así? —les dijo—. ¿Qué es más fácil, decirle al paralítico?: "Tus pecados son perdonados", o decirle: "Levántate, toma tu camilla y anda" Pues para que sepan que el Hijo del hombre tiene autoridad en la tierra para perdonar pecados —se dirigió entonces al paralítico—: A ti te digo, levántate, toma tu camilla y vete a tu casa. Él se levantó, tomó su camilla en seguida y salió caminando a la vista de todos. Ellos se quedaron asombrados y comenzaron a alabar a Dios. —Jamás habíamos visto cosa igual —decían. (*Mr 2.1-12*)

¿Qué es extraño aquí?

Una cantidad de cosas nos sorprenden cuando nos preguntamos cuáles eran las expectativas de la gente. Los amigos de este hombre habían venido a Jesús para una sola cosa: sanación. Eso es lo que atraía a las multitudes (véase Mr 1.45). No sería sorprendente que estén un poco decepcionados con Jesús con lo que realmente él le dio en el versículo 5.

Pero luego se vuelve aún más extraño. Para empezar, los sentimientos del hombre no parecen ser un factor importante en lo que ocurre después. ¿Qué hace que Jesús sane los pies de este hombre? No es la fe de este hombre, pero la hostilidad y el asombro de los maestros de la ley (2.6–7). Lo sana para probar que tiene la autoridad de perdonar pecados (2.10). Claro que, se le concedió al hombre el regalo más grande, que es el perdón divino. Pero es un pensamiento inquietante darse cuenta de que la curación del hombre no fue por su propio bien.

Cualquiera puede decir «tus pecados son perdonados» porque es imposible verificar si esto ha ocurrido. No hay nada que ver. Requiere poder genuino decir «párate y camina». El fracaso seria inmediato y obvio. Así que Jesús logra lo que es *más difícil decir* (sanación física) para probar que también puede lograr lo que es *más difícil hacer* (perdón de pecados). Tomaría los eventos del resto del evangelio de Marcos para explicar esto. Por ahora, Marcos solo quiere que continuemos leyendo.

Al preguntarnos qué es extraño, comenzamos a redescubrir cuán radical, subversivo e incluso inquietante Jesús era. Debemos asegurarnos de traer esto a la luz en nuestra predicación. Jesús esta siempre lleno de sorpresas.

¿Cuáles son las rarezas o sorpresas de estos pasajes?

- Jesús en casa (Mr 6.1–6)
- El mendigo ciego (Lc 18.35–43)

3. Prestar atención a los detalles

En una búsqueda de tesoro, una buena pista siempre incluye algunos detalles importantes. No dirá solamente «mira en un libro», pero «mira dentro de un libro» o «encuentra un libro que está en el lugar equivocado». Los detalles te ayudan a conseguir la información específica que necesitas para usar la pista.

En nuestra búsqueda del tesoro bíblico, aquí hay algunos de los detalles que tienes que buscar en las historias de la Biblia:

- ¿Cómo se establece la escena? ¿Tiene un impacto en cómo entendemos el drama que se está llevando a cabo?
- ¿Quiénes son los personajes principales? ¿Cómo los describe este pasaje?
- ¿Si hay un diálogo, quién dice qué, a quién y quién está escuchando?
- ¿Hay algunas imágenes o palabras que se repiten? ¿Tienen alguna relación con algún otro momento del libro?

Claro que esto no quiere decir que cada detalle conlleva la misma importancia. Pero no sabrás qué detalles son importantes hasta que hayas estudiado todo el pasaje.

Descubrí la importancia de enfocarme en los detalles al inicio de mi ministerio cuando trabajaba para una iglesia en la cual predicamos el evangelio de Marcos a lo largo de dieciocho meses. Descubrí que tenía que predicar sobre la alimentación de los 5 000 en Marcos 6, y después de dos semanas, predicar sobre la alimentación de los 4 000 en Marcos 8. ¡Eso sí que fue estresante! No había forma que yo pueda predicar el mismo sermón dos veces, la congregación lo notaria (¡eso espero!).

Al prepararme para esos sermones aprendí lecciones muy importantes acerca del estudio bíblico, y acerca de Marcos. Esa crisis me forzó a regresar al texto para prestar más atención a los detalles, sin importar cuán pequeños o irrelevantes que parezcan. Me di cuenta rápidamente que no era necesario predicar el mismo sermón dos veces, Marcos sabía lo que estaba haciendo cuando incluyo *ambas* historias.

La alimentación de los 5 000 es el único milagro de Jesús presente en los cuatro evangelios (aparte de la resurrección, claro). Interesantemente, Marcos es el único autor que menciona que el pasto era verde (6.39). Ese detalle no puede ser tan importante si los demás lo omitieron. Si hay algo significativo al respecto, probablemente es porque sugiere un testigo presencial. En un clima caliente y árido como el de Judea, el color del pasto hubiese sido tan inusual que valía la pena mencionarlo.

La alimentación de los 4 000 no se menciona en Lucas ni en Juan. Y es sorprendente (¡esa palabra de nuevo!) que Marcos cree que es necesario incluirla además de la alimentación a los 5 000. Después de todo, su evangelio es el más corto. Hubiéramos esperado que incluyera un milagro diferente o una breve sección de enseñanzas. Así que miremos con mayor detenimiento. ¿Qué detalles en ambos milagros se superponen, y cuales se diferencian?

	Alimentación de los 5 000 (Mr 6.30–44)	Alimentación de los 4 000 (Mr 8.1–13)
Locación	En su tierra alrededor de Galilea (véase 6.4) Un lugar solitario (6.32)	Región de Decápolis (7.31) Un lugar despoblado (8.4)
Jesús mira las multitudes	tuvo compasión de ellos, porque eran como ovejas sin pastor (6.34 - véase Nm 27.17 & Ez 34.5)	compasión de ellos porque no tenían nada que comer (8.2 - véase Nm 27.17 & Ez 34.5)
La respuesta de los discípulos	Confusión: costaría casi un año de trabajo alimentarlos (6.37)	Confusión: ¿Dónde se va a conseguir suficiente pan en este lugar despoblado? (8.4)

	Alimentación de los 5 000 (Mr 6.30–44)	Alimentación de los 4 000 (Mr 8.1–13)
La respuesta de Jesús	Alimenta a las personas al «enseñarles muchas cosas» (6.34)	Alimenta a las personas al darles pan (8.6)
Comida disponible	Cinco panes y dos pescados (6.38)	Siete panes y unos cuantos pescaditos (8.6–7)
Restos de comida	Doce canastas, de 5 000 hombres (¿más mujeres y niños sin contar?) (6.43–44)	Siete canastas, de los 4 000 presentes (8.9)

Ambos milagros nos recuerdan a los milagros de Yahvé al alimentar a Israel después del éxodo en el desierto (ej. Éx 16). Así que podríamos llamarlos milagros de éxodo, ahora hechos por Jesús. Tiene compasión por ambas multitudes, a ambas las alimenta con pan y pescado, hay un montón de sobras.

Pero las diferencias son importantes, aun cuando al principio parezcan secundarias. Aparecen a la vista cuando contrastamos los lugares y los números. La primera es área local de Jesús, probablemente poblada por muchos judíos. Doce canastas de comida nos recuerdan a las doce tribus de Israel. En otras palabras, hay mucha más comida de donde esto vino, suficiente para toda la nación.

Los 4 000 fueron alimentados en Decápolis, un área al este del Jordán, donde los habitantes eran mayormente gentiles (ahora esa área es parte del país de Jordania). Había siete canastas de comida que sobraron. Ahora, en el Antiguo Testamento este número representa pleno cumplimiento o plenitud, derivado de los 7 días de la creación en Génesis. Al mencionar este número, Marcos está sugiriendo que hay sobras suficientes para todas las criaturas de Dios, toda la humanidad. Yahvé en Jesús ha hecho un milagro del éxodo para los gentiles.

No es accidente que solamente unos cuantos versículos antes en Marcos, Jesús se impresiona por una audaz mujer sirofenicia. Esta gentil impura tuvo el coraje de pedirle sobras de migajas y rogarle que echara fuera un demonio de su hija (7.24–30).

A menudo se aconseja a guionistas y a novelistas profesionales «mostrar y no decir». Así que en vez de un diálogo o descripción informando al lector acerca de lo que debería pensar o ver, es mucho mejor actuarlo y dejar al lector elegir por sí mismo. Eso es lo que atrapa a una audiencia o a lectores.

Ocurre lo mismo con los evangelios. Marcos pudo simplemente decir, «Jesús ofreció un privilegio que era tan solo judío (eso de ser alimentados por Dios en el desierto) a los gentiles». Pero eso es mucho menos interesante e inspirador que contar una historia donde Jesús realmente lo está haciendo.

Toma en cuenta que ésta no es una interpretación arbitraria. No estamos tratando de explicar cada detalle (como si esto fuera una alegoría); y tampoco estamos dejando que nuestra imaginación vuele. Simplemente estamos tratando de ser sensibles a los detalles que Marcos nos está dando. De una manera, solamente nos estamos preguntando, «¿por qué el autor lo está diciendo de esta manera en vez de otra?» «¿qué pistas teológicas nos está ofreciendo en la historia que nos está contando?»

Lee la breve descripción de Marcos sobre los últimos momentos de Jesús, (15.37–39)

- ¿Qué es extraño?
- ¿Cómo enseña verdades teológicas a partir de detalles narrativos?

4. Buscar rastros del Antiguo Testamento

A medida que crecimos, pudimos lidiar con pistas más elaboradas en nuestras búsquedas de tesoros. En vez de simplemente decir: «busca en un libro rojo», la pista tal vez diga. «ser o no ser», y nos dirigíamos a la copia de nuestros padres de las obras de Shakespeare para buscar la siguiente pista.

Los autores del Nuevo Testamento hacen algo similar cuando citan al Antiguo Testamento. Claro que su razón para hacerlo fue mucho más profunda. Como ya hemos visto, el evento o verdad que están describiendo cumple algo de las escrituras judías. Pero hay otra razón aún más básica.

El Antiguo Testamento nos provee de un marco referencial básico para entender el mundo de Jesús y su cultura. Así que tratar de entender las maravillas de los evangelios acerca de Jesús es casi imposible sin tratar de entender el Antiguo Testamento. Incluso las descripciones y títulos para Jesús (como hijo de David, cordero de Dios, Rey de los judíos) no tienen mucho sentido sin ir al Antiguo Testamento. De hecho, no es de mucho beneficio consultar a diccionarios seculares para entender a la Biblia mejor porque como una regla general, *las palabras bíblicas tienen significados bíblicos.*

Ideas del Antiguo Testamento: Las palabras de la Biblia tienen significados bíblicos

Así que retornemos al título que tanto Marcos como Juan le dan a Jesús: Hijo de Dios. ¿Qué puede significar esto para un creyente del Antiguo Testamento? O para ponerlo de otro modo, ¿a alguien más se le llamó «hijo de Dios»?

Se trata de una pregunta difícil de responderla nosotros mismos. Pero hay varias herramientas que nos pueden ayudar, especialmente una concordancia. Una concordancia es un libro de referencia (o estos días un software bíblico) que cuenta cada vez que una palabra o frase importante se usa en la Biblia. Claro que cuando usamos una concordancia, es importante acordarnos que simplemente porque una palabra se repite regularmente, no significa necesariamente que tenga el mismo significada cada vez.

La concordancia muestra que Marcos no fue el primer escritor en usar la frase «hijo de Dios». Fue utilizada anteriormente para referirse a un número diferente de personas:

- **Humanos:** Tal vez siguiendo el ejemplo de la referencia «Hijos de Dios» en Génesis 6.2, este término se usa para referirse a todos los descendientes de Adán. Esta idea se reitera en la genealogía de Lucas, que concluye con una descripción de Adán como «hijo de Dios» (Lc 3.38).
- **Gente de Israel:** Dios le dio a Moisés instrucciones explicitas sobre qué decirle al faraón. «Entonces tú le dirás de mi parte al faraón: «Israel es mi primogénito. Ya te he dicho que dejes ir a mi hijo para que me rinda culto, pero tú no has querido dejarlo ir. Por lo tanto, voy a quitarle la vida a tu primogénito» (Éx 4.22–23). El pueblo de Dios colectivamente es, por lo tanto, el hijo de Dios.
- **El sucesor del rey David:** Después de rechazar la oferta de David de construirle una casa, Dios le hace una asombrosa promesa. Su trono perdurará para siempre, Dios le dirá a su más grande sucesor: «Yo seré su padre, y él será mi hijo.» (2S 7.14). Como resultado, era común que los que ocupaban el trono de David sean llamados «Hijos de Dios». Es por eso que el Salmo 2 era utilizado para las ceremonias de coronación en Israel (revisa Sal 2.6–7)
- **Emanuel:** Isaías menciona algo genuinamente alarmante para una mente judía cuando dijo que Dios mismo dará una señal: «La

doncella concebirá y dará a luz un hijo, y lo llamará Emanuel.» (Is 7.14). El nombre «Emanuel» significa «Dios con nosotros». A esto le sigue rápidamente la promesa de una «gran luz» para aquellos «caminando en la oscuridad» en Isaías 9, un hijo nacerá para reinar en el trono de David y se llamará (entre otras cosas) «Dios fuerte, Padre eterno» (Is 9.6–7). La implicación está clara: Dios de alguna forma ocupara el mismo el trono de David.

Revisa esta lista cuidadosamente, recordando lo que dijimos anteriormente acerca de una perspectiva continental de la Biblia. ¿Ves los patrones del desarrollo de este título? Con el tiempo, se redujo de una referencia a toda la humanidad a solamente el pueblo de Dios, y luego al Rey solamente, el representante y figura del pueblo de Dios. Así que podemos ver cómo Marcos está utilizando el titulo hijo de Dios para enfatizar no solamente la divinidad de Jesús, sino también su realeza.

Ahora aplica esto a los propósitos de Marcos y Juan para escribir sus evangelios, en ambos casos los dos anuncian que su mensaje principal involucra a «Jesús el Mesías, Hijo de Dios». Dado que hemos hecho nuestra tarea desde el Antiguo Testamento, podemos ver cómo ambos títulos significan casi lo mismo. Ambos se refieren a la misión de Jesús de ser el Rey de Dios para el pueblo de Dios.

Pero hay una diferencia entre ambos títulos. Gracias a las profecías de Isaías acerca del rey davídico quien es también divino, sabemos que este «Hijo del Hombre», del cual Marcos nos va a estar hablando en su evangelio, no es solamente un rey humano: tiene que ser alguien más que un ser humano común.

Encuentra el contexto del Antiguo Testamento para las siguientes ideas:

- Hijo del Hombre
- Árboles de higo y su fruto
- La copa de la ira

Referencias del Antiguo Testamento: ¡sigue la pista!

El Nuevo Testamento esta saturado del Antiguo Testamento. Cada capítulo parece contener por lo menos un concepto, alusión o cita del

Antiguo Testamento. Pero no están ahí solo por decoración o para que suene más impresionante. Si un autor del evangelio cita el Antiguo Testamento, es casi seguro que quiere que sus lectores revisen esos versos. Y quizá también quiera que leamos los versos que rodean los versos que ha citado para que así veamos el verso en su propio contexto y podamos entender cómo encaja con el propósito del autor. Así que parte de nuestra disciplina al manejar cualquier parte del Nuevo Testamento es ir donde el autor quiere que vayamos. Si hacemos eso, a menudo nos encontraremos con sorpresas agradables. Lo que antes parecía demasiado familiar ahora recobra un significado más profundo.

Algunas traducciones bíblicas nos ofrecen gentilmente referencias a las citas del Antiguo Testamento en los márgenes. Pero como no todas lo hacen, hemos añadido una lista de todas las referencias importantes en el Nuevo Testamento en el apéndice 4 al final de este libro. ¡Ahora no hay excusas para no seguirlas!

¿Pero qué hacemos una vez que hayamos establecido dónde se origina la cita? Respondamos esa pregunta al revisar los primeros versículos del evangelio de Marcos, que están llenos de pistas del Antiguo Testamento. Aunque Marcos se lanza directo a la acción con la preparación de Juan el bautista para el ministerio de Jesús, quiere que entendamos el significado del plan de Dios. El contexto del Antiguo Testamento asegura esto.

¿Puedes identificar las pistas que da Marcos?

> Comienzo del evangelio de Jesucristo, el Hijo de Dios. Sucedió como está escrito en el profeta Isaías:
> «Yo estoy por enviar a mi mensajero delante de ti,
> el cual preparará tu camino»
> «Voz de uno que grita en el desierto:
> "Preparen el camino del Señor, háganle sendas
> derechas"»
>
> Así se presentó Juan, bautizando en el desierto y predicando el bautismo de arrepentimiento para el perdón de pecados. Toda la gente de la región de Judea y de la ciudad de Jerusalén acudía a él. Cuando confesaban sus pecados, él los bautizaba en el río Jordán. La ropa de Juan estaba hecha de pelo de camello. Llevaba puesto un cinturón de cuero, y comía langostas y miel silvestre. Predicaba de esta manera: «Después de mí viene uno más poderoso que yo; ni siquiera

> merezco agacharme para desatar la correa de sus sandalias. Yo los he bautizado a ustedes con agua, pero él los bautizará con el Espíritu Santo». (*Mr 1.1–8*)

¿Cuántas vieron? ¿Cómo nos ayudan a entender lo que Marcos está enseñando?

¿Quién viene después? (Mr 1.2)

Marcos nos informa que está citando a «Isaías el profeta», pero, como la tabla en el apéndice 4 nos muestra, las palabras de apertura de su cita en realidad vienen de Malaquías 3.1. Solamente en el verso 3 cita a Isaías 40.3. ¿Qué está ocurriendo?

Marcos no ha cometido un error. «Isaías» era una clave común para referirse a todos los profetas de las escrituras judías. De hecho, Marcos escogió deliberadamente combinar estos versículos de Isaías con Malaquías porque representan el primer y el último de los libros de los profetas.

Ambos versículos hablan de Dios que envía a su mensajero antes que alguien más. Pero el asombro viene cuando nos damos cuenta quién es ese alguien. Lee las dos citas en su contexto original:

> Una voz proclama: «Preparen en el desierto un camino para el Señor; enderecen en la estepa un sendero para nuestro Dios…Entonces se revelará la gloria del Señor, y la verá toda la humanidad. (*Is 40.3, 5*)

> Yo estoy por enviar a mi mensajero para que prepare el camino delante de mí. De pronto **vendrá a su templo el Señor a quien ustedes buscan**…Pero ¿quién podrá soportar el día de su venida? ¿Quién podrá mantenerse en pie cuando él aparezca? Porque será como fuego de fundidor o lejía de lavandero. (*Mal 3.1–2*)

El punto de Marcos se hace visible cuando conocemos el contexto original de estos versículos. Aquel cuyo camino está siendo preparado no es más que Yahvé, el Dios del pacto con Israel. Es por eso que Isaías lo llama «Señor» (la abreviatura del nombre divino hebreo) en vez de «Señor» que deriva de Adonai, que simplemente significa «Maestro» o incluso «señor»). Malaquías usa la palabra Adonai, pero de nuevo no hay duda a quien se refiere. ¿Quién más puede llamar al templo suyo?

Así que, al citar estos dos versículos, Marcos está permitiendo a sus lectores saber que el que viene es Dios!

Pero esto no es todo lo que está oculto en esta pista. Si vemos los contextos más amplios de ambas profecías, podemos aprender aún más.

¿Qué es lo que Dios viene a hacer? (Is 40 y Mal 3)

La profecía de Isaías anticipa el día en que su gente será confortada porque su duro servicio ha sido completado (Is 40.1–2). Es claro que él se refiere al fin del exilio babilónico (predijo el inicio del exilio en capítulos anteriores). Según Isaías, la primera pista que señala que la agonía del exilio está terminando será alguien que habla desde el desierto. ¡Y lo mejor de este anuncio es que Yahvé viene EN PERSONA a restaurar a su pueblo!

Ese anuncio es muy diferente al anuncio en la visión de Malaquías. El mensajero de quien habla no está diciendo a la gente que Dios los va a confortar; sino más bien, está advirtiendo que Dios va a venir a juzgar a su pueblo, y en particular a su templo. Va a refinar y purificar, para hacer a su pueblo «aceptable» delante de Yahvé una vez más (Mal 3.3–4).

En resumen, entonces:

- Isaías ve que Dios viene a *rescatar* a la gente
- Malaquías ve a Dios venir a *juzgar* a la gente

¡En realidad, está pasando! (Mr 1.3–8)

El siguiente dato que sabemos es que Juan el Bautista empieza a hablar en el desierto acerca de uno que «ni siquiera merezco agacharme para desatar la correa de sus sandalias» (1.7). Pero detente a pensar en ello un instante. ¿Qué implica esto con los puntos que acabamos de hacer acerca Isaías y Malaquías?

Para empezar, sugiere que el exilio está acabando recién ahora (a pesar del hecho que el rey Ciro liberó al pueblo judío de Babilonia en el 538 a.C.). Segundo, sugiere fuertemente que Jesús, que aparece de repente en el versículo 9, no es más que Yahvé mismo. No cabe duda que Juan no es digno ni de agacharse!

Pero aquí no se acaban todas las pistas de este párrafo, ya que hay más enterradas en lo profundo. En cuanto a esas pistas, Marcos no cita directamente al Antiguo Testamento, pero hace referencia a él. Sin embargo, los lectores que conocían la historia del Antiguo Testamento bien las hubieran detectado inmediatamente. Así que vemos a Juan

- Ministrando en el desierto al lado del rio Jordán (1.4–5 → 2R 2.6–8).
- Eligiendo un estilo de comida un tanto rara (1.6–7 → 2R 1.8).
- Invitando a las personas a que se arrepientan y se preparen (1.4, 7–8 → 1R 18. 36–39).

¿No suena esto como el profeta Elías?

Pero antes de que podamos seguir con el sendero del Antiguo Testamento que Marcos ofrece, hay una sorpresa más para aquellos que les gusta investigar a fondo las citas. Puesto que la voz de Isaías y el mensajero de Malaquías tienen nombre. En Malaquías 4, leemos más sobre el día del juicio de Dios. Y el libro concluye:

> Estoy por enviarles al profeta Elías antes que llegue el día del Señor, día grande y terrible. Él hará que los padres se reconcilien con sus hijos y los hijos con sus padres, y así no vendré a herir la tierra con destrucción total. (*Mal 4.5–6*)

¿Juntemos todo esto y qué nos queda?

Dios ha estado planeando juzgar y rescatar desde hace siglos, pero ahora finalmente está llegando a su culminación, mientras Juan prepara el camino para su primo Jesús al asumir el rol profético de Elías. ¡Eso debe significar que Jesús es Yahvé. En Jesús, Dios mismo se moja los pies en el Rio Jordán!

Ahora Marcos pudo haber escrito una larga explicación de todo eso, lleno de teología densa e historia e imaginarios bíblicos complejos. Pero muchos de nosotros hubiéramos dejado de leer, especialmente cuando ese tipo de cosas no nos atrae. En vez de eso nos cuenta una historia. ¡Y con un ligero toque, condensa todo en ocho versos! Lo único que tuvimos que hacer es seguir el sendero de pistas del Antiguo Testamento.

Revisa Marcos 11.1–11 (La entrada triunfal de Jesús a Jerusalén)

- ¿Cuál es el significado del asno? (véase Zac 9.9)
- ¿Por qué las multitudes cantan el Salmo 118.25–26?
- ¿En qué sentido este pasaje se conecta con Marcos 1.1–8?

Ahora que hemos trabajado en elementos clave dentro de un pasaje, estamos listos para ver cómo encajan en conjunto.

5. Identificar los «episodios» de la narrativa

Cuando participas en una búsqueda del tesoro, es una mala idea emocionarte tanto con el comienzo de una pista que no te preocupes por leer el resto. Desafortunadamente, algunos de nosotros cometemos este error cuando leemos la Biblia.

Pero, claro, aquí se nos complica. En un juego la pista se escribe en un pequeño pedazo de papel. Se sabe dónde comienza y termina. Es más complicado cuando las pistas están escondidas dentro del texto de un libro. ¿Cómo se puede saber dónde es que comienza o termina?

Para ayudarnos con esto, recordemos qué elementos constituyen una buena historia. Una vez que identifiquemos estos ingredientes nos ayudará a ver qué versículos son parte de qué historia o episodio individual. Si no hacemos estos, podemos terminar predicando solo la mitad de la historia, de la cual podemos sacar toda clase de conclusiones que son ajenas a la intención del autor. Tomemos un ejemplo obvio y absurdo, imagínate que tu pasaje es el descubrimiento de José acerca el embarazo de María. La historia no tendría sentido si decidieras predicar Mateo 1.18–19 sin el resto de la sección. La conclusión de «tu historia» sería la decisión de José de divorciarse de María silenciosamente. Por encima de las dificultades que tendríamos para encontrar una aplicación al texto, ¡estaríamos también distorsionando el punto original!

Identificar los ingredientes claves en una historia también nos ayuda a discernir qué detalles nos llevan a la esencia de la historia y cuáles simplemente ambientan la escena. Regresamos a la diferencia entre el pasto verde (que no es tan importante) y el número de canastas (que realmente lo es).

Para repasar, aquí están los ingredientes clave de una historia:

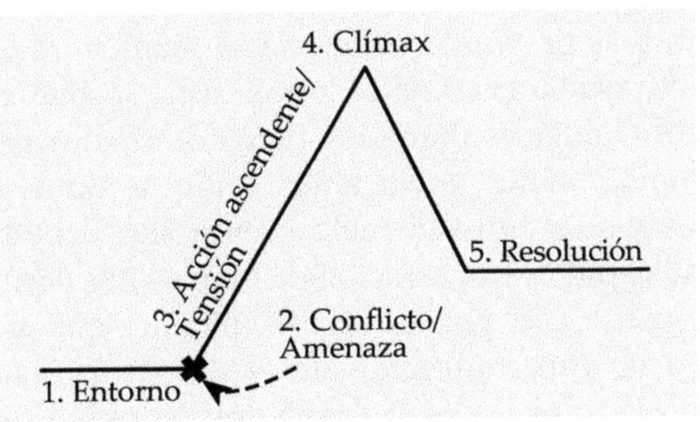

- **Entorno:** el contexto que explica lo que sigue
- **Conflicto:** entre dos o más personajes
- **Tensión:** el ingrediente clave que nos mantiene atrapados
- **Clímax:** la amenaza o el conflicto es superado.
- **Resolución:** la situación resultante

¿Cómo encajaría la alimentación de los 5 000 en esta estructura?

Entorno	Multitudes siguieron a Jesús hacia el desierto. (Mr 6.30–34)
Conflicto	Jesús no enfrenta oposición aquí, pero hay un gran problema: ya es tarde en el día y la gente tendrá hambre. Lo más obvio es decirles que se vayan a casa. (Mr 6.35–36)
Tensión	Extrañamente, Jesús les dice a sus discípulos que alimenten a las multitudes (tal vez sabiendo que la gente no se iría). Los discípulos están confundidos, especialmente porque solamente hay cinco panes y dos pescados. (Mr 6.37–38)
Clímax	Jesús le dice a la gente que se siente en grupos manejables. Y milagrosamente los alimenta. (Mr 6.39–41)
Resolución	Todos están satisfechos, y hay doce canastas de sobra. (Mr 6.42–44)

Después de haber identificado cada parte de la historia, podemos estar seguros de predicarla como un episodio independiente. Es mucho menos probable que distorsionemos o cambiemos el significado.

Toma en cuenta que no estoy diciendo que un sermón o un estudio bíblico debe restringirse a solo un episodio. Como veremos, eso es a veces poco práctico e innecesario. Simplemente deberíamos evitar predicar *menos* que un episodio narrativo completo.

Antes de dejar atrás esta pista, hay otra ventaja al hacer este trabajo: se hace más fácil predicar de una manera interesante. Esto es porque la tensión de la historia permite que el sermón mismo tenga algo de suspenso. Mientras más se mantenga esa tensión sin solucionarse en el sermón, más tiempo la audiencia se mantendrá atrapada. Esto definitivamente ayudara al predicador a resistir aplanar el pasaje a una serie de puntos teológicos aburridos, pero doctrinalmente sanos.

Por ejemplo, cuando predicamos sobre la alimentación de los 5 000, podrías ayudar a tu audiencia a sentir algo del estrés y desconcierto de los discípulos. La narración de Marcos nos permite aumentar la tensión al predicarla, por las imposibilidades que al parecer eran abrumadoras: la gran multitud, en medio de la nada, suficiente comida para solo unos pocos, la calma exasperante de Jesús mientras los discípulos entran en pánico. En realidad, puede ser chistoso, y todo sirve para demostrar el completo dominio que Jesús tenía sobre la situación.

Identifica los elementos narrativos en estos pasajes, y considera como podrías utilizar la tensión en el episodio en un sermón.

- La sanación de un hombre paralitico (Mr 2.1–12)
- La fe de una mujer sirio fenicia (Mr 7.24–30)
- La petición de Juan y Santiago (Mr 10.35–45)

6. Identificar las conexiones más amplias

Se necesita un plan cuando construyas una búsqueda del tesoro. Necesitas saber dónde terminará para que puedas anticipar cómo los participantes pasarán de una pista a la otra. En otras palabras, toda la búsqueda del tesoro necesita puesta en un mapa, aunque los participantes no vean el mapa hasta el final.

Los autores de los evangelios, también hicieron un detallado mapa de sus libros. Tenían un plan y cuidadosamente planearon cómo cada episodio o sección de enseñanza encajaría en el contexto del libro. Nuestro trabajo es simplemente detectar su manera de pensar. Al hacer esto, puede ser de mucha ayuda buscar yuxtaposiciones deliberadas, prestar atención a qué historia le sigue o le precede. Pronto encontrarás, siguiendo la tónica de «no lo digas, solo muéstralo», que los autores de los evangelios comparten puntos teológicos al colocar un episodio tras otro.

Aquí hay algunos ejemplos de cómo Marcos utiliza esta técnica.

Combinaciones que apuntan al panorama general

¿Por qué será que Marcos nos cuenta la historia de Jesús caminando sobre el agua (Mr 6.45–56) inmediatamente después de alimentar a los 5 000 (Mr 6.30–44)?

La respuesta más corta es obvia: ¡así sucedió! Eso explicaría porque Mateo, Marcos y Juan tienen estos eventos en la misma secuencia. De hecho, esta es la única vez (a parte de la cruz y la resurrección, como ya se ha mencionado) que Juan coloca a dos milagros en el mismo orden que el resto. El único autor que elige hacer las cosas diferentes es Lucas (Lc 9.10–17). ¿Pero podría haber una razón teológica para que los otros tres mantengan ese orden?

El Antiguo Testamento nos da nuevamente una pista. Alimentar a las personas en el desierto y caminar sobre el mar son milagros similares a los que hubo en el éxodo de Egipto. Ambos exhiben el poder divino de Dios sobre el orden creado. Al mantener estos eventos juntos, se nos recuerda nuevamente que Yahvé realmente ha venido (como lo prometió Isaías).

Combinaciones que explican ambos elementos

Pasamos ahora a un evento que ha desconcertado a los intérpretes de la Biblia durante siglos.

> Cuando llegaron a Betsaida, algunas personas le llevaron un ciego a Jesús y le rogaron que lo tocara. Él tomó de la mano al ciego y lo sacó fuera del pueblo. Después de escupirle en los ojos y de poner las manos sobre él, le preguntó: —¿Puedes ver ahora?
>
> El hombre alzó los ojos y dijo: —Veo gente; parecen árboles que caminan. Entonces le puso de nuevo las manos sobre los ojos, y el ciego fue curado: recobró la vista y comenzó a ver todo con claridad. Jesús lo mandó a su casa con esta advertencia: —No vayas a entrar en el pueblo. (*Mr 8.22–26*)

Es perturbador. ¿Qué ocurre? ¿Se equivocó Jesús la primera vez? ¿Estaba cansado y le faltaba energía, como un par de pilas viejas?

No es necesario recurrir a tales interpretaciones si prestamos atención a la narrativa de Marcos. Él no nos dice qué significa. En cambio, se mueve rápidamente hacia el próximo episodio, como siempre lo hace, aunque esto debió haber ocurrido por lo menos unas horas sino días después (8.27 ubica esta conversación crucial en un tiempo posterior no especificado). Entonces, supuestamente, debe haber una conexión entre ambos episodios.

Mira lo que sigue:

- La confesión de Pedro acerca del Mesías (8.29)
- La reprensión de Pedro acerca del Mesías (8.32) —acusado de ser *satánico* (8.33)

Ahora piensa en la yuxtaposición. El hombre ciego ve en dos etapas, después de la primera solo puede ver figuras borrosas. Puede darse cuenta que lo que ve son personas, aunque parezcan árboles. Pedro también «ve» en dos etapas. Primero, ve a Jesús como el Mesías; pero no puede ver cómo esto encaja con la crucifixión. La implicación es clara: ambas etapas requieren una intervención milagrosa de Jesús. Pedro nunca pudo darse cuenta por sí solo, con o sin la crucifixión.

Esto refleja una conexión común en los evangelios, los milagros que involucran vista física a menudo simbolizan la habilidad de Jesús de sanar la visión espiritual. Sin embargo, Pedro va a tener que esperar un tiempo, no dejara de ver «arboles caminando alrededor» hasta después de la muerte y resurrección. Entonces «entenderá». Jesús realmente es el Mesías que debe morir.[11]

Reconocer esto también nos ayuda a explicar la confesión del centurión en Marcos 15. No hay manera lógica incluso para el observador más astuto de identificar al *Hijo de Dios* al observar un cuerpo abatido y torturado en la cruz, debió haber sido un milagro de la vista.

Finalmente, la combinación nos ayuda a explicar la sanación en dos etapas. No fue que Jesús falló o le falto poder, deliberadamente estaba apuntando a algo más.

Combinaciones que trabajan como sándwiches

Marcos no es el único autor bíblico que hace sándwiches, pero le encanta hacerlos. Parece que disfruta envolver un episodio (el «pan», por decirlo así) alrededor de otro episodio (el «relleno»). El propósito es ofrecer una aclaración teológica en la historia de «relleno» sin que el hilo narrativo sea interrumpido por una explicación extensa. Reconocer esto nos ayuda a explicar las rarezas en el «pan» narrativo.

El ejemplo más famoso de esto es probablemente la maldición a la higuera seca.

PAN: La higuera es maldecida (Mr 11.12–14)
    RELLENO: La purificación del templo (Mr 11.15–18)
PAN: La higuera se seca (Mr 11.19–25)

Si leemos sin ver las conexiones más amplias, el enojo de Jesús parece totalmente irracional (especialmente porque Marcos nos dice en

[11] Como lo explica en sus cartas: 1 Pedro 2.21–25 y 3.18–22.

el versículo 13 que «no era tiempo de higos»). Parecería que Jesús actuase como alguien que descarga su frustración pateando al perro. Su comportamiento ciertamente confundió a sus discípulos, porque abren de nuevo el tema unos capítulos después. Estas dos menciones del mismo tema son el pan del sándwich. El relleno es la purificación del templo.

En este punto, sería bueno acordarnos de algunos de los consejos que hemos aprendido acerca la interpretación de pistas.

- *Entender el contexto del Antiguo Testamento*: Los higos, como las uvas en un viñedo, son a veces símbolos de ser fructífero para Dios en un sentido espiritual (véase Os 9.10).
- *Encontrar citas del Antiguo Testamento*: Vimos en nuestro estudio de Marcos 1.1–8 que Malaquías anticipó la venida del propio Yahvé para juzgar y purificar el templo. Esto es precisamente el enfoque de Marcos 11.

El sándwich de Marcos ahora tiene sentido. El árbol de higos está siendo utilizado para ilustrar la carencia de Israel de fidelidad espiritual a Dios. El templo es «una cueva de ladrones» (citando a Jeremías 7.11, que tristemente se refiere a este problema). El templo ya no es apto para su propósito de ser «una casa de oración para todas las naciones» (Is 56.7). Así que Yahvé viene a juzgarla y purificarla.

Los sándwiches son un elegante dispositivo narrativo para evitar explicaciones largas. Marcos puede simplemente mostrar sin necesidad de decir. Esto explica por qué Mateo y Lucas a veces se prestan de sus sándwiches casi intactamente.

Aquí hay otros ejemplos de los sándwiches de Marcos. ¿Cómo es que su combinación nos ayuda a la interpretación?

- La familia de Jesús lo rechaza (3.20–21)
    - Los líderes judíos lo rechazan (3.22–30)
- La familia de Jesús lo rechaza (3.31–35)
- Pedido para sanar a la hija de Jairo (5.21–24)
    - Mujer con sangrado crónico (5.25–34)
- La sanación de la hija de Jairo (3.31–35)
- Jesús envía a los doce (6.6–13)
    - La manera en que muere Juan el Bautista (6.14–29)
- Jesús reúne a las doce (6.30–31)

7. Seguir los temas

Hubo un tiempo en que Marcos fue acusado por algunos estudiosos de ser simplemente un coleccionista de historias al azar y que ni siquiera intentó estructurar su libro cuidadosamente. Pero todo lo que hemos considerado hasta ahora, sugiere cuán equivocado esto es. Dios eligió a Marcos para que fuera un escritor y artista increíble. Muy lejos de darnos una cuerda llena de cuentas puestas al azar, Marcos logró moldear un hermoso collar. Bajo la ayuda de Dios, el modo en que coloca las historias juntas constituye un mensaje teológico destacable.

La clave para encontrar esta estructura es releer todo el libro varias veces para que puedas visualizar el panorama general e identificar las ideas y temas que ocurren o contrastan. Busca escenarios que se repitan o temas de conversación, o incluso referencias al Antiguo Testamento.

Es relativamente fácil hacer esto con Marcos porque su libro es corto. Y lo emocionante es que esto no tiene que ser exclusivo de comentaristas profesionales de la Biblia; cualquiera lo puede hacer. Mientras más conocemos un libro de la Biblia, más podemos encontrar hilos temáticos que lo mantienen juntos.

Veamos a algunos de ellos.

Los títulos de Jesús. En el versículo de apertura de su evangelio, Marcos dice que sus noticias son buenas porque Jesús es el Mesías y el Hijo de Dios (Mr 1.1). Así que deberíamos esperar naturalmente que estos títulos aparezcan a lo largo del libro. Y así lo hacen, en Marcos 8.27–30 y Marcos 15.33–39. En esos pasajes, dos personas muy diferentes reconocen a Jesús: un pescador judío designado como discípulo principal y un soldado gentil designado como verdugo de Jesús.

Pedro lo llama *Mesías*; el soldado lo llama Hijo de Dios; ambos, como hemos visto, son títulos reales. Por lo tanto, corresponden al letrero clavado en la cruz: *El Rey de los Judíos* (Mr 15.26). Nadie en su sano juicio haría esas conexiones con el Hijo de Dios en Isaías solo de ver a Jesús en la cruz, así que es notable lo que hace el centurión.

Secretos revelados. Aquí hay otra curiosidad acerca de Marcos. Jesús ordena varias veces a sus discípulos que mantengan su identidad en secreto. No revela nada sobre su muerte hasta que Pedro abiertamente reconoce su identidad. Y luego lo hace eso tres veces en una sucesión rápida (8.34; 9.31; 10.33–34). Si juntamos las piezas terminamos con este esbozo de todo el evangelio.

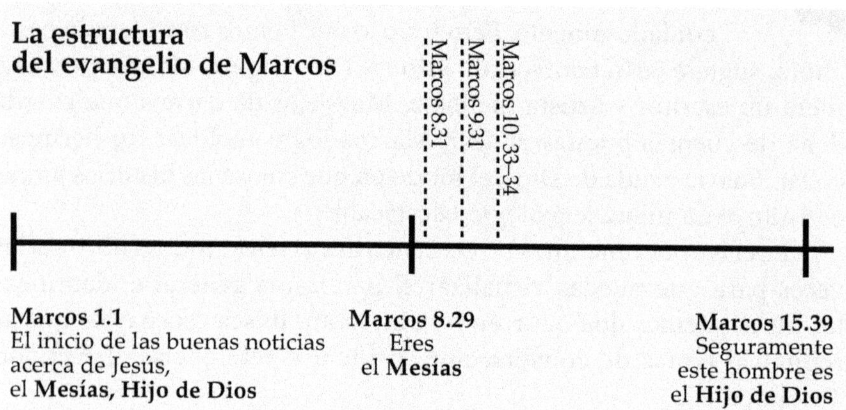

Entonces: ¿Por qué Jesús lo haría así?[12] Probablemente porque reconocer que Jesús era el Mesías es solo media batalla. Las personas también tienen que aceptar al Mesías crucificado. Lo cual no tiene ningún sentido lógico.[13] Los reyes reinan en tronos; reyes definitivamente no mueren en cruces. Es por eso que Pedro trató de reprender a Jesús inmediatamente después de su asombrosa confesión, sólo para que luego recibiera un reproche aún mayor (Mr 8.34).

¿Dónde se lleva a cabo la segunda confesión? Junto a la cruz, claro, donde Jesús irónicamente es coronado y crucificado como rey. Jesús es un rey que tiene que morir.

Elías. Mientras lees todo el evangelio de Marcos, tal vez notes que se alude o menciona constantemente a Elías. Simplemente utiliza una concordancia o una búsqueda en tu computadora y busca Elías en el evangelio de Marcos, ¿qué es lo que encuentras? (véase la siguiente página para la tabla).

---

12 Este diagrama, junto con otras ilustraciones de la estructura básica de los evangelios, son adaptaciones de las de Craig Blomberg, *Jesus and the Gospels* (Nottingham: Apollos, 1997).

13 Este es precisamente el punto que hace Pablo en 1 Corintios 1.23: «mientras que nosotros predicamos a Cristo crucificado. Este mensaje es motivo de tropiezo para los judíos, y es locura para los gentiles».

Está claro que el nombre de Elías estaba en boca de muchos en tiempos de Jesús. En el gran esquema de las Escrituras, dentro de la tradición de Moisés, él es el primer y el más grande profeta del Antiguo Testamento. Hay una buena simetría con Juan el Bautista siendo identificado con él, porque Juan era efectivamente el último de estos profetas. Pero el vínculo de fondo más importante es probablemente el que ya hemos considerado: la promesa de que Elías retornaría para preparar la llegada de Yahvé (Mal 4.5–6). El sentimiento de anticipación de este momento histórico era gigante. Al repetir el nombre de Elías varias veces en su libro, Marcos está manteniendo esa expectativa viva. Es como si estuviera tocando el tema, pero con una gran diferencia. Está diciendo, ¡«Si el realmente ESTÁ tomando su lugar AHORA MISMO!».

Mr 1.6	Juan el Bautista hace eco deliberadamente al ministerio de Elías por su ubicación y ropa extraña (aunque esta referencia obviamente no vendrá en una búsqueda de concordancia, ¡tienes que saber ésta!).
Mr 6.15	¿Quién es Juan el Bautista? Algunos dicen que es Elías.
Mr 8.28	¿Quién es Jesús? Algunos dicen que Juan el Bautista, otros dicen que Elías; incluso otros, que es uno de los profetas.
Mr 9.2–8	En la transfiguración de Jesús, lo acompañan Moisés y Elías.
Mr 9.11–13	Pedro, Jacobo y Juan preguntan: ¿por qué los maestros dicen que Elías debe venir primero? Jesús: Elías debe venir primero, Elías *ha* venido.
Mr 15.35–36	Cuando Jesús exclamó *Eloi, Eloi, ¿lama sabactani?*, los espectadores dijeron «Escuchen, está llamando a Elías… Déjenlo, a ver si viene Elías a bajarlo».

No solo el evangelio de Marcos tiene temas de principio a fin, también lo tienen lo otros tres evangelios. Todos pueden ser analizados con este mismo método. Luego, podremos formar toda la imagen de una historia tras otra.

En la siguiente página puedes ver otro análisis, esta vez de tres capítulos clave en Lucas, que cubren el período previo a los últimos días de Jesús en Jerusalén. Dedica algo de tiempo revisando algunos de estos temas.

La compleja estructura de Lucas 18–20

Secciones			Jesús en el camino			
			Jesús y el Reino de Dios	Marginados excluidos de las multitudes	Se resisten a Jesús	Jesús y las multitudes indecisas
18.1–8	Parábola	La viuda persistente	Un reino de justicia	Una viuda		
18.9–14	Parábola	Fariseos y cobradores de impuestos		Un marginado religioso		
18.15–17	Encuentro en el camino	Los niños	18.16 Le pertenece a los que son como niños	Los niños	18.15 ¡sus propios discípulos!	
18.18–30	Encuentro en el camino	El dirigente rico	18.29–30	El dirigente se va triste. ¿Quién puede entrar?		18.26 ¿Quién puede ser salvo?
18.31–34	Encuentro en el camino	Jesús predice su muerte		Jesús será un marginado	18.32–33 Lo quieren matar	
18.35–43	Encuentro en el camino	Un mendigo ciego recibe la vista	Aquí está el hijo del Rey David	Mendigo ciego	18.39 multitud vs mendigo	18.43 alaban a Dios
19.1–10	Encuentro en el camino	Zaqueo	Jesús define a los hijos de Abraham	Un marginado religioso	19.7 la gente murmura	19.3 grandes multitudes alrededor de él
19.11–27	Parábola	Parábola del dinero	19.11 no es inminente	Siervos del rey	Los ciudadanos odian al rey	
19.28–40	Jerusalén	El Rey en su capital	19.38 el rey es bendecido	Gente ordinaria celebra	19.39 fariseos	
19.40–44	Jerusalén	Llorando por Jerusalén			Jerusalén misma	
19.45–48	Jerusalén	Purificación del templo			19.47 quieren matarlo	19.48 lo escuchaban con gran interés
20.1–8	Jerusalén	Las autoridades son atacadas			¿Bajo qué autoridad?	Lo protegen... por ahora
20.9–20	Parábola	Los labradores malvados	El viñedo es el reino de Dios	Sirvientes vs inquilinos (líderes)	20.14–15 maten al heredero	20.16 que esto nunca sea

	Lecciones para el camino				
El retorno de Jesús	**Orando a Dios**	**La naturaleza de la fe**	**Dinero y riqueza**	**Vista y ceguera**	**El contexto del AT**
18.8 cuando viene la fe?	18.1 sigue orando	Orando 18.8			Dt 10.24
	Dos hombres, dos oraciones	18.14 requiere humildad	18.12 se jacta al diezmar		Dt 14.22
	Dependencia como la de un niño	18.14 es como la de un niño			
18.30 recompensas en la nueva era	Falla en pedir por lo imposible	18.27 confía en Dios para lo imposible	18.22 véndelo todo y dáselo a los pobres!		Éx 20.1–17
		Los discípulos no lo entienden		18.34 oculto para los discípulos	Dn 7.13–14
	Pide por vista	Confía en el rey de Dios		18.41 quiero ver (¡aunque lo hizo!)	
		Enfocado en Jesús	Zaqueo devuelve el dinero a los que estafó	19.3–4 Zaqueo quería ver a Jesús	
19.12 el rey retornara		Los sirvientes entienden mal al rey	Invierten bien el dinero del rey		
¡Alabanza al rey!					Zac 9.9 Sal 118.26
19.43 los días vendrán…		Jerusalén ignora la paz		19.42 la fuente de paz oculta	
Cfr. El contexto de Malaquías	19.46 el templo una cueva no una casa de oración				Mal 3.1–2 Is 56.7 Jer 7.11
20.17–18 la piedra rechazada es piedra angular		Produce fruta para el dueño	Le debes fruta al propietario		Is 5.1–7 Sal 118.22

V. Cuatro rutas desde Jesús hacia nosotros

En el capítulo anterior, vimos algunas de las características que los cuatro evangelios tienen en común. Las pistas de la búsqueda del tesoro se encuentran en cada uno de los evangelios. En este capítulo, nos enfocaremos en los aspectos que hacen que cada evangelio sea único.

Imagínate que necesitas viajar a una de las ciudades más importantes de tu país. Es probable que tengas varias opiniones al respecto: viajar en coche o en autobús. En algunas partes del mundo, un bote sería una mejor opción (como en algunas partes del Congo o en la Amazonía). A menudo la ruta más rápida es en realidad la más larga, por la sencilla razón de que se transitará por mejores caminos. Pero quizá decidas tomar la ruta más escénica y viajar a un paso más relajado. Cuando era niño, mi papá nos hacía pasar penurias porque insistía en no tomar la misma ruta dos veces si era posible.

Sea la ruta que escojas, alcanzarás tu destino final, pero verás distintas escenas en el camino. Lo mismo sucede con los evangelios.

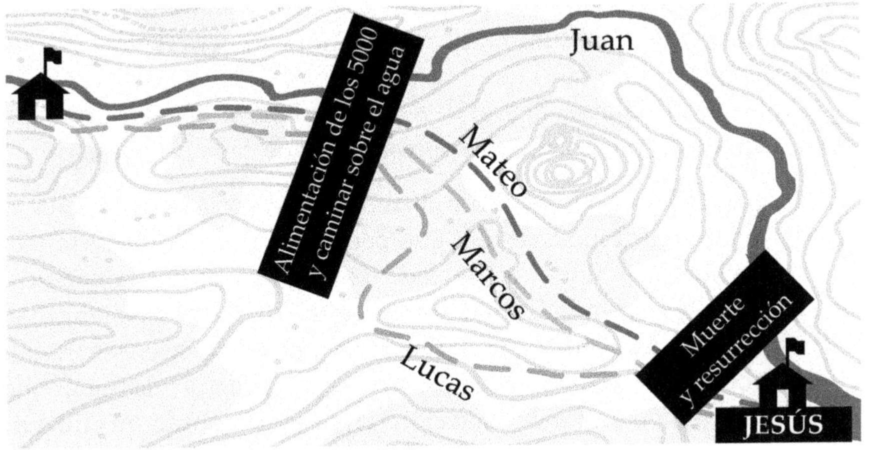

Dios nos ha dado cuatro distintos evangelios con el propósito de llevarnos a Jesús. Cada uno de ellos tiene el mismo destino final, cada uno proclama la vida y el ministerio de Jesús y anhela que confiemos en él. Sin pretender estirar demasiado esta analogía, quizá podemos ver los sinópticos como tres rutas en las que podemos viajar en coche, mientras que la ruta que Juan ofrece nos parecerá más a un viaje por río. Hay ocasiones en donde las cuatro rutas se parecerán, tal como ya hemos visto. (Tanto Juan como los sinópticos conectan la alimentación de los cinco mil con el milagro de caminar sobre el agua, y obviamente todos los evangelios incluyen la muerte y resurrección de Jesús). Sin embargo, a pesar de que los sinópticos ofrecen a menudo rutas parecidas, hay diferencias sutiles en las que cada uno ofrece elementos distintos que nos sorprenden y emocionan durante el viaje.

El reto consiste en lograr entender la razón de cada uno de ellos. Una tendencia muy común cuando predicamos o estudiamos los evangelios es hacerlos que se unan todos. A esto a menudo se le llama armonización de los evangelios y, claro, tiene su uso. Por ejemplo, en caso de que queramos identificar con la mayor precisión posible, hora por hora, los eventos de la semana final de la vida de Jesús. Sin embargo, el problema con hacer esto es que nos perdemos de vista la gran perspectiva que cada viaje nos ofrece. ¡Por alguna razón Dios nos dio *cuatro* evangelios!

Entonces, esfuérzate para entender cómo los autores de cada evangelio nos relatan la historia, y presta especial atención a cualquier diferencia de perspectiva, por pequeña que sea. Resiste la tentación de acudir al relato de algún evento en el evangelio de Mateo mientras estudias y predicas de Lucas (incluso si Mateo es más conocido que Lucas). Quiero escuchar más acerca del relato de Lucas (*especialmente* si es el menos conocido).

Antes de estudiar cada uno de los evangelios, ofrecemos un mapa o resumen de las características sobresalientes de cada uno de ellos.

- **Mateo:** Presenta a Jesús como el cumplimiento y la personificación de la esperanza judía del antiguo pacto. Así como Moisés trajo la ley en el monte Sinaí y es autor de los cinco libros del Pentateuco, así mismo Jesús proclama desde un monte la forma que tendrá el estilo de vida del nuevo pacto (la primera de las cinco enseñanzas).
- **Marcos:** Es como si Marcos fuera un director de cine que constantemente avanza la acción, empezando desde un milagro

a un diálogo y luego a una oportunidad de enseñanza. Hay características desconcertantes (como cuando Jesús insiste en que su identidad se mantenga en secreto por un tiempo). Pero todo apunta hacia dos aspectos clave del evangelio: quién es Jesús y para qué ha venido.

- *Lucas:* Realmente Lucas nos lleva en un viaje, hecho que se manifiesta con mayor claridad cuando lo comparamos con la continuación de su evangelio, el libro de los Hechos. Esta continuación afirma con claridad que si bien en la cruz Jesús cumplió su misión, esto es solamente el principio la historia mundial del reino. Sin embargo, este reino es diferente: recibe y otorga un lugar especial a los que el mundo ha rechazado, a los extranjeros y los vulnerables. Esto siempre ha sido el plan de Dios para su mundo.
- *Juan:* el enfoque de Juan es más pausado y reflexivo que los evangelios sinópticos, pero no deja de ser menos auténtico que los otros. Aparenta ser repetitivo, pero solo superficialmente. Las «señales» de Jesús nos dirigen hacia su identidad y don de vida para todos sus discípulos, mientras lo percibimos desde ángulos ligeramente distintos. El efecto total nos da la declaración más sorprendente de la naturaleza divina de Jesús y su misión de gracia que encontramos en la Biblia.

1. Uno por uno: de subida y de bajada

Los ríos descienden desde las alturas hacia el mar. Se debe al efecto natural de la gravedad, y permite que nuestro viaje cauce abajo sea casi sin esfuerzo. Por otro lado, los caminos modernos dependen menos del terreno, y se pueden construir para que vayan de subida, o para que pasen por encima o debajo de obstáculos, incluso para que los atraviesen.

Esta imagen de hecho nos puede ayudar a distinguir entre las dos formas o métodos para presentar la identidad y la misión de Jesús (o si queremos usar el término técnico para ello, la cristología).

- El río que desciende: el evangelio de Juan —una cristología desde arriba
- El camino que asciende: los evangelios sinópticos —una cristología desde abajo

La diferencia se hace obvia en el momento en que se abre cada uno de los evangelios.

Juan empieza con la mayor descripción posible de Jesús desde el primerísimo versículo. Jesús es el Verbo, que «estaba con Dios» y «era Dios» desde el principio (Jn 1.1). Es decir, Juan no construye un argumento para que se crea en la divinidad de Jesús, sencillamente la proclama. La evidencia aparecerá mientras desarrolla su libro. Por lo tanto, para empezar se le ofrece al lector una perspectiva de Jesús que no tuvieron sus contemporáneos, ni siquiera sus familiares.

En contraste, los sinópticos empiezan desde la base. Claro que creen en lo mismo que Juan cree, pero dejan que la evidencia se vaya acumulando. Esto permite que nos metamos en el pellejo de los primeros creyentes, mientras se encuentran con alguien que parece ser un hombre igual a nosotros... hasta que empieza a realizar y decir cosas extrañas que señalan algo mayor.

Esto explica esa pregunta que se repite, «quién es este»... que habla con tal autoridad, que reprende a los vientos, a las olas del mar o expulsa demonios. También explica por qué en Marcos tenemos que esperar ocho capítulos para que Pedro diga «tú eres el Cristo» (Mr 8.29), mientras que Juan hace que Andrés diga casi de inmediato «hemos encontrado al Mesías» (Jn 1.41). No se trata de una contradicción, sencillamente un ejemplo de los distintos propósitos de los autores.

Ya hemos reflexionado un tanto en el evangelio de Marcos en el capítulo anterior. Ahora trabajaremos con los demás.

Juan: Navegando aguas abajo con aquel que Jesús amó

Juan da inicio a su evangelio con un prólogo que contiene una de las palabras más impresionantes que jamás hayan sido escritas (Jn 1.1–18). La primera peculiaridad que llama la atención es el carácter anónimo del término «el Verbo». Obviamente, no es difícil adivinar que se trata de Jesús, especialmente por la forma en que el libro se desarrolla. Pero, sigue siendo extraño que el Prólogo no identifique el nombre de Jesús, y que tampoco se vuelva a repetir el término «Verbo» luego del versículo 1.18.

Si bien se han escrito libros acerca de estos breves párrafos, aquí se dice lo suficiente para ofrecer por lo menos pistas de todos los grandes temas del evangelio, y algunos de dichos temas se identifican de manera explícita. A continuación ofrecemos ejemplos de alguno de ellos.

- Así como las palabras revelan lo que la persona que habla tiene en mente, así mismo la Palabra revela a Dios. Pero esta Palabra es más que una simple fuente de revelación, Dios es el creador del universo (1.1–4).
- Juan el Bautista se prepara para la Palabra invocando a los oyentes a que confíen en la Palabra (1.5–8).
- A pesar de su identidad, muchos rechazan la Palabra. Pero algunos confían en él y reciben vida (1.9–13).

Luego sigue uno de los párrafos más asombrosos de todos. Solo tenemos lugar para enfocarnos en el inicio y el final, los versículos 14 y 18.

> Y el Verbo se hizo hombre y habitó entre nosotros. Y hemos contemplado su gloria, la gloria que corresponde al Hijo unigénito del Padre, lleno de gracia y de verdad...
>
> A Dios nadie lo ha visto nunca; el Hijo unigénito, que es Dios y que vive en unión íntima con el Padre, nos lo ha dado a conocer.

A estas alturas, debemos ya anticipar que estos versículos estén empapados del Antiguo Testamento, aunque tal vez aún no sea claro dónde podemos recurrir para entenderlos. La pista más grande proviene de una combinación de imágenes del Dios invisible y su gloria que se manifiesta.

Los que conocen muy bien las Escrituras recordarán cuando Moisés pide que se le muestre la gloria de Dios, solo para que se le diga «nadie puede verme y seguir con vida» (Éx 33.18–20). Así que Moisés pudo tan solo ver por un segundo la espalda de Dios desde una hendidura en la roca. El libro de Éxodo, en donde ocurren estos eventos, termina con la gloria de Dios que llena todo el santuario. Incluso no se le permitió a Moisés entrar en la Tienda de reunión (Éx 40.34–38).

Ahora volvamos a Juan. Se nos dice que la Palabra «habitó entre nosotros», pero la expresión de Juan aquí es inesperada. Su frase también podría traducirse como «estableció su tabernáculo entre nosotros». ¿Te ayuda esto a ver lo que Juan quiere decir?

Sigue insistiendo en que la Palabra hace más que revelar a Dios. Dios *es* Dios, hasta aquí queda claro a partir de la referencia a Éxodo. Pero esta vez, lejos de mantener su gloria oculta, la muestra para que todos la vean. Como lo dice Juan en 1.18, «nos lo ha dado a conocer». Lo que era invisible es ahora visible.

Así que, desde el inicio, la cristología de Juan es audaz e impresionante. Realmente comienza lo más alto posible. Todo lo que sigue a continuación, lo explica con mayor detalle. Lo que nos causa mayor sorpresa es que Juan quizá conoció a Jesús mejor que nadie (exceptuando a su familia, claro está). Al parecer se refiere a sí mismo cuando escribe sobre «el discípulo a quien Jesús amaba» (Jn 13.23; 19.26; 21.7). Estuvo junto a Jesús en todas las experiencias cotidianas del diario vivir, y sin embargo pudo *aún* escribir estas afirmaciones.

Toma una hoja de papel y divídela en dos columnas.

Lee Juan 1.1–18 y escribe todas la imágenes e ideas clave en la columna de la izquierda.

Ahora lee todo el Evangelio de Juan. En la columna de la derecha, escribe los versículos donde se desarrollan o mencionan estas imágenes.

La escalera de caracol en el evangelio de Juan

Después de leer todo el evangelio, nos queda claro que Juan repite muy seguido sus temas principales. Pero esto no significa que Juan sea aburrido. Cada vez que retoma un tema, añade un elemento sutilmente distinto, de manera que ocurre un efecto acumulativo.

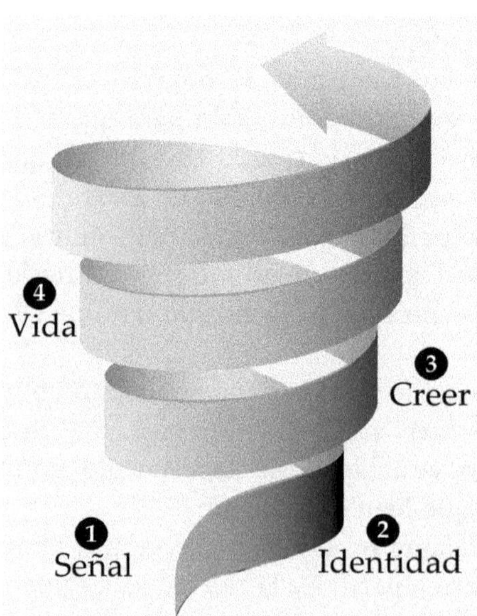

Esta es la razón por la que algunos comparan la manera de pensar de Juan con una escalera de caracol. Podemos ver esto en el resto del libro cuando rastreamos los cuatro pasos clave que Juan menciona al explicar el propósito del libro (en el último capítulo).

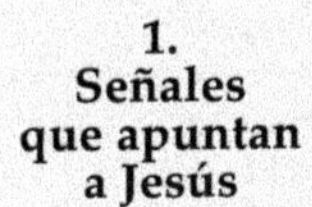

2. La identidad de Jesús

3. Confiar en Jesús

4. La vida que Jesús da

Podemos comenzar con los primeros dos. Varias de las señales en el evangelio equivalen a los más famosos dichos de Jesús referentes a su identidad, los conocidos «YO SOY». Estos dichos son importantes por sí solos porque aluden al nombre de Dios en el Antiguo Testamento, Yahvé (que significa «Yo soy el que soy», Éx 3.14).

Pero incluso cuando no se refieren a ese nombre, cada una de las señales todavía revelan algo sobre la identidad de Jesús.

Las siete señales		Los siete «YO SOY»	
Cambia el agua en vino	2.1–11		
Sana al hijo de un funcionario	4.43–54		
Sana en el estanque de Betzatá.	5.1–15		
Alimenta a los 5 000	**6.1–15**	**YO SOY el pan de vida**	**6.35**
Camina sobre el agua	6.16–21		
		[...antes de que Abraham naciera, ¡yo soy!	*8.58]*
Sana a un ciego de nacimiento	**9.1–41**	**YO SOY la luz del mundo**	**8.12; 9.5**
		YO SOY la puerta de las ovejas YO SOY el buen pastor	10.7 10.11
Resucita a Lázaro	**11.1–44**	**YO SOY la resurrección y la vida**	**11.25**
		YO SOY el camino, la verdad y la vida	14.6
		YO SOY la vid verdadera	15.1

Luego compara las tres señales directamente relacionadas con cada YO SOY con la declaración de propósito de Juan.

Señal	Identidad	Confianza	Vida
Alimenta a los 5 000	Yo soy el pan de vida	El que a mí viene... en mí cree (6.35)	Nunca pasará hambre... tendrá vida eterna (6.35–40)
Sana a un ciego de nacimiento	Yo soy la luz del mundo	El que me sigue (8.12)	no andará en tinieblas, sino que tendrá la luz de la vida (8.12)

Señal	Identidad	Confianza	Vida
Resucita a Lázaro	Yo soy la resurrección y la vida	El que cree en mí... El que cree en mí...el que vive y cree en mí (11.25–26)	Vivirá... aunque muera...no morirá jamás. (11.25–26)

Si bien Juan repite un patrón, no es repetitivo sino cumulativo. Nos parece que vamos aprendiendo más en torno a seguir a Jesús mientras leemos más y vamos subiendo la escalera de caracol hacia un mayor aprecio por él.

El «segundo libro» de Juan

Los cuatro autores de los evangelios describen la mayoría de los milagros de Jesús en las últimas etapas de su ministerio. El aspecto interesante de la versión de Juan es que no hay más señales después de la señal más espectacular, la resurrección de Lázaro. Incluso en la primera mitad del libro, hay solamente algunas señales acompañadas de extensas secciones de instrucción.

Incluso en la segunda mitad del libro hay más secciones de instrucción, luego de una breve sección de transición. Esa sección incluye la reunión del Sanedrín en la cual los dirigentes religiosos comienzan a tramar cómo arrestar y matar a Jesús. Durante la discusión, Caifás, jefe de los sacerdotes, sorprende inesperadamente a sus colegas y también a los lectores de Juan.

> Uno de ellos, llamado Caifás, que ese año era el sumo sacerdote, les dijo: —¡Ustedes no saben nada en absoluto! No entienden que les conviene más que muera un solo hombre por el pueblo, y no que perezca toda la nación. (*Jn 11.49–50*)

A Juan le fascina la ironía ambigua de pensamientos como este. Explica de manera explícita la importancia que juega en el evangelio en 11.51–53. Pero, claro que Caifás estaba pensando solo en política. Pensó que matar a Jesús haría que los romanos se tranquilicen. Una y otra vez, Juan usa deliberadamente imágenes o ideas que tienen más que un significado. Por ejemplo, fíjate cuántas veces utiliza la imagen de Jesús «levantado» (Jn 3.14; 8.28; 12.32–34). Jesús podría referirse a cuando sería levantado en la cruz, a su resurrección («levantado» a una nueva vida) e incluso su ascensión («levantado» al cielo).

La transición también incluye a María de Betania que derrama un perfume caro en los pies de Jesús, acto que él interpreta como una unción para el día de su sepultura (12.1–7). Es una explicación sorprendente, pero encaja con lo que sucede a continuación: su entrada triunfal a Jerusalén (12.12–19), el anuncio de su inminente muerte y la división que trae (12.20–50).

Después de esta transición, retornamos a un ritmo más lento de largas instrucciones. Esta vez, sin embargo, todo toma lugar durante esas horas intensas con los discípulos en el aposento alto. Jesús los ayudará a entender lo que está por suceder, y cómo sobrevivirán después de que los haya dejado (cuando muera en la cruz y en su ascensión). No hay nada que se le parezca en toda la Biblia a esta tan querida sección.

Por esta razón, los interpretes tradicionalmente han dividido el evangelio de Juan en dos «libros»:

1.18	Prólogo: El Verbo era Dios
1.19–11.44	Libro 1: El libro de las señales de Jesús
11.45–12.50	Transición: Jesús prepara al mundo para cuando llegue su muerte
13.1–19.42	Libro 2: El libro del sufrimiento de Jesús
20.1–21.25	Epílogo: ¡Jesús vive!

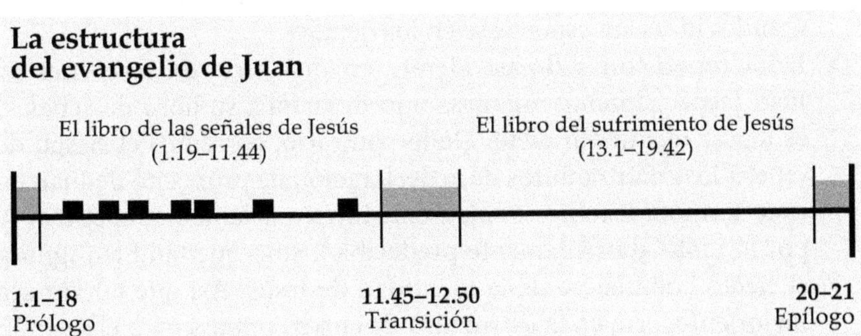

Por supuesto que ésta no es la única manera de dividir el libro, pero el ejercicio de querer discernir cómo está estructurado un libro de la Biblia es siempre beneficioso, ya que nos fuerza a entender lo que el autor lleva a cabo.

Algunos consejos para predicar el evangelio de Juan

Lo que sigue no es de ninguna manera una lista exhaustiva, sino algunos consejos a considerar cuando se predique alguna serie sobre el evangelio de Juan.[14]

- **Debes saber dónde estás:** Tenemos que estar consciente de nuestra ubicación cada vez que predicamos algún libro de la Biblia, pero en un libro como el de Juan, que tiene secciones tan distintas, saber esa ubicación es crucial. Mientras estudias algún pasaje especifico, se susceptible acerca de cuánto desea Juan que sus lectores sepan ya, e incluso más importante, cuánto aún no saben.
- **Pasajes extensos:** Normalmente, no es posible predicar pasajes cortos del evangelio de Juan. A él no le suele gustar series de acción rápida, de las que se encuentran en los evangelios sinópticos. Así que, para hacerle justicia a la versión de Juan de la alimentación de los 5 000, tendríamos que también incluir la serie de instrucciones del «yo soy» (Jn 6.25–59). Pero, es también obvio que esta instrucción forma parte de un sándwich que contiene el milagro de Jesús cuando camina sobre el agua. Debido a que esta combinación de señales refuerza el lazo con Éxodo, sería difícil de perder esto de vista: Jesús claramente está mostrando a sus discípulos que él es en realidad Yahvé, el Dios que ha hecho las promesas a Israel. ¡Sin embargo, cincuenta y nueve versículos es un pasaje muy grande para un sermón! El reto es encontrar una manera de resaltar las grandes ideas sin estancarse en los detalles.
- **Evita repeticiones flojas:** El reto en una serie de sermones de Juan (especialmente mientras uno desarrolla su libro de señales) es lograr incluir variedad. De lo contrario, corremos el riesgo de repetir los cuatro puntos de la declaración de propósito de Juan en cada sermón. Esto no es solamente innecesariamente repetitivo (y por lo tanto aburridamente predecible), sino que también ignora el efecto cumulativo de la identidad de Jesús. Así que tal vez sea mejor enfocarse en la estructura de cuatro puntos para el sermón de la primera *señal–«yo soy»*, y luego escoger maneras en las que los siguientes pasajes pueden contribuir a ello.

---

[14] Te habrás dado cuenta que a menudo menciono predicar una serie de sermones. Si quieres saber más sobre cómo organizar este tipo de series, por favor revisa mis notas en el Apéndice 2.

Mateo: Siguiendo el recorrido histórico de Israel

Sugerimos en el anterior capitulo que a Mateo le interesa especialmente aumentar el número de discípulos de Jesús, es decir, gente dispuesta a aprender (Mt 28.18–20). Si este es el caso, esperaríamos que el tema de enseñanza y discipulado abarque todo el libro.

Jesús es el nuevo Moisés

¿Quién es el maestro más famoso en Israel? Moisés sería un fuerte contendiente para ese título. En el Monte Sinaí, enseñó la ley de Yahvé. Así que no es de sorprenderse que Jesús siga sus pasos y enseñe desde una montaña. El sermón del monte (Mt 5–7) comienza con las bienaventuranzas (5.3–12) y continua con enseñanzas acerca del discipulado. Ese sermón ha sido justamente elogiado en muchas culturas de maneras que repiten la opinión del tercer presidente de los Estados Unidos, Thomas Jefferson. A pesar de haber rechazado el cristianismo trinitario, describió el Sermón del Monte como «el código moral más sublime y benevolente que se haya ofrecido».

Pero Jesús no está ofreciendo principalmente un código de conducta para que todos lo adoptemos, si bien es cierto que los desafíos son sorprendentes. ¡Después de todo, nos dice que la entrada al Reino de Dios requiere una justicia mayor que la de los fariseos! (5.20). El problema de los fariseos no era la seriedad con la que tomaban la justicia, sino su preocupación por las apariencias.

Mas bien, en el sermón, Jesús hace declaraciones extraordinarias acerca sí mismo. Por ejemplo, contrasta repetidamente otras interpretaciones del Antiguo Testamento («Ustedes han oído que se dijo…» se repite cinco veces en Mateo 5) con las suyas («Pero yo les digo…» aparece seis veces).

Es importante reconocer que Jesús nunca contradice la ley. Insiste en 5.17–18 que está cumpliendo la ley y que no está aboliendo en lo absoluto la ética del Antiguo Testamento. Sencillamente está rechazando la interpretación y aplicación que los líderes judíos ofrecen de la ley. Explicándolo de otra manera, es fácil para la mayoría de nosotros obedecer la parte de la ley que prohíbe el asesinato. Un fariseo incluiría eso fácilmente en la lista de pecados que no ha cometido. Pero el espíritu detrás de esa ley no es tan sencillo. Tal como lo dijo Jesús, «todo el que se enoje con su hermano» viola la esencia de la ley (5.22).

La arrogancia de los fariseos y la hipocresía religiosa son los blancos frecuentes de Jesús en Mateo, y especialmente en el Sermón del Monte (6.2, 5, 16). Estudia estos pasajes para ver cómo este tema se desarrolla en este libro.

- Mateo15.1–20
- Mateo 22.15–22
- Mateo 23

Mateo concluye el sermón del Monte con una nota sobre la reacción de la multitud acerca de la autoridad de Jesús, en lugar de incluir cualquier promesa que ellos podrían haber hecho para poner en práctica sus enseñanzas:

> Cuando Jesús terminó de decir estas cosas, las multitudes se asombraron de su enseñanza, porque les enseñaba como quien tenía autoridad, y no como los maestros de la ley. (*Mt 7.28–29*)

Si leemos el resto de Mateo cuidadosamente, notaremos que esa simple frase «cuando Jesús terminó» en 7.28 vuelve a aparecer cuatro veces más (11.1; 13.53; 19.1; luego en 26.1, que añade la palabra «todas»). Puede que parezca un punto insignificante, y sin embargo en el gran esquema del libro de Mateo, difícilmente puede ser accidental. Usa esta frase para marcar las cinco secciones de instrucción que Jesús ofrece (ya sea a las multitudes como a sus discípulos). El hecho de que haya cinco secciones de instrucción tendría un significado especial para creyentes judíos, porque sus Escrituras comienzan con el Pentateuco, los cinco libros de Moisés.

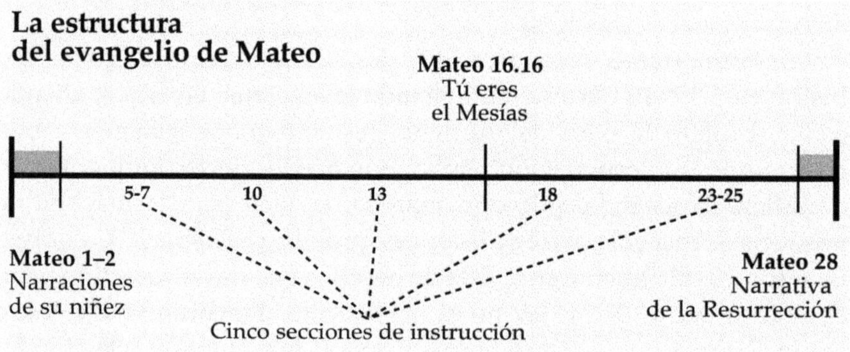

Entonces, incluso en la estructura de su evangelio, ¡Mateo ofrece afirmaciones acerca de Jesús!

Cuando vemos las secciones de instrucción en el contexto de todo el libro (ver el diagrama arriba), queda claro que, a diferencia de Marcos, Mateo no utiliza la confesión de Pedro acerca de Cristo (Mr 16.16) como eje central en su evangelio.

Jesús cumple la historia del Antiguo Testamento

Dada la comparación que Mateo ofrece de Jesús y Moisés, no debería sorprendernos que Mateo sea considerado como el más judío de los cuatro evangelios. Este punto queda claro desde los capítulos introductorios que, por ejemplo, claramente vinculan el Nuevo Testamento con el Antiguo por medio de la genealogía de Jesús. A Mateo le gusta ver el «panorama general» y por tanto quiere que veamos a Jesús en su contexto.[15]

¡Si se nos diera la tarea de contar la historia de Jesús, pocos de nosotros empezaríamos con su genealogía, tendemos a encontrarla demasiado aburrida! Pero la genealogía de Mateo tiene varias características fascinantes, si solo tuviéramos ojos para verlas.

Por un lado, esta genealogía (y su pasaje paralelo en Lucas 3) constituyen las últimas genealogías de la Biblia. No se trata de una casualidad. Después de Jesús, no hay necesidad de ellas. Jesús es el objetivo de esta historia. Todo conduce a él.

Mateo comienza la genealogía de Jesús con Abraham. Luego selecciona cuidadosamente a los personajes que incluirá, dividiendo así la genealogía en tres bloques de catorce:

- Desde Abraham al rey David (1.1–6)
- Desde el rey David a la cautividad en Babilonia (1.6–22)
- Después de Babilonia hasta Jesús (1.13–16)

El registro demuestra que Jesús tiene impecables credenciales judías y reales. ¡O eso parece! Pero échale un vistazo más de cerca y Mateo tiene sorpresas guardadas. Lo más llamativo es que aparecen cuatro madres, cada una proveniente de los momentos más oscuros de Israel:

- **Tamar:** La nuera cananea de Judá, que durmió con ella pensando que era una prostituta. Es la madre de Fares (1.3; Gn 38).

15 Esta sección ha sido adaptada del libro de Chris Wright *Como Predicar desde el Antiguo Testamento*.

- **Rajab:** La cananea que vivía en Jericó y que en realidad era una prostituta, pero salvó las vidas de los espías de Josué. Es la madre de Booz (1.5; Jos 2; 6.22–25).
- **Ruth:** La nuera moabita de Noemí que, en desesperación, se acerca (tal vez seduce) a Booz para pedirle protección. Es la madre de Obed (1.5; Rut 1–4).
- **La esposa de Urías:** La mención más extraña en la genealogía es Betsabé, a quien Mateo ni siquiera nombra. Supuestamente era una hitita (como su primer esposo Urías), pero la lujuria del Rey David por ella culminó en su adulterio y el asesinato de Urías. Era la madre del rey Salomón (1.6; 2S 11).

¡Forman un gran cuarteto! Las cuatro son gentiles, a las cuatro se las asocia con conductas sexuales anómalas, y las cuatro son abuelas de Jesús.

Mateo ingeniosamente utiliza su genealogía para retomar desde donde el Antiguo Testamento se quedó y para recordarnos que la historia de Israel no es perfecta. Así es la familia disfuncional en la que nació Jesús. Después de todo, incluso el nombre «Israel» es uno que Dios gentilmente concede a Jacob después de su pelea, como reemplazo de su nombre original, Jacob, que significa «engañador».

Así que la genealogía nos ofrece un indicio del plan maravilloso de Dios: hay esperanza para los pecadores (incluso los pecadores sexuales) y los gentiles, porque siempre lo ha habido.

Otra manera que Mateo muestra que Jesús cumple el Antiguo Testamento es cada vez que cita a los profetas del Antiguo Testamento. Sus contemporáneos habrían estado muy conscientes de lo que habían dicho y esperado. Es por eso que Mateo utiliza la palabra de peso, «cumplió». Así que, a pesar de *toda* apariencia, este bebé es muy importante.

Estudia las cinco citas del Antiguo Testamento que Mateo utiliza para afirmar que Jesús las cumple.

- Mateo 1.23 ← Isaías 7.14
- Mateo 2.5–6 ← Miqueas 5.2
- Mateo 2.15 ← Oseas 11.1
- Mateo 2.17–18 ← Jeremías 31.15
- Mateo 2.23 ← ¿tema general para los profetas del Antiguo Testamento?

Podríamos decir que Malaquías no es en realidad el final del Antiguo Testamento. De hecho, ¡leer el Antiguo Testamento sin el Nuevo es como leer una novela de detectives sin descubrir la identidad del asesino! Todo nos conduce hasta ese punto. Sin el Nuevo Testamento, jamás entenderíamos el clímax de la narrativa. Pero sin el Antiguo, nunca entenderíamos quién es Jesús y por qué vino.

Jesús acepta una identidad y misión del Antiguo Testamento (Mt 3–4)

Sucede que solo hasta el capítulo 3 la historia de Mateo se conecta con la historia de Marcos. Sin embargo, Mateo añade detalles fascinantes que no se encuentran en Marcos, particularmente su narración de la tentación de Jesús en el desierto.

No obstante, Mateo 3 es un capítulo que plantea muchas interrogantes. Por ejemplo, si Jesús no tiene pecado, ¿por qué necesita ser bautizado? Juan el Bautista dijo bien claro que bautizaba a la gente como una señal de arrepentimiento (3.11). Así que incluso él no está seguro de qué hacer cuando se trata de bautizar a su primo (3.14). Pero Jesús insiste en ser bautizado, diciendo que necesita hacer esto para «cumplir con lo que es justo» (3.15). Se trata de una frase rara, pero suena familiar. Ya hemos notado que la noción de cumplimiento es importante para el judío Mateo. Si lees todo el Evangelio, notarás que la justicia es un tema que se repite a lo largo del libro.

¿Recuerdas lo que dijimos acerca de observar al contexto más amplio para buscar pistas? Encontraremos que Mateo 4 nos ayuda a responder algunas de las preguntas que surgen en el capítulo 3.

Mientras que Marcos relató la tentación de Jesús en solamente dos versículos, Mateo ofrece bastantes detalles (probablemente sobre la base de lo que Jesús compartió con sus discípulos más tarde). Nos enteramos que Jesús responde a Satanás con tres citas. La sorpresa al seguir las citas (en Mateo 4.4, 7 y 10) es de que todas provienen del libro de Deuteronomio, y de solo dos capítulos de ese libro. Estos son los pasajes que cita:

> El Señor tu Dios te hará entrar en la tierra que les juró a tus antepasados… cuídate de no olvidarte del Señor, que te sacó de Egipto, la tierra donde viviste en esclavitud… Teme al

> Señor tu Dios, sírvele solamente a él, y jura solo en su nombre. No sigas a esos dioses de los pueblos que te rodean… No pongas a prueba al Señor tu Dios, como lo hiciste en Masá. (*Dt 6.10–16*)

> Te humilló y te hizo pasar hambre, pero luego te alimentó con maná, comida que ni tú ni tus antepasados habían conocido, con lo que te enseñó que no solo de pan vive el hombre, sino de todo lo que sale de la boca del Señor. (*Dt 8.3*)

¿Por qué eligió estos pasajes?

El contexto original es crucial aquí, Moisés se encontraba predicando a la próxima generación de israelitas, aquellos que Josué llevaría a la tierra prometida.

La propia generación de Moisés fue infiel a Dios, así que advierte a la siguiente generación que no siga los pasos de sus padres.

La combinación del «bautismo de arrepentimiento» de Jesús y su obediencia a la ley de Dios (especialmente por la fidelidad a Dios en el desierto) de pronto nos da la respuesta a nuestra interrogante. Mateo afirma que Jesús ha venido como la personificación de Israel, el que finalmente cumplirá lo que ellos debieron haber hecho, pero fracasaron. Jesús, por lo tanto, es el verdadero Israel.

¿Qué hace Jesús después? Predica acerca del reino de Dios y elige a sus doce discípulos (4.12–22). Doce discípulos para las doce tribus de la nueva Israel. Así que, una vez más, el Antiguo Testamento nos ofrece una plantilla o formato para la misión de Jesús.

Lucas: Siguiendo la geografía del evangelio

Notamos en el capítulo anterior que Lucas escribe su evangelio para ayudar a personas como Teófilo que enfrentan dudas e incertidumbres. Luego prosigue y ofrece de lo mismo en su segunda obra, el libro de los Hechos. Así que, todos los principios que hemos discutido acerca de cómo manejar los evangelios se aplican también a la segunda obra de Lucas. ¿Como podemos estar seguros de esto? Bueno, observa los versículos iniciales de Hechos:

> Estimado Teófilo, en mi primer libro me referí a todo lo que Jesús comenzó a hacer y enseñar hasta el día en que fue

> llevado al cielo, luego de darles instrucciones por medio del Espíritu Santo a los apóstoles que había escogido. (*Hch 1.1–2*)

Obviamente, este libro es la continuación directa del final de su evangelio. La inferencia es que Hechos narrará lo que Jesús continúo «haciendo y enseñando» en los primeros años de la iglesia. La preocupación de Lucas es la manera en que el evangelio se expande fuera de Jerusalén.

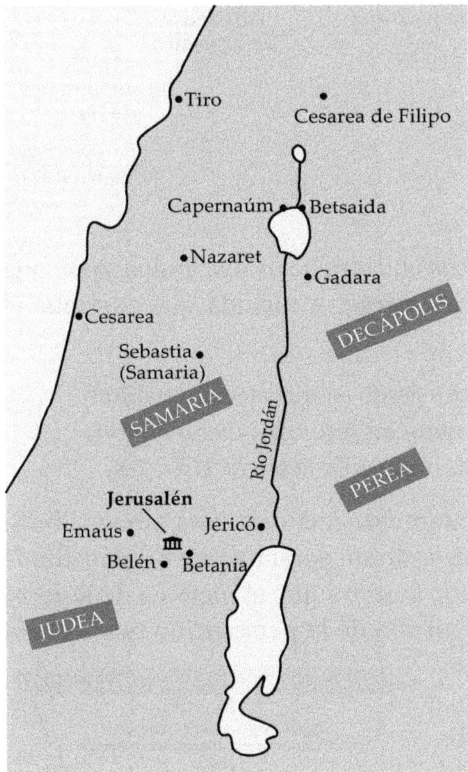

Cuando consideramos cómo Lucas arma ambos libros, podemos ver que la ubicación geográfica de cada acontecimiento es importante para él. Para Marcos, el punto decisivo más importante en su evangelio es la confesión pública de Pedro acerca de la identidad de Jesús. El mismo evento se menciona en Lucas 9.20, sin llegar siquiera al primer tercio del evangelio. Decide no decirnos su ubicación (Marcos 8.27 nos informa que ocurre en Cesarea de Filipo), probablemente porque *todos* los acontecimientos de 4.14–9.50 suceden en el área racialmente diversa alrededor del mar de Galilea.

Esto puede parecer insignificante por sí solo. Pero, en Lucas 9.51 el enfoque geográfico comienza a cambiar con estas palabras trascendentales:

> Como se acercaba el tiempo de que fuera llevado al cielo, Jesús se hizo el firme propósito de ir a Jerusalén. (*Lc 9.51*)

Jesús se dirige al centro de la oposición, la ciudad que por derecho debería ser suya. Si luego identificamos el enfoque geográfico del evangelio, la sorpresa es que la estructura del libro resalta inmediatamente.

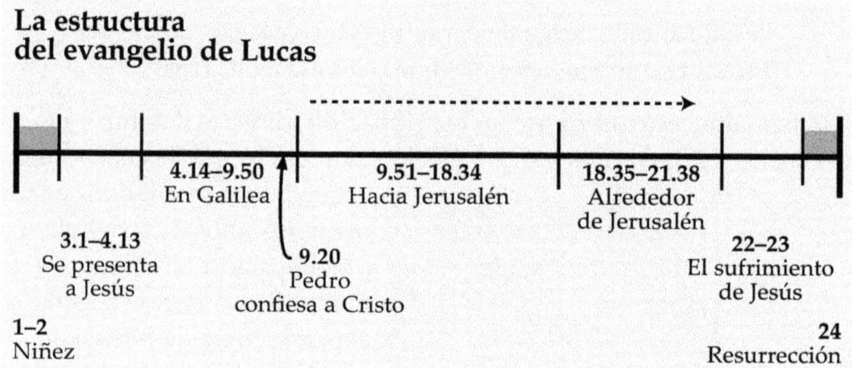

En Hechos vemos que lo que Jesús encargó a sus discípulos sigue una estructura similar, la cual vemos emerger a medida que continua el libro.

> Pero, cuando venga el Espíritu Santo sobre ustedes, recibirán poder y serán mis testigos tanto en Jerusalén como en toda Judea y Samaria, y hasta los confines de la tierra. (*Hch 1.8*)

Entonces, Lucas ha delineado claramente una ruta para ambos libros. Mientras que su evangelio va avanzando sin parar hacia Jerusalén donde Jesús sufrirá, el libro de los Hechos muestra que el mensaje de Jesús se va extendiendo por doquier, por medio de la persecución que sufre la iglesia y la determinación de los discípulos. Podemos ver cómo los elementos geográficos en ambos libros se desarrollan en paralelo observando el siguiente diagrama.

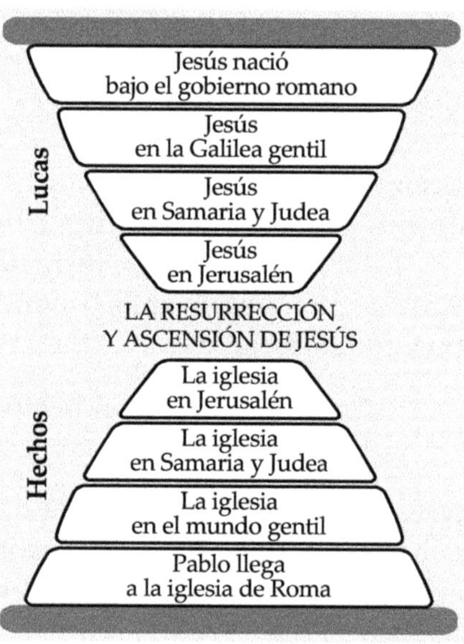

¿Qué entendemos con esto?

Parece que la difusión del evangelio era un tema que Lucas lo llevaba en su corazón. Había sido un miembro de confianza del equipo de Pablo y así supo de primera mano sobre los desafíos de la misión en el mundo gentil. Pero probablemente fue incluso más personal que eso. Él mismo era gentil (único entre todos los escritores del Nuevo Testamento). Era también médico (Col 4.14), lo cual significa casi con certeza que había sido esclavo, como la mayoría de médicos del primer siglo en el mundo romano. No es de extrañarse que una de sus principales preocupaciones sea la revolucionaria bienvenida que Jesús ofrece a todos los que se sentían estar fuera del antiguo pacto.

Jesús el hombre como nosotros y para nosotros

A diferencia de Mateo y Marcos, Lucas tiende a enfatizar la humanidad de Jesús en vez de su divinidad (¡lo cual no insinúa en lo absoluto que haya negado su divinidad, todo lo contrario!). Rara vez usa títulos como «Mesías» e «Hijo de Dios». En cambio, Lucas presenta a Jesús como alguien que es misericordioso, compasivo y sensible a todos a su alrededor, especialmente si son el tipo de personas que el mundo ignora. Se podría argumentar que las palabras de Jesús a Zaqueo podrían usarse como un lema para todo el libro:

> Porque el Hijo del hombre vino a buscar y a salvar lo que se había perdido. (*Lc 19.10*)

«El Hijo del Hombre» es el personaje que Daniel vio en su aterradora visión de un ser humano a quien Dios mismo le otorga poder absoluto (Dn 7.13–14). Pero: ¿Qué hace este Hijo del Hombre con este poder? Lo derrama con compasión y gracia por el bien de todos los que el mundo desprecia, por los que han perdido su camino. Rescata a los indefensos. Lucas describe a Jesús como Salvador o aquel que trae la salvación ocho veces en su evangelio y nueve veces en Hechos, pero curiosamente, ese título no se usa en Mateo ni en Marcos.

Observa en el relato de Lucas cómo Jesús se refiere o trata a los siguientes marginados:

- Los samaritanos: 9.52; 10.25–37; 17.11–19
- Los cobradores de impuestos y «pecadores»: 5.30; 7.34; 15.1; 18.9–14; 19.1–10
- Los pobres: 4.18; 6.20 (contrasta con Mateo 5.3); 14.7–24; 16.19–31

Sin embargo, el grupo que resalta más que todos los demás es el de las mujeres. Desde el principio, Lucas muestra con frecuencia y deliberadamente lo importantes que eran las mujeres para Jesús, a pesar de su estado de inferioridad en la sociedad del primer siglo. Por ejemplo, mientras que por un lado el relato de nacimientos que ofrece Mateo se cuentan desde la perspectiva de José (Mt 1–2), Lucas se enfoca en la perspectiva de dos mujeres: Elisabet, madre de Juan, y María, madre de Jesús (Lc 1–2). En donde Mateo informa que sorprendentes seguidores de estrellas visitaron al niño Jesús, Lucas describe la visita de unos despreciados pastores. A propósito resalta las oraciones proféticas de María y Ana al lado de las de Zacarías y Simeón.

Este patrón continúa a lo largo del libro. Se presentan mujeres tanto como hombres en sus parábolas (13.18–21; 15.3–10), y en diferentes sábados, tanto un hombre como una mujer son sanados (13.10–17; 14.1–6). Mientras asiste a un banquete en la casa de un fariseo, Jesús rinde honor y respeto a una mujer de dudosa reputación (7.36–50). Va en contra de la corriente cultural cuando aprueba afectuosamente la devoción que María muestra hacia él (10.38–42).

Por tanto, cada vez que prediquemos episodios que presentan a estos marginados, es vital conectarlos con el tema más amplio del libro. Ser fiel al evangelio de Lucas significa ser susceptible a sus temas.

Jesús y el Espíritu de gozo

Lucas destaca la obra del Espíritu Santo más que cualquiera de los otros evangelistas, a pesar de que Jesús enseña ampliamente sobre él en Juan 14–16, y en Mateo 4.1 y Marcos 1.12 aparece siendo tentado en el desierto por el Espíritu. En el libro de los Hechos, obviamente, aparece gente llena del Espíritu, lo cual causa que proclamen con valentía las buenas nuevas (por ejemplo, Hch 2.4; 4.31). Pero lo mismo sucede en Lucas (1.15, 41, 67). El Espíritu produce confianza y alegría (que es precisamente la razón por la que Lucas escribió sus libros para Teófilo). ¡El Espíritu incluso trae alegría a Jesús! (Lc 10.21). Supuestamente, debemos ver al Espíritu en acción siempre que haya gozo como resultado (como sucede en doce ocasiones distintas en Lucas, y cinco veces en Hechos).

Jesús el narrador que cautiva a su audiencia

Tal vez la característica más sobresaliente de las enseñanzas de Jesús en Lucas sea su uso frecuente de parábolas. Tanto Mateo como Marcos incluyen algunas parábolas, y lo más cercano que Juan llega a ellos es cuando incluye las enseñanzas sobre el buen pastor (Jn 10.11–16) y la vid verdadera (Jn 15.1–7). Pero Lucas es el que se especializa en parábolas. Contiene el mismo número de parábolas que Mateo y Marcos juntos. (Ya que las parábolas tienen características especiales que pueden afectar la forma en la que las predicamos, toda la siguiente sección de este libro se dedicará a cómo predicar correctamente de ellas).

2. Desde el pasado al presente: Predicando los evangelios

Hasta ahora, nos hemos enfocado en cada evangelio individualmente. Ahora es el momento de hacer algunos comentarios que se usen en sermones de cualquier parte de cualquiera de los evangelios.

Durante nuestra preparación, debemos hacernos tres preguntas relacionadas pero distintas. Si nos olvidamos una de ellas, nuestra comprensión del pasaje podría ser defectuosa y sesgada. Estas son las dos primeras preguntas:

- La pregunta histórica: **¿Por qué Jesús hace o dice esto?**
- La pregunta literaria: **¿Por qué el autor incluye este episodio y en este lugar de su libro?**

Si hacemos solo la pregunta histórica sin preguntarnos también la pregunta literaria, podemos cometer el error de no ver lo sucedido al no darnos cuenta de lo que el autor del evangelio está queriendo decir en ese punto. Si solo nos hacemos la pregunta literaria sin incluir la pregunta histórica, podemos caer en la trampa de suponer que el mensaje no está arraigado en la historia, y que es simplemente algo que el autor inventó.

Solamente después de responder estas dos preguntas podemos empezar a pensar en la tercera pregunta.

- La pregunta de aplicación: **¿Qué significa esto para nosotros hoy?**

Si solo hacemos las dos primeras preguntas e ignoramos la pregunta de aplicación, estamos efectivamente ofreciendo una conferencia que no habla a las vidas de nuestros oyentes con los retos o consolación de la Biblia.

Como lo dije anteriormente, de alguna manera, los evangelios son la parte más difícil de la Biblia para predicar adecuadamente.

Los evangelios pueden llegar a sentirse rancios para los cristianos de muchos años, que han leído las historias muchísimas veces. Entonces, ¿cómo predicamos de una manera que preserve el elemento de sorpresa y la naturaleza subversiva de las enseñanzas y el ministerio de Jesús? ¿Cómo recuperamos el elemento sorpresa en una historia cuyo final conocemos muy bien?

El mayor desafío, sin embargo, es con toda certeza el asunto de la aplicación de las historias de los evangelios a las vidas comunes de hoy en día. Por ejemplo, ¿qué hacemos con esta promesa de Jesús la noche antes de su ejecución?

> Ciertamente les aseguro que el que cree en mí las obras que yo hago también él las hará, y aun las hará mayores, porque yo vuelvo al Padre. (*Jn 14.12*)

¿Significa esto que todos podremos caminar sobre el agua, alimentar a miles, y resucitar a los muertos? ¿Es nuestra incapacidad de hacer estas cosas simplemente un síntoma de nuestra falta de fe?[16]

Lamentablemente, no hay espacio para hacer justicia a estos problemas en una breve sección. Hay otros libros que tratan con ellos en mucha mayor profundidad.[17] Sin embargo, aquí hay varias preguntas que deberíamos hacernos en cada pasaje del evangelio antes de hacer que nuestra aplicación sea una imitación ingenua.

¿Son realmente buenas noticias?

Ya hemos visto que los cuatro evangelios proclaman un mensaje. Así que en un sentido ya han hecho la aplicación por nosotros. Sin embargo, no es así de simple. El peligro con cualquier aplicación es que podemos por error terminar debilitando completamente el evangelio.

---

[16] D. A. Carson en su comentario Pillar de Juan (Nottingham: Apollos, 1991) señala que la razón por la cual las obras de los discípulos serán mayores es porque ocurren después de la muerte, resurrección y ascensión de Jesús. Esto significa que están hechas durante la próxima gran etapa en los propósitos de Dios, un tiempo de claridad y proclamación global. Él no está haciendo un crudo contraste de cantidad (en el sentido que los discípulos harán mucho más, porque hay más de ellos) ni calidad (como si los discípulos pudieran hacer algo más grande que levantar a Lázaro de entre los muertos).

[17] Por ejemplo: Chris Green, *Cutting to the Heart: Applying the Bible in Teaching and Preaching* (Leicester: IVP, 2015) and Murray Cahill, *The Heart Is the Target: Preaching Practical Application from Every Text* (Phillipsburg, NJ: P & R, 2014).

¿Qué es lo que separa radicalmente el mensaje cristiano de todos los demás? El gran escritor británico C. S. Lewis una vez se encontró caminando hacia una conferencia sobre religiones comparadas, que había atraído académicos de todo el mundo. Uno de los temas fue discutir cual era la contribución singular del cristianismo al mundo. Se dice que Lewis respondió: «¡Oh, eso es fácil! ¡La gracia!» Eventualmente los delegados estuvieron de acuerdo con él. Cada religión establece reglas y caminos a seguir para demostrar o ganar mérito, excepto el evangelio de Jesús. Solo Jesús «se atreve a hacer incondicional el amor de Dios».[18]

Esta verdad es la motivación más grande para los predicadores cristianos. Esto es precisamente lo que lo hace una buena noticia. En palabras de Lucas, Dios en Cristo ha «venido a buscar y salvar a los perdidos». Por lo tanto, una vida para Cristo se vive siempre en gratitud dependiente, y nunca en ansioso esfuerzo.

Sin embargo, cuando se trata de aplicaciones para sermones, podemos disminuir fatalmente esa verdad. Puede que hayamos predicado con pasión y convicción acerca de la gracia de Dios solo para concluir con una lista de reglas o pecados. Y esas son las cosas que nuestros oyentes llevan consigo. De repente, nuestras noticias no son para nada buenas. De hecho, son malas. Hacen que el amor de Dios sea condicional según las veces que asistimos a la iglesia, nuestras donaciones, oraciones, evangelismo o la lectura de la Biblia. Por favor no me malinterpreten. Estas son todas cosas buenas. Pero son solo respuestas a la seguridad del evangelio. Toda la ética cristiana fluye de las buenas nuevas.

Entonces, debemos verificar si todas nuestras aplicaciones son en realidad *buenas* nuevas y si reflejan la gracia de Dios en vez de disminuirla.

Esto no significa que nunca habrá cosas difíciles que decir. Por ejemplo, un sermón sobre Marcos 7.1–23 podría ser desafiante o incluso alarmante. Causa conmoción escuchar a Jesús hablar sobre el corazón humano con términos tan negativos. Pero el impacto es como cuando se recibe un diagnóstico de cáncer. Es todavía importante escuchar la verdad (por mala que sea), porque solo entonces podremos estar dispuestos a recibir el tratamiento adecuado. En ese contexto,

---

18 Philip Yancey, *What's So Amazing about Grace* (Grand Rapids: Zondervan, 1997), 45

podríamos incluso decir que este diagnóstico es necesario para el aspecto bueno de las noticias.

¿Pero estas noticias para quién son buenas? A veces predicamos como si solo existiesen dos tipos de personas que escuchan nuestro sermón: pecadores y cristianos, o gente que asiste a la iglesia y gente que no. Timothy Keller útilmente señala que siempre hay, en realidad, tres tipos de oyentes.[19] Nos ilustra su punto a partir de la parábola de Jesús sobre el padre y sus dos hijos (o la parábola del hijo prodigo, como normalmente se llama), argumenta que en esta parábola ambos hijos pecaron contra su padre, aunque de distintas maneras (Lc 15.11–32).

Ambos hijos vivían pensando en sus herencias, en vez de disfrutar una relación con su padre. La diferencia clave es darse cuenta cuán paciente son. El hermano menor quiere recibir su herencia inmediatamente. Luego la derrocha por completo y termina en una pocilga de cerdos (un pensamiento horrible para cualquier judío). El hijo mayor está dispuesto a esperar, pero da por sentado que tiene que ganarse su herencia trabajando duro en la propiedad que algún día será suya. Con razón que se siente ofendido al ver que su hermano ha vivido gratis y ahora está de regreso. Después de todo, a él le pertenece el dinero que se gastó para pagar por la fiesta de su hermano, ya que éste se había gastado toda su herencia (15.29–30). Pero solamente el hermano menor reconoce el castigo que se merece. Reconoce que ha pecado contra su padre, y que lo único que merece es ser esclavo de la casa (15.19).

Estos dos hermanos representan las formas radicalmente diferentes en las que podemos pecar contra Dios.

- El hermano menor: **El pecador rebelde**, que vive como un vago y tiene poco tiempo para la religión y Dios. Es fácil identificar a estas personas por su comportamiento escandaloso y a veces egoísta. Esta clase de personas es la que justamente ofende a hermanos mayores y recibe el menosprecio de ellos.
- El hermano mayor: **El pecador religioso**, que vive una vida decente y a menudo se le ve en actividades religiosas. A él o ella jamás se le pillará cometiendo algo públicamente inmoral o fuera de control. Pero estas personas quieren una religión según sus

[19] Timothy Keller, *El Dios Prodigo*, (Bogota: Grupo Editorial Norma, 2010).

propias condiciones, y la tratan como si tuviera el propósito de acumular créditos morales en una especie de cuenta bancaria espiritual.

Ambos estilos de vida están equivocados, porque ninguno de ellos tiene a Dios en el centro.

Cuando prediquemos a una congregación, debemos suponer que ambas clases de personas estarán presentes (aunque por lo común los «hermanos mayores» serán más que los «hermanos menores»). Esto significa que cualquier aplicación que ofrezca una lista de reglas y conductas quizá complique el problema. Los hermanos menores puede que piensen que nunca podrán pertenecer a esta comunidad; nunca serán lo suficientemente buenos. Los hermanos mayores pensarán que van por el rumbo correcto, y se sentirán satisfechos de sí mismos y petulantes. Ambos necesitan entender que ninguno de nosotros podrá ser lo suficientemente bueno para Dios (una verdad que con toda seguridad ofenderá a los hermanos mayores). Ambos necesitan entender que Dios los ama, a pesar de estos estilos de vida.

El detalle sorpresa para los predicadores, es que hay una tercera clase de persona en la iglesia.

- El hermano cristiano: **El pecador rescatado,** que entiende la gracia de Dios y sabe cuán dependiente somos de Cristo para todo lo que esperamos. Saben que la conducta moral no es una moneda con la que nos podemos ganar el favor de Dios, sino una forma de expresarnos con la que respondemos al favor de Dios. Para los pecadores rescatados, las aplicaciones del sermón jamás les causan ansiedad o les exigen cargas imposibles; más bien, les ofrecen oportunidades para que con gozo dirijan su amor Dios.

Debemos tener en cuenta la manera en que cada grupo escuchará las aplicaciones de nuestros sermones, y dirigir nuestras buenas noticias a cada uno de ellos como corresponde.

¿Cómo las noticias en Marcos 7.1–23 serán buenas para esta clase de oyentes?

- El pecador rebelde
- El pecador religioso
- El pecador rescatado

¿Se trata de un pasaje descriptivo o prescriptivo?

En otras palabras, ¿este pasaje simplemente describe lo que pasó entonces, o prescribe lo que debería pasar ahora? ¿Es principalmente para que nosotros aprendamos más acerca de Jesús, o para algo más?

Por ejemplo, considera este evento:

> Entonces les mandó que hicieran que la gente se sentara por grupos sobre la hierba verde. Así que ellos se acomodaron en grupos de cien y de cincuenta. (*Mr 6.39–40*)

Esto ocurre durante la alimentación de los 5 000. ¿Significa esto que cuando la iglesia se reúna, debería hacerlo afuera y que la gente debe sentarse en la hierba, no en muebles? ¿Deberíamos llegar a conclusiones más extremas y sugerir que las personas se sientan por grupos numéricos? Después de todo, así es como Jesús los organizó, y queremos serle fieles, ¿verdad?

Obviamente, esto es absurdo. Marcos supuestamente nos ofrece estos detalles para ayudarnos a visualizar este momento, y porque explica cómo los discípulos conocían el tamaño de la multitud.

Deberíamos comenzar suponiendo que un pasaje es principalmente descriptivo, especialmente si describe una acción de Jesús. Por lo tanto, siempre debemos comenzar preguntándonos: ¿qué aprendemos de Jesús? En el contexto de Marcos, Jesús está claramente abrumado por la sensación de que las personas eran vulnerables «como ovejas sin un pastor» (Mr 6.34). Esto se refiere a la queja repetida de Dios de que los líderes de Israel no cumplían su deber de proteger el rebaño de Dios (ver, por ejemplo, Jer 10.21; 23.1–4; 50.6–7). Dios dijo que tendría que venir él mismo, «al resto de mis ovejas yo mismo las reuniré» (Jer 23.1–4). Como prueba de que él es el único que habló por medio de Jeremías, Jesús alimenta al pueblo en el desierto de una manera que solo Dios puede lograrlo. Hay claramente suficiente material aquí para completar una prédica. Una aplicación central debe ser que la gente alaba a Jesús por lo que es y lo que vino a cumplir.

Anteriormente en el libro, aclaramos que solo porque Jesús se levantaba temprano por la mañana para orar en soledad (Mr 1.35), no debemos suponer que se trata de un mandato para orar solamente por la mañana. Supuestamente, era una solución práctica para la necesidad que tenía de pasar tiempo con Dios. Observando el contexto, aparece también antes de que Jesús tomara una decisión difícil: la necesidad de centrarse en la predicación a pesar de las enormes necesidades físicas de las multitudes (Mr 1.36–39).

Aquí hay dos ejemplos más de Jesús cuando busca lugares solitarios. ¿Cómo nos ayuda el contexto a entender sus razones?

- Caminar sobre el agua: Marcos 6.46–47 en el contexto de 6.30–56
- Una costumbre regular: Lucas 5.16 en el contexto de 5.1–26

¿Es Jesús nuestro modelo o nuestro Salvador?

Cuando leemos historias de cualquier clase, nuestro instinto natural es imaginarnos a nosotros mismos dentro de ellas. Esto es normal, y es la razón principal por la que nos involucramos profundamente. Además, tendemos a meternos en el pellejo del héroe, con el motivo de ubicarnos en el centro de la historia.

Esto es problemático cuando se trata de los evangelios. Hay momentos en que Jesús es único, cuando los discípulos son únicos, o cuando pensamos que nosotros mismos somos únicos cuando no lo somos.

Cuando Jesús es único…

Considera estos dos versículos famosos.

> Entonces llamó a la multitud y a sus discípulos. —Si alguien quiere ser mi discípulo —les dijo—, que se niegue a sí mismo, lleve su cruz y me siga. (*Mr 8.34*)
>
> Porque ni aun el Hijo del hombre vino para que le sirvan, sino para servir y para dar su vida en rescate por muchos. (*Mr 10.45*)

Ciertamente, debemos seguir a Jesús como modelo, cuando se trata de la actitud del corazón para servir a los demás, sea cual sea el costo. Tomar la cruz es un acto de tremendo valor porque significa encarar el desprecio y la crueldad de un mundo al que no le importa las cosas de Dios. No se puede realizar a la ligera, y en el fondo está la voluntad para servir, en lugar de ser servido, el deseo de poner a Dios primero, sobre todas las cosas.

Sin embargo, hay una gran diferencia entre nosotros cuando tomamos nuestra cruz y Jesús cuando toma la suya. Seguimos el ejemplo de su sacrificio. Pero ahí es donde las comparaciones deben terminar. No tiene sentido que entreguemos nuestras vidas como rescate. Jamás podremos encargarnos del pecado de los demás, y mucho menos del nuestro. Su muerte fue un evento único en la historia de la humanidad (ver 1P 3.18).

Entonces, cada vez que veamos a Jesús realizando algo en los evangelios, debemos comenzar preguntándonos qué es singular acerca de este evento, antes de considerar imitarlo.

Cuando los discípulos son únicos...

No ocupamos el mismo lugar que los discípulos en la narrativa de los evangelios, así que tampoco podemos establecer una conexión directa con ellos. Por ejemplo, observemos este problema:

> —Destruyan este templo —respondió Jesús—, y lo levantaré de nuevo en tres días. —Tardaron cuarenta y seis años en construir este templo, ¿y tú vas a levantarlo en tres días? Pero el templo al que se refería era su propio cuerpo. Así, pues, cuando se levantó de entre los muertos, sus discípulos se acordaron de lo que había dicho, y creyeron en la Escritura y en las palabras de Jesús. (*Jn 2.19–22*)

Los discípulos vivieron un momento único en la historia de la humanidad. Jesús estaba cumpliendo su obra en la tierra. La encarnación de Dios era una realidad emocionante. Pero había mucho por entender todavía. Vivieron con Jesús antes de su muerte y resurrección, y se esforzaban por seguirle el ritmo. Tal como sucedió con esa extraña afirmación en Juan 2, Jesús constantemente sembraba semillas que no darían fruto hasta después que su obra en la tierra se hubiera completado. Solo *después* de la resurrección se les ocurriría que el templo del que él había estado hablando era su cuerpo.

O miremos este ejemplo:

> Jesús envió a estos doce con las siguientes instrucciones: «No vayan entre los gentiles ni entren en ningún pueblo de los samaritanos. Vayan más bien a las ovejas descarriadas del pueblo de Israel. Dondequiera que vayan, prediquen este mensaje: "El reino de los cielos está cerca"». (*Mt 10.5–7*)

¿Como deberíamos interpretar este pasaje? ¿Deberíamos renunciar a nuestros trabajos y ahorrar para comprar pasajes e irnos a Tel Aviv, Israel lo más antes posible?

Bueno, el contexto de todo el libro de Mateo nos debería ayudar. En la gran comisión de Mateo 28.18–20, Jesús aclara que su evangelio es para todo el mundo. Sus discípulos (que eran los mismos a quienes él les hablo en Mateo 10) serían los primeros en esta campaña. Solo podemos presuponer entonces que el pasaje anterior tiene un alcance más limitado porque forma parte del programa de entrenamiento de discípulos de Jesús.

Queda claro que no podemos trazar una conexión directa desde la experiencia de los discípulos hasta la nuestra.

Cuando nuestros errores no son únicos…

Una de las características sobresalientes de los evangelios es la frecuencia con la que los discípulos quedan mal. Los lectores nuevos a menudo se sorprenden de esto, especialmente una vez que se dan cuenta que estos mismos discípulos fueron los líderes pioneros de la iglesia primitiva. Los autores de los evangelios no tuvieron miedo de ponerse en ridículo. No cuando estaban al lado de nuestro perfecto Salvador. Por ejemplo, Jesús de vez en cuando se exaspera por la lentitud de los discípulos, como aquí, después del segundo milagro de los alimentos en Marcos 8.

> Al darse cuenta de esto, Jesús les dijo: ¿Por qué están hablando de que no tienen pan? ¿Todavía no ven ni entienden? ¿Tienen la mente embotada? (*Mr 8.17*)

Se supone que debió haber sido obvio para ellos darse cuenta que Jesús estaba realizando milagros como los del éxodo, para señalar su verdadera identidad y propósito. Pero no lo entienden. Los discípulos siguen entendiendo las cosas mal, ¡y nosotros también! Pese a que vivimos después de la muerte y resurrección de Jesús.

Resumen: ¿de qué se trata el asunto, de hacer, saber o ser?

Una tendencia con las aplicaciones en nuestros sermones es que también las reducimos fácilmente a una lista de puntos. Cuando esto sucede, indudablemente se convierte en una cultura de agobiante legalismo por el cual se espera que los creyentes oren más, den más, evangelicen más, amen más, asistan más a las reuniones de la iglesia, y así sucesivamente. ¡Se vuelve más absurdo cuando escuchas en cuatro sermones seguidos la invitación a los creyentes a leer más sus Biblias, como si eso fuera lo más importante que la Biblia enseña!

Pero los evangelios presentan un problema bastante específico. Sencillamente no se los puede condensar en una lista tan burdamente reducida. De hecho, la aplicación clave puede que no sea algo que hacer en absoluto. A veces, el evangelista simplemente quiere que sepamos algo, o creamos algo. Quizás necesitemos reforzar cómo nos vemos a la luz del evangelio. Después de todo, ¿acaso lo maravilloso de un mensaje de gracia no es precisamente el hecho de que no necesitamos hacer *nada* para ganar el amor de Dios? Cristo ha hecho absolutamente todo lo posible para mantenernos seguros en ese amor.

Así que, aquí esta una lista de preguntas clave de aplicación que podemos presentar a nuestro pasaje:

- ¿Qué contiene este pasaje por el que podamos alabar y agradecer a Dios?
- ¿Cómo corrige este pasaje nuestro entendimiento de Dios, su naturaleza o sus planes, o de nuestra identidad en Cristo?
- ¿Qué debemos creer debido a este pasaje?
- ¿Hay algo que debamos dejar de hacer o comenzar a hacer debido a este pasaje?
- ¿Hay algo que debemos decirle a alguien debido a este pasaje?

Considera estos pasajes. ¿Es su objetivo principal enseñarnos acerca de la identidad y misión de Jesús? ¿O hay algo que deberíamos imitar?

- Jesús llama a sus discípulos (Lc 5.1–11)
- Jesús sana al hijo de una viuda (Lc 7.11–17)
- Jesús resucita a Lázaro (Jn 11.38–44)
- Jesús lava los pies de los discípulos (Jn 13.1–17)

VI. Hechos: Trazando el segundo viaje de Lucas

En muchos sentidos, todo lo dicho hasta ahora acerca de predicar los evangelios se aplica al libro de los Hechos. Esto no debería sorprendernos ya que Lucas escribió deliberadamente un libro de dos volúmenes. Tal como lo hace en su evangelio, Lucas comunica verdades teológicas por medio de apasionantes historias. Deberíamos, por lo tanto, prestar atención a las mismas siete pistas que utilizamos para la búsqueda del tesoro del evangelio (ver cap. 4).

Aun así, Hechos tiene algunas características propias que deberíamos tomar en cuenta para asegurarnos de lograr un manejo fiel de este importante relato de los primeros años de la iglesia.

1. ¿Por qué Lucas se enfoca en Pablo?

Pocos lectores de la Biblia piensan por un instante sobre la rareza del título de este libro.

Estamos demasiado acostumbrados a llamarlo los Hechos de los Apóstoles. Sin embargo, ese título no es absolutamente exacto. Porque vemos que Lucas claramente se enfoca en Pedro en los primeros capítulos, y luego de Hechos 7 en adelante aparece Saulo el fariseo (que pronto será llamado Pablo) que gradualmente toma el rol protagónico. Después del relato del famoso Concilio de Jerusalén en Hechos 15, Pedro abandona la narrativa por completo. ¿Pero qué sucede con Tomás o Mateo o Juan, o incluso Matías (el que sustituyó a Judas en Hechos 1.26)? Sin duda, muchas historias se pudieron haber contado sobre cada uno de ellos, pero Lucas no tiene interés en ellos. Su propósito en Hechos es claramente distinto del de proporcionar un relato completo de lo que los discípulos de Jesús lograron hacer después de la ascensión. Entonces, ¿qué podría ser?

El viaje de Lucas

Lucas presenta su evangelio informando a Teófilo de su investigación, cuando le comenta «habiendo investigado todo esto con esmero desde su origen» (Lc 1.3). A medida que Hechos procede, se nos dan pistas de esta investigación, porque de vez en cuando se asoman las conjugaciones en primera persona plural («nosotros»). En varios momentos, Lucas aparece como un miembro del equipo de misión de Pablo.

- Justo después de que Pablo recibe la visión del hombre macedonio, leemos «en seguida nos preparamos para partir hacia Macedonia» (Hch 16.10).
- Luego, Lucas parece que se queda atrás en Filipos, mientras que el equipo de Pablo prosigue hacia Tesalónica y luego Atenas (Hch 17).
- Pero se reúne con ellos en Hechos 20.6, cuando el equipo pasa por Filipos de nuevo. Luego viaja a Jerusalén junto con Pablo en Hechos 21. Esto sin duda le dio la oportunidad de visitar lugares clave en el ministerio de Jesús, así como entrevistar a algunos de los apóstoles.
- Después de Jerusalén, abandona la narrativa otra vez hasta que finalmente acompaña a Pablo a Roma al comienzo de Hechos 27.

Entonces, una respuesta obvia a la pregunta de por qué Lucas se enfoca tanto en Pablo es que fue al que mejor conocía, y pudo escribir sobre él sobre la base de su experiencia de primera mano. Pero seguramente hay otras razones más.

Los viajes de Pablo

Una vez más, nos es útil tomar en cuenta el inicio y el final del libro. Recordemos cómo comienza:

> Estimado Teófilo, en mi primer libro me referí a todo lo que Jesús comenzó a hacer y enseñar hasta el día en que fue llevado al cielo, luego de darles instrucciones por medio del Espíritu Santo a los apóstoles que había escogido. (*Hch 1.1–2*)

Como notamos antes, la descripción que Lucas ofrece aquí de su evangelio nos dice que se refiere a «todo lo que Jesús *comenzó* a hacer y enseñar». Podemos deducir que, en este segundo volumen, continuará contando la historia de las obras de Jesús en la tierra. Incluso, aunque la ascensión de Jesús es el eje de los dos libros (Lc 24.50–53; Hch 1.9–11), desde luego que no debemos concluir que ya no está activo. Jesús reina desde el cielo, y cumple su propósito por medio de su iglesia. Es por eso que da instrucciones por medio del Espíritu Santo a los apóstoles.

Después de la ascensión, se les dice a los discípulos que esperen al lanzamiento de la iglesia global.

> Pero, cuando venga el Espíritu Santo sobre ustedes, recibirán poder y serán mis testigos tanto en Jerusalén como en toda Judea y Samaria, y hasta los confines de la tierra. (*Hch 1.8*)

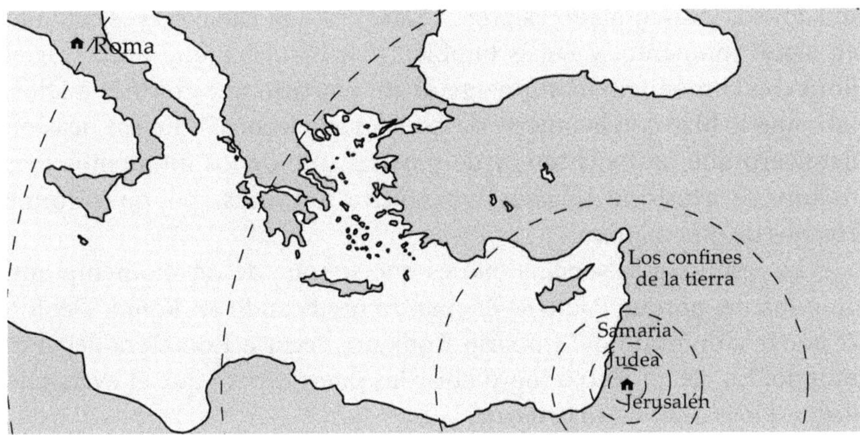

Así como el Evangelio de Lucas se guía por la atracción magnética de Jerusalén, lugar de la ejecución de Jesús, Hechos irradia hacia afuera desde Jerusalén. Si arrojas una piedra en un estanque, se crearán ondas que fluirán en un círculo perfecto en toda dirección. Es como si el evangelio hiciera lo mismo una vez lanzado en el mundo, que es llevado por los apóstoles y sus equipos en todas direcciones desde Jerusalén. Como hemos visto antes, Hechos está estructurado en torno a momentos clave cuando el evangelio abre un nuevo camino.

2.1–12	Las primeras conversiones en **Jerusalén** en Pentecostés
8.1–2	La persecución obliga a los discípulos a salir de Jerusalén hacia **Judea** y **Samaria**

8.4–25	Ministerio y conversiones en **Samaria** (8.14–17)
8.26–40	Felipe guía a un **etíope** a Cristo
10.1–11.18	Pedro guía al centurión **Romano**, Cornelio, a Cristo

Ahora considera los últimos versículos del libro.

> Durante dos años completos permaneció Pablo en la casa que tenía alquilada, y recibía a todos los que iban a verlo. Y predicaba el reino de Dios y enseñaba acerca del Señor Jesucristo sin impedimento y sin temor alguno. (*Hch 28.30–31*)

¿No parece una manera extraña de terminar un libro lleno de eventos milagrosos y discipulado valeroso? Sabemos que Pablo sería ejecutado en algún momento, y Lucas también lo sabía. ¿Por qué no cerrar el libro con el momento culminante de un martirio que glorifica a Dios, tal como lo hizo con la muerte de Esteban en Hechos 7? En esa ocasión demostró que no tenía temor de mostrar uno de los momentos más oscuros de la historia de la iglesia primitiva. Entonces, ¿por qué termina Hechos de esta manera?

La respuesta es sencilla. No es que se trate de un momento anti culminante, porque Pablo se encuentra predicando *en Roma*. Debido al poder y dominio del Imperio Romano, llegar a Roma era llegar al mundo. En efecto, Pablo logró abrir las puertas para que el evangelio llegue a los confines de la tierra.

La misión de Pablo

El aparente momento anti culminante del libro no es la única rareza. La otra es que Lucas nos da tres diferentes relatos de la conversión de Pablo.

Hechos 9.1–19	El relato de Lucas sobre la conversión de Pablo camino a Damasco
Hechos 22.1–21	Pablo comparte su testimonio a una multitud en Jerusalén
Hechos 26.2–32	Pablo comparte su testimonio con el rey Agripa en Cesarea

¿Por qué Lucas incluye la historia completa en cada ocasión? Fácilmente pudo haber dado un resumen la segunda y la tercera vez. De hecho, la respuesta se relaciona al punto que acabamos de hacer: la conclusión triunfante de todo el libro. La repetición del testimonio de Pablo le da a Lucas la oportunidad para enfocarse en la trascendental comisión de Pablo que el propio Jesús le entregó. Cada relato ofrece más información que el anterior.

Hechos 9.5–6	¿Quién eres, Señor? —preguntó. —Yo soy Jesús, a quien tú persigues —le contestó la voz—. Levántate y entra en la ciudad, que allí se te dirá lo que tienes que hacer.
Hechos 22.21	Pero el Señor me replicó: «Vete; yo te enviaré lejos, a los gentiles».
Hechos 26.16–18	«Ahora, ponte en pie y escúchame. Me he aparecido a ti con el fin de designarte siervo y testigo de lo que has visto de mí y de lo que te voy a revelar. Te libraré de tu propio pueblo y de los gentiles. Te envío a estos para que les abras los ojos y se conviertan de las tinieblas a la luz, y del poder de Satanás a Dios, a fin de que, por la fe en mí, reciban el perdón de los pecados y la herencia entre los santificados».

Pablo era distinto a los demás apóstoles. No pasó ningún tiempo con Jesús durante su ministerio terrenal. Lo más cercano que estuvo fue perseguir a sus discípulos (y Jesús se identifica tan de cerca con su pueblo que considera la persecución como un ataque personal). Pero fue su misión lo que realmente distinguió a Pablo. Porque tenía dones únicos, de mente y carácter, que lo hacían capaz de iniciar un ministerio para el mundo gentil. Y fue esa misión la mayor preocupación de Lucas para su segundo tomo.

El reino de Dios

¿Ves por qué esto hace que la predicación de Pablo en Roma sea el momento culminante adecuado? El reino de Dios realmente se estaba extendiendo a los confines de la tierra, superando todos los obstáculos étnicos, sociales y religiosos, de los cuales el más grande fue la división entre gentiles y judíos. Siglos de separación harían que esto fuera difícil. Después de todo, la división entre judíos y gentiles se remonta al comienzo del antiguo pacto y el llamado de Dios a los israelitas para que se separen de las naciones vecinas.

Esto explica porqué cambiar esto causó tanta controversia para los primeros creyentes, ya que era mayormente judíos. Todos aquellos que estaban visitando Jerusalén para Pentecostés en Hechos 2 eran judíos de todas partes del mundo conocido. Pero cada vez que había una conversión de un grupo nuevo, los apóstoles se veían en la necesidad de testificar y verificar que lo sucedido *era* realmente la obra de Dios. Sin que eso sucediese, no era posible que otros creyentes aceptasen cada desarrollo.

Hacia el mundo Samaritano

Luego de que Felipe predicara en Samaria, los demás apóstoles enviaron a Pedro y Juan (por ser los más notables) a Jerusalén para investigar. Una vez que se convencieron de que verdaderamente el Señor estaba obrando allí, oraron para que estos creyentes samaritanos recibieran al Espíritu Santo (Hch 8.14–17). Esto fue claramente un momento importante en la historia del reino de Dios, y por esta razón Pedro y Juan debían de estar presentes.

Hacia el mundo gentil

La siguiente aventura de Felipe fue que Dios lo llevó al desierto para que se encontrara con un diplomático africano de la región conocida en ese entonces como Etiopía (probablemente el Sudán moderno). Este personaje no solamente era gentil, también era eunuco, dos problemas importantes para que Dios lo reciba según el antiguo pacto. Deuteronomio 23.1 prohibía eunucos en la asamblea de Dios.

Sin embargo, no es coincidencia que por la providencia de Dios, el eunuco estaba leyendo a Isaías. Este gran libro no solo revela las maravillas del significado de la muerte de Cristo, lo cual le da a Felipe la perfecta oportunidad para evangelizar, sino que también tiene una relevancia particular para este fascinante personaje. Unos cuantos capítulos después del pasaje que Felipe explicó al eunuco, leemos que Dios ofrece verdadera esperanza para gente como él.

> El extranjero que por su propia voluntad
> se ha unido al Señor no debe decir:
> «El Señor me excluirá de su pueblo».
> Tampoco debe decir el eunuco:
> «No soy más que un árbol seco».
>
> Porque así dice el Señor:
>
> «A los eunucos que observen mis sábados,
> que elijan lo que me agrada
> y sean fieles a mi pacto,

> les concederé ver grabado su nombre
>   dentro de mi templo y de mi ciudad;
>   ¡eso les será mejor que tener hijos e hijas!
> También les daré un nombre eterno
>   que jamás será borrado. (*Is 56.3–5*)

Si un eunuco africano puede ahora ser aceptado por Dios por lo que Cristo ha logrado, entonces claramente no hay nadie en el mundo que esté fuera del alcance de su gracia.

Como para probar ese punto, el relato de Lucas salta inmediatamente a otro encuentro milagroso en el camino, esta vez entre Saulo y el Señor Jesús resucitado. Pero la siguiente conversión de un gentil es la de Cornelio. Una vez más, Pedro se involucra en ello, pero es necesario convencer al apóstol. Se requerirá una extraordinaria visión de parte de Dios para lograr cambiar las costumbres, no solamente de su generación, sino de absolutamente toda su cultura y religión.

Dios verdaderamente estaba expandiendo el reino para incluir a los gentiles. Esto es lo que Pedro anuncia en la casa de Cornelio cuando llega al lugar:

> Ustedes saben muy bien que nuestra ley prohíbe que un judío se junte con un extranjero o lo visite. Pero Dios me ha hecho ver que a nadie debo llamar impuro o inmundo. (*Hch 10.28*)

Sin embargo, aquí no termina la controversia.

Cuando la iglesia de Antioquia y Siria envía a Bernabé y Pablo a predicar en lo que hoy se conoce como el primer viaje misionero (Hch 13.1–3), hubo algunos en la iglesia de Jerusalén que todavía se sentían incomodos. Insistieron que los conversos gentiles debían adoptar las costumbres culturales judías (como la circuncisión y otras obligaciones del antiguo pacto). Esto condujo al decisivo Concilio de Jerusalén en Hechos 15. Si el grupo pro judío hubiera ganado el argumento, la obra misionera entre los gentiles habría sido casi imposible, muy aparte del hecho de que la decisión habría socavado todo lo que Cristo hizo al morir en la cruz.

Pablo y Bernabé se apresuraron en retornar a Jerusalén para argumentar el caso en contra de exigir estas obligaciones a los gentiles conversos, y lo lograron. El apóstol Jacobo, que presidió el debate, lo resumió de la siguiente manera: «Por lo tanto, yo considero que debemos dejar de ponerles trabas a los gentiles que se convierten a Dios». (Hch 15.19).

Luego de esta decisión, ¡nadie los puede detener!

En resumen, la fascinación de Lucas con la geografía continua en su segundo volumen, y ambos libros apuntan a un destino supremo que trae consigo un gran significado teológico.

En su evangelio: Jesús tiene la determinación de llegar a **Jerusalén**: ciudad de su ejecución y gran victoria:

> Como se acercaba el tiempo de que fuera llevado al cielo, Jesús se hizo el firme propósito de ir a Jerusalén. (*Lc 9.51*)

En Hechos: Pablo tiene la determinación de llegar a Roma: ciudad que representa el evangelio que llega a los confines de la tierra:

> Después de todos estos sucesos, Pablo tomó la determinación de ir a Jerusalén, pasando por Macedonia y Acaya. Decía: «Después de estar allí, tengo que visitar Roma». (*Hch 19.21*)

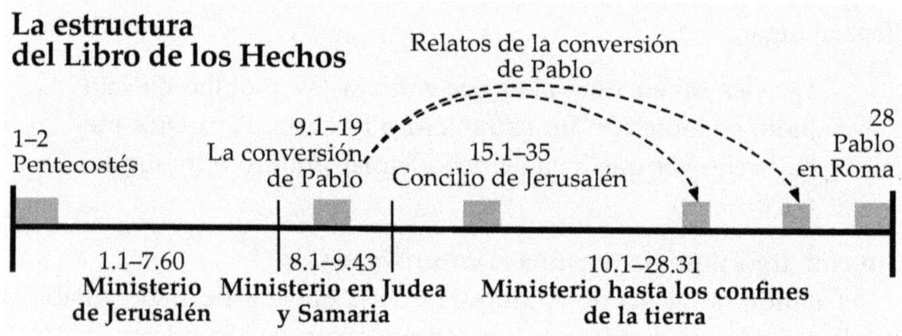

2. El reto de poner en práctica el libro de los Hechos

Todos los retos a la hora de poner en práctica los evangelios, que habíamos tomado en cuenta en el capítulo anterior, siguen siendo pertinentes para el segundo libro de Lucas. Pero en vez de solamente repetir la sección «Del pasado al presente», nos enfocaremos en inquietudes que son particulares de Hechos.

El problema más importante es el cambio provocado por la ascensión de Jesús (que se encuentra tanto en Lucas como en Hechos) y Pentecostés (en Hch 2). Esto significa que tenemos mucho más en común con los discípulos en Hechos que con los discípulos en los evangelios, cuando seguían a Jesús antes de su muerte. Así como ellos, ahora sabemos que la crucifixión de Jesús era parte del plan de Dios, y que con su resurrección vencería a la muerte. Como ellos, sabemos que su ausencia física (habiendo ascendido a su trono celestial) no significa su ausencia real, sobre todo debido a que envió a su Espíritu Santo en Pentecostés. Entonces, así como Pablo enseñó a los corintios, sería imposible para nosotros confesar a Jesucristo como nuestro Señor sin la obra del Espíritu en nosotros y por medio nuestro (1Co 12.3).

¿Y qué acerca de la iglesia del presente? ¿Será como la de Hechos? Al igual que con los evangelios, la pregunta más importante es si Lucas narra sus historias principalmente como una descripción de lo que sucedió o como una prescripción de lo que todavía debería pasar. Podemos estar seguros de que todo lo que escribió Lucas fue descriptivo: Lucas escribe un relato de lo que realmente sucedió (y fue testigo de algunos eventos). ¿Pero deberíamos copiar lo que hicieron, con la expectativa de que las mismas cosas se repitan?

La respuesta breve es «¡sí, casi seguro!» Esto es porque Lucas escribió no solo para Teófilo sino para todos nosotros, para que podamos saber y entender las raíces de nuestra iglesia. Nos está mostrando cómo el reino de Dios logró crecer a partir de la nada, ¡como una semilla de mostaza! Y en repetidas ocasiones nos describe tres factores que constantemente aparecen cuando esto sucede.

Claro está que nada de esto ocurre por sí solo, y a Lucas le importa mucho mostrarnos cómo Dios trabaja para expandir su reino alrededor del mundo. Nos señala tres elementos clave.

i) Crecimiento del reino: El Espíritu de Dios da poder

Antes de la ascensión, Jesús les dice a sus discípulos que esperen que el Espíritu venga y les de poder. Sin embargo, es intrigante ver lo que el Espíritu vendrá a hacer.

> Pero, cuando venga el Espíritu Santo sobre ustedes, recibirán poder y serán mis testigos tanto en Jerusalén como en toda Judea y Samaria, y hasta los confines de la tierra. (*Hch 1.8*)

Deben ser testigos, para contar todo lo que han visto hacer a Jesús y todo lo que continúa haciendo. A medida que el libro de Lucas continúa, nos damos cuenta que ser testigos tiene muchos aspectos, que van más allá de simplemente abrir la boca.

Revisa estos pasajes para ver cómo el Espíritu Santo está obrando entre los testigos de Jesús:

- Hechos 4.32–37
- Hechos 5.1–11
- Hechos 8.4–7, 18–25
- Hechos 14.8–20
- Hechos 16.6–10

Una y otra vez, Lucas nos dice que las personas están «llenas del Espíritu Santo» (Hch 2.4; 6.5; 7.55; 9.17; 11.24; 13.52). Y algunas cosas realmente espectaculares suceden durante la expansión inicial del reino de Dios. Nada de eso sucedió sin la obra de Dios. Lo impactante es que usa seres humanos imperfectos para que sean agentes de esa expansión.

Pero en términos de lo que hacen estas personas, Lucas destaca constantemente que los dones más esenciales que el Espíritu dio fueron la valentía para predicar y el poder para creer lo que se predicó. Esto es lo que sucedió en todas partes.

ii) Crecimiento del reino: La palabra de Dios en la predicación

Una frase que Lucas repite a lo largo del libro es «la palabra de Dios se difundía» (6.7; 12.24; 13.49; 19.20). Lo sorprendente es que esto ocurre incluso después de la persecución, y a menudo por causa de ella. El resultado del martirio de Esteban es un ejemplo.

> Los que se habían dispersado a causa de la persecución que se desató por el caso de Esteban llegaron hasta Fenicia, Chipre y Antioquía, sin anunciar a nadie el mensaje excepto a los judíos. (*Hch 11.19*)

Esto sucede, por supuesto, justo antes de que la iglesia de Antioquía enviara a Pablo y Bernabé a los gentiles, y antes de que el Concilio de Jerusalén aprobara esta obra. Sin embargo, el énfasis constante es que no se trata de un mensaje que ha sido inventado o adaptado por los primeros creyentes; sino que ha sido revelado. Está cimentado en el Antiguo Testamento, y se centra en lo que Dios ha hecho en Cristo. Así como las noticias sobre él se expanden, la fe en él también crece.

Esto es algo que nunca ha cambiado. Dios es soberano y capaz de hacer cosas extraordinarias y lo continúa haciendo alrededor del mundo. Algunas veces estas victorias se parecen a las maravillas que leemos en Hechos (especialmente en partes del mundo donde el evangelio recién ingresa en alguna cultura por primera vez). Sin embargo, lo que siempre ocurre, en cualquier generación o lugar de trabajo, es que la Palabra de Dios se esparce y crece.

¡Mientras predicamos y enseñamos la palabra de Dios tal como fue revelada por los apóstoles en el Nuevo Testamento, logramos ser parte de exactamente la misma tradición! Esa es nuestra confianza y convicción, y es por eso que nuestro llamado siempre será a ser fieles a esa palabra, por sobre todo deseo o preocupación de que nuestros ministerios se vean exitosos a los ojos del mundo.

iii) Crecimiento del reino: el pueblo de Dios en oración

Dios está forjando un pueblo nuevo, diverso pero unido en Cristo. Habrá desafíos y problemas en el camino. Habrá persecución y oposición, que a veces será mortal. Pero así es el trabajo extraordinario de Dios.

En Hechos, descubrimos lo que estos nuevos creyentes hacen cuando se reúnen. Su vida comunal gira en torno a Cristo y su victoria, razón por la cual están decididos a estudiar juntos, alabar y orar juntos, compartir juntos. Jesús ha cambiado todo. Por lo tanto, lo correcto es depender por completo de él.

Esto proporciona al predicador muchos desafíos para la iglesia de hoy, como también ánimo cuando fallamos o nos sentimos débiles. Porque Dios es quien puede hacer cosas extraordinarias en los momentos más tenebrosos (como cuando sus predicadores están en la cárcel por su fe). Es por eso que debemos orar, como los primeros creyentes oraron. De hecho, la oración es tan importante para Lucas que la menciona treinta y tres veces en Hechos.

Cuando Pedro fue arrestado por el rey Herodes ¿qué hicieron los creyentes?

> Pero, mientras mantenían a Pedro en la cárcel, la iglesia oraba constante y fervientemente a Dios por él. (*Hch 12.5*)

Como consecuencia de ello, fue liberado de manera sobrenatural, y luego pudo unirse al mismo grupo que oraba por su liberación (Hch 12.12–13).

Esto no sucede todo el tiempo. Cuando Pablo y Silas se encontraban en la cárcel de Filipos, ellos también oraron. ¡Pero el milagro no produjo su liberación, más bien, produjo la conversión del carcelero! (Hch 16.25–28).

Hubo muchos giros y vueltas en la historia del crecimiento del reino. Hubo muchos momentos en los que los creyentes acudían a Dios en oración, solo para descubrir que los propósitos de Dios no encajaban en sus expectativas o esperanzas. Por ejemplo, no hay duda de que Pablo y su equipo oraron por el ministerio que planificaron en las provincias romanas de Asia y luego en Bitinia (Hch 6–8). Lucas no nos explica cómo el Espíritu de Jesús interrumpió sus caminos, solo nos dice que lo hizo. Debió haber sido muy frustrante. Pero condujo a la primera proclamación del evangelio en el continente europeo (Hch 16.11–12). Dios sabía lo que hacía, incluso si los creyentes no lo sabían.

¿Que nos enseña Lucas sobre las prioridades de los primeros creyentes cada vez que se reunían?

- Hechos 2.42–47
- Hechos 4.32–37
- Hechos 6.1–7

Por tanto, con todos estos ejemplos, parece claro que deberíamos predicar sobre los primeros creyentes como modelos a imitar (o evitar, como el caso de Ananías y Safira en 5.1–11 y Simón el hechicero en 8.9–24).

Sin embargo, debemos concluir con una advertencia.

iv) Crecimiento del reino: descubrimientos y revoluciones extrordinarias

Algunos acontecimientos en Hechos son verdaderamente muy extraños.

Un ejemplo obvio es el hecho de que algunos creyentes en Samaria «habían aceptado la palabra de Dios», pero por alguna razón no habían recibido al Espíritu Santo (Hch 8.14–17). Esto parece especialmente raro a la luz de las instrucciones de Pablo a los corintios acerca de la necesidad del Espíritu para poder confesar a Jesús como Señor. ¿Qué creyeron realmente esos samaritanos conversos? ¿Es este proceso de dos etapas en la conversión algo que podemos suponer que sucederá hoy?

Lucas nos explica muy poco, pero si vemos este suceso desde la perspectiva total del libro, entonces nos damos cuenta claramente que se trata de un evento único. Se trata de la primera vez que el reino sale de los confines cerrados de la comunidad judía. Como hemos visto, era vital que los discípulos más antiguos (en este caso Pedro y Juan) verifiquen todo y comuniquen a los demás que se trataba de la obra genuina de Dios. No es de extrañarse que ocurrieran cosas inusuales.

Otro ejemplo es la conversión de Pablo. ¿Deberíamos todos esperar una clase de «experiencia camino a Damasco»? Sin duda fue dramática. Al contrario, la mayoría de nosotros no tenemos nada como dicha experiencia que podamos recordar, y si hemos crecido en un hogar cristiano, quizá no podemos recordar un momento específico en el cual nos convertimos. Quizá nos sintamos algo decepcionados como resultado de ello. Pero de nuevo, Pablo fue una figura única en la historia de la iglesia: un apóstol que el propio Cristo comisionó para ser pionero de la misión a los gentiles, pese a que odiaba a Jesús y su pueblo. Tal como deberíamos tener en claro a partir de todo el libro de los Hechos, y de las cartas de Pablo, cada conversión es un evento milagroso (ya sea que seamos capaces de recordarlo o no).

Por tanto, en resumen, debemos seguir el ejemplo de los primeros creyentes en la confianza que demostraron tener en la soberanía de Dios. Él hará crecer su reino de la manera que a él mejor le parezca. Nuestra responsabilidad es depender de él como una comunidad de creyentes, confiar en lo que él ya ha revelado, recordar lo que ha logrado en la cruz, y vivir vidas de amor mientras ofrecemos a los demás la palabra verdadera. Jamás podremos predecir lo que sucederá cuando cumplimos con todo esto, pero debemos orar siempre para que el reino se siga expandiendo.

Para ello, el segundo volumen de Lucas es la inspiración perfecta, donde sea que vivamos y trabajemos.

¿Quién se cree que es?

(Mr 11.27–12.17)

Debe ser desagradable ser famoso: que siempre te identifiquen; que la turba de paparazzis te amenace constantemente; que vigilen todos tus movimientos (ni siquiera puedes sonarte la nariz en público sin que salpique en las portadas). Supongo que debe haber algunas ventajas. Podrías entrar a un restaurante e inmediatamente obtener la mejor mesa. O podrías conseguir que tiendas de ropa de moda abran especialmente para ti, como lo hizo el cantante Michael Jackson hace unos años en Londres.

¡Pero quizá tener mesas exclusivas y tiendas caras a tu disposición no dan significado a la vida! Y solo piensa en lo vergonzoso que sería cuando esperas que el público te reconozca y no sucede. Tal vez quisieras confrontarlos: «¿No te das cuenta quién soy?» Pero eso solo sería tu orgullo herido hablando; ¿realmente importa tanto si las personas no te reconocen?

Sin embargo, hay ocasiones donde el reconocer a alguien importa. Si tú o yo no nos damos cuenta de alguien importante, puede que sea algo serio, incluso peligroso, especialmente si el error es a sabiendas. Tal vez estas conduciendo, y ves a un policía de tráfico haciéndote señas. Sabes lo que significa la seña, no puedes ignorar a la autoridad detrás del uniforme, pero tú deliberadamente lo rechazas.

En el pasaje que tenemos hoy, vemos a personas que parecen reconocer la autoridad de Jesús, se dan cuenta de quién es el. Pero de todos modos lo rechazan. En nuestra serie de sermones de personajes que se encontraron con Jesús, tenemos ahora una conversación que nos mete en las mentes de aquellos que se encontraron con Jesús varias veces, pero todavía quieren matarlo…

1. Autoridades indignadas (Mr 11.27–33)

Después de reunir multitudes el Domingo de Ramos y luego voltear las mesas de los que cambiaban dinero en Marcos 11, se te podría perdonar por pensar que lo que hace Jesús es bastante descabellado. Se mete directamente a la boca del lobo.

> Llegaron de nuevo a Jerusalén, y mientras Jesús andaba por el templo, se le acercaron los jefes de los sacerdotes, los maestros de la ley y los ancianos. (11.27)

Se dirige directamente al templo, al que había estado criticando tan solo el día anterior. ¡Mira qué increíble regresar a la escena del crimen! No es sorpresa que leamos que «se le acercaron los jefes de los sacerdotes, los maestros de la ley y los ancianos» con una demanda. Todos los grupos políticos judíos se habían unido para enfrentar a Jesús (a pesar de sus diferencias y el odio que se tenían entre ellos).

La pregunta que hicieron fue absolutamente comprensible. «¿Quién te crees que eres, entrando así aquí? ¿Con qué autoridad estás haciendo estas cosas?» Después de todo, ellos eran los que estaban a cargo del templo, y no recordaban en lo absoluto haber dado permiso a nadie para destrozar el lugar. Incluso si hubieran querido que alguien destrozase el lugar, lo cual no querían, Jesús, ese inculto carpintero de Galilea hubiera sido la última persona que habrían elegido.

La pregunta de ellos contenía una gran ironía. Solo dos días antes, si lo recuerdan, Jesús había hecho un comentario intencionado, concretamente que él es el rey que entraría a Jerusalén en un asno, tal como lo había profetizado Zacarías (Mr 11.1–11). Es más, él era el rey que Malaquías había profetizado y que sería anunciado por Juan el Bautista y luego entraría al templo para juzgarlo. En resumidas cuentas, la entrada triunfal de Jesús era su manera de anunciar su autoridad legítima *sobre* las autoridades del templo. Pudieron haberse sentido indignados y completamente justificados por enojarse, pero de hecho fue peligroso sacudir los puños contra su legítimo rey. Jesús hubiera estado perfectamente en su derecho de preguntar «¿No saben quién soy?»

Pero, no lo hace. Jesús elige con precisión el momento oportuno, pero aún no se cumplía su tiempo. Más bien, les responde con otra pregunta. Parecería ser que evade la pregunta, pero en realidad es una respuesta implícita.

> Yo voy a hacerles una pregunta a ustedes —replicó él—. Contéstenmela, y les diré con qué autoridad hago esto: El bautismo de Juan, ¿procedía del cielo o de la tierra? Respóndanme.

No fue coincidencia que Jesús mencionara a Juan el Bautista. En realidad, es muy brillante. Muestra por lógica que Jesús consideraba su rol conectado estrechamente al de Juan, tal como Malaquías predijo. Pero más importante que incluso esto, es que atrapó a los líderes. Cualquier respuesta que darían los pondría en una postura imposible. No había salida. Marcos lo describe perfectamente:

> Ellos se pusieron a discutir entre sí: «Si respondemos: "Del cielo", nos dirá: "Entonces, ¿por qué no le creyeron?"»

...lo cual es, por supuesto, totalmente cierto. Pero la alternativa era también demasiado peligrosa de considerar porque la opinión popular se volcaría en contra de ellos. Estaban atrapados.

¿Te das cuenta de lo que pasaba por sus mentes? Aunque hubieran entendido la verdad, esto es, que Juan era un mensajero divino enviado para preparar el camino del rey, los lideres jamás lo admitirían. ¿Por qué? Porque ponían en riesgo *su propia* autoridad. Sus intereses eran más importantes que la verdad. La política de poder era más importante que la realidad revelada por Dios. No olvidemos que, de cierta manera, su postura era totalmente compresible. Emitir una opinión pública acerca Juan y Jesús era difícil.

Sabemos que, con el tiempo, algunos líderes reconocerían con humildad que se habían equivocado. Pero, la mayoría de ellos no estaba dispuesta a hacerlo en lo absoluto. Tenían un propósito en mente.

En el versículo 33, parecen ser muy débiles: «No sabemos». Entonces, ¿por qué Jesús debería responderles? Tiene el control total de la situación, como siempre. Podría ver exactamente sus intenciones. Así que de inmediato empieza a narrarles una historia específicamente diseñada para demostrar que sabe muy bien en lo que están pensando. El versículo 12.1 deja bien en claro que esta parábola era para ellos.

2. Robo de autoridad (Mr 12.1–12)

Se trata de una parábola conocida. Y debería serlo, porque es impresionante. Pero, supongo que estamos siendo demasiado rápidos en asumir su importancia. Por un minuto, pongamos cualquier suposición a un lado y tratemos de acercarnos de una manera fresca, recordando que la única clave para su interpretación en los días de Jesús era el Antiguo Testamento. Pero antes de que hagamos eso, pasemos a aclarar algunos hechos.

En la región de Galilea, de donde Jesús provenía, era común que personas trabajasen para propietarios ausentes; en otras palabras, un patrón que casi nunca veían. Entonces, se trata de una situación conocida: un señor funda un viñedo bastante bueno y se asegura de que esté bien cuidado antes de emprender un negocio en otro lugar. Ahora, pensaríamos que es razonable que el dueño espere algo, si no la mayoría, del producto de la viña. Los inquilinos habrían estado obligados por un contrato legal a suministrar estas ganancias. Pero en esos tiempos, no había correo electrónico ni teléfonos; el hombre de negocios se podría ausentar por años. Así que la larga ausencia del propietario, de alguna manera, les haría creer que estaban lejos de su control y se habrían sentido cómodos con sus estilos de vida.

Lo cual explica la reacción que tuvieron con los mensajeros del dueño. El comportamiento que tuvieron fue espeluznante, digno de una película de Hollywood. La violencia empeora con cada mensajero nuevo. Y Jesús agrega en el versículo 5 que incluso hubo otros que él no menciona. Finalmente, al dueño solo le queda una opción: enviar a su hijo. ¿Y no es verdad que el versículo 6 lo hace conmovedor?

> ...su hijo amado. Por último, lo mandó a él, pensando: «¡A mi hijo sí lo respetarán!»

El resultado fue una esperanza en vano después de todo.

Ahora la lógica de los inquilinos en el versículo 7 parece extraña. A primera vista, parece como si pensaran que, matando al hijo, el dueño repentinamente decida darles la herencia en su lugar. Eso sería absurdo. Pero, en realidad su lógica es astuta y calculadora. Se dieron cuenta de que el dueño estaba enviando a su hijo como último recurso, y nadie más lo seguiría. Esto significaba que una vez que el dueño muriera, nadie reclamaría el viñedo. Según las leyes de la antigüedad, esto significaba que la propiedad pasaría a ellos. Al matar al hijo, pensaban que estarían a salvo.

Pero, por supuesto, su lógica era defectuosa. El propio dueño aún podría regresar, ¿no es cierto? Calcularon mal la situación del dueño. Incluso en el contexto de la narrativa, ¿qué es lo que más llama la atención de lo sucedido? ¿el comportamiento de los inquilinos o el del dueño? Sin duda es del dueño. ¿Por qué el propietario no regresa y desaloja a los inquilinos después de que el primer sirviente fue herido? En serio, ¿acaso no fue esto lo suficientemente malo? Con esto demostraron qué clase de personas eran. Si arriendas tu casa a inquilinos, y ellos golpean a tu representante cuando se presenta a cobrar el alquiler, llamarías a la policía y los desalojarías de inmediato, ¿no es verdad? No hay segundas oportunidades, y mucho menos una quinta oportunidad. Es fundamental. Sin embargo, este propietario les da varias oportunidades para hacer lo correcto, pero en todas ellas deciden ignorarlo. Les muestra una increíble paciencia y confianza. Que quizá los inquilinos interpretaron como debilidad.

Entonces, Jesús hace la inevitable pregunta en el versículo 9.

> ¿Qué hará el dueño? Volverá, acabará con los labradores, y dará el viñedo a otros.

Esto parece justo después de todo lo que ha soportado, ¿verdad?

¿Pero qué significa todo esto? Se nos dice en el versículo 12 que los dirigentes se reconocieron en la historia, «cayendo en la cuenta de que la parábola iba dirigida contra ellos». Además, sintieron que eran los blancos específicos de Jesús. ¿Y cómo lo sabían? ¿Era solo paranoia? ¿Estaban en lo correcto? ¿Qué estaba haciendo Jesús?

Bueno, aquí hay algunos pasajes del Antiguo Testamento. Y una vez que los hayas leído, te preguntarás cómo pudo haber duda alguna del significado de esta historia. Provienen de Isaías 5.

> Cantaré en nombre de mi amigo querido
> una canción dedicada a su viña.
> Mi amigo querido tenía una viña
> en una ladera fértil.
> La cavó, la limpió de piedras
> y la plantó con las mejores cepas.
> Edificó una torre en medio de ella
> y además preparó un lagar.
> Él esperaba que diera buenas uvas,
> pero acabó dando uvas agrias.
> Y ahora, hombres de Judá,
> habitantes de Jerusalén,
> juzguen entre mi viña y yo.

¿Qué más se podría hacer por mi viña
que yo no lo haya hecho?
Yo esperaba que diera buenas uvas;
¿por qué dio uvas agrias?
Voy a decirles
lo que haré con mi viña:
Le quitaré su cerco, y será destruida
derribaré su muro, y será pisoteada.
La dejaré desolada,
y no será podada ni cultivada;
le crecerán espinos y cardos.
Mandaré que las nubes
no lluevan sobre ella.
La viña del Señor Todopoderoso es el pueblo de Israel;
los hombres de Judá son su huerto preferido.
Él esperaba justicia,
pero encontró ríos de sangre;
esperaba rectitud,
pero encontró gritos de angustia. (*Is 5.1–7*)

Es imposible perder de vista las alusiones, ¿no? Pero estas palabras cerca al final quitan toda duda:

La viña del Señor Todopoderoso es el pueblo de Israel.

Así que termina de seguir los detalles:

- ¿Quién es el propietario? —Dios mismo.
- ¿Quiénes son los inquilinos? —Los dirigentes de Israel. Se supone que deben cultivar al pueblo de Israel para que produzca el fruto de una vida centrada en Dios. ¿Pero como podían lograrlo cuando es obvio que los propios inquilinos no vivían centrados en Dios sino en ellos mismos.
- ¿Quiénes entonces son los sirvientes? —bueno, cualquiera que conozca el Antiguo Testamento se habría dado cuenta inmediatamente que eran los profetas, que Dios mandó para que su pueblo retorne a él. Y no envió a un solo profeta, sino a muchísimos. Y francamente, el destino final de ellos no fue mejor que el de los sirvientes de la historia.
- ¿Y quién es el hijo? No hay premio por adivinarlo.

¿Lo ves? Los dirigentes judíos lo entienden de inmediato. Y si entendieron que Jesús se refería a ellos, entonces no es descabellado pensar que tal vez entendieron quien era Jesús. O en todo caso, habrían apreciado que Jesús estaba usando esa historia para defender su accionar dos días atrás. ¿Quién le dio la autoridad de entrar al templo y derribar mesas? Simple y llanamente que él era el último recurso de Dios. Era el Hijo de Dios, al que amaba, y sin embargo al que Dios estaba dispuesto de mandar a los inquilinos asesinos.

Una vez que hayamos entendido esto, hay algo aún más alucinante. Jesús lo muestra brillantemente en esa historia. Verás que la historia presenta a los inquilinos como personas que esperaban quedarse con el viñedo una vez que el dueño muriera. Pero analiza la parábola, y la estupidez de los dirigentes judíos queda al descubierto. Qué absurdo creer que, al matar al Hijo de Dios, se librarían de Dios y controlarían así al pueblo de Dios, Israel. El viñedo sería de ellos. ¡Qué absurdo! Pero según la parábola, precisamente esto fue la motivación para matar a su hijo, ¡matar a Jesús! Sabían muy bien quién era él. ¿Si no por qué matarlo? Es como acelerar para evitar a la policía, solamente porque sabes que tienen la autoridad de detenerte. Los líderes quieren matar a Jesús precisamente porque él es una amenaza a su independencia de Dios.

Jesús les muestra cuan estúpido era esto, al citar de nuevo el Antiguo Testamento. «La piedra que desecharon los constructores ha llegado a ser la piedra angular», la piedra más importante de la nueva construcción. «Esto es obra del Señor, y nos deja maravillados». Verán, Dios es Dios, aunque quisiéramos que fuera diferente. Y aunque de aspecto Jesús parecía no ser especial, el tipo de piedra que se desentierra, pero parece estar con demasiadas grietas como para darle algún uso, Dios la convertirá en la piedra más importante. ¿Y cuál es la construcción que Dios está edificando? Bueno, en el contexto donde se encuentran, no es difícil imaginar que se refiere al templo: un templo nuevo. No es un templo construido con piedras. Si Jesús, la persona que era Dios, es la piedra angular, entonces posiblemente sea un templo compuesto por personas, personas dedicadas a Dios. Y hay un indicio de ello en la parábola. Justo mira el versículo 9: el propietario «dará el viñedo a otros». ¿Quiénes podrían ser? Bueno, los dirigentes del pueblo de Dios que están enfocados en Jesús y son tanto judíos como gentiles. En otras palabras, para hacer la historia corta, el pueblo de Dios, el viñedo, ha sido reconstruido en la Iglesia. A la luz de la manera en que los dirigentes de Israel han tratado constantemente a Dios, es justo afirmar esto, ¿no es así?

Esta parábola demuestra de manera brillante la genialidad de Jesús, así como su afirmación fundamental que posee la verdadera autoridad de Dios, porque es el Hijo de Dios. Esta autoridad es la que los dirigentes judíos en realidad robaron al Hijo de Dios. ¡Qué peligroso!

Dios sigue siendo Dios. Él merece nada menos que una vida dedicada a él. Pero los dirigentes judíos de los tiempos de Jesús, y en realidad toda la humanidad, han evitado constantemente hacer eso. Dios pudo haberlos echado del viñedo en cualquier momento. Pero les da oportunidad tras oportunidad. Y recuerda, no hay razón alguna por la que se vio obligado a hacer eso, excepto que simplemente así es su forma de ser. Así es él. Es bondadoso y misericordioso. Claro, llega un punto cuando ya es demasiado tarde, cuando la justicia exige acción. Pero eso nunca socava el hecho de su naturaleza misericordiosa.

Sin embargo, lo más extraordinario de todo es que cuando los dirigentes finalmente logran matarlo, Dios usa esa muerte como el medio final para otorgar perdón a los seres humanos. Es decir, perdón para los que no quieren y son incapaces de vivir para él. Es por eso que la piedra que fue rechazada se ha convertido en la más importante. Porque Jesús era a la vez el mensajero supremo de Dios *y* el Salvador elegido para un mundo rebelde. Pero los dirigentes judíos no reconocieron esto. O más bien, se negaron a reconocerlo. Estaban muy preocupados por conservar su prestigio y autoridad. La ironía fue que, al cuidar su prestigio, en realidad no pudieron aferrarse a nada. Ellos lo perdieron todo porque difícilmente se podía confiar en ellos como representantes de Dios.

El peligro continúa hasta el día de hoy. Sucede en iglesias, donde por cualquier razón y en cualquier denominación, la gente termina llamando la atención a su propia autoridad y a sus tradiciones, y así ocultan a Jesús. Puede ser sutil y convincente. Pero, se termina escondiendo al verdadero Rey y Salvador de Dios. Puede suceder en cualquier lugar. Si una iglesia comienza a enfocarse en su liderazgo y su visión para el ministerio, o si alguna vez comienza a decir cosas como «No, pero aquí hacemos las cosas de esta manera» en lugar de decir «Lo que Dios ha dicho en su palabra es el camino a seguir», estamos en un camino peligroso. Jesús estaría perfectamente en su derecho de interrumpirnos y decir: «Miren, ¿acaso no se dan cuenta quién soy?»

¡Solo él es el siervo de Dios, el Rey y Salvador de Dios! Y qué gran Dios lo ha enviado. El Dios que da a la gente oportunidad tras oportunidad de regresar a él. No te distraigas, retorna a aquel que Dios ha enviado para perdonarte. Dirígete al único que tiene la autoridad de decir que tus pecados han sido perdonados. De lo contrario, podemos descubrir que el viñedo que ha confiado a nuestro cuidado ha sido quitado y entregado a otros.

Segunda sección

Predicando las parábolas

Si hay una faceta de las enseñanzas de Jesús que los lectores quieren y disfrutan más que cualquier otra, es sin duda alguna las parábolas. Son vivaces y sorprendentes. Son fáciles de seguir, pero no siempre fáciles de entender. Se quedan en la mente y nos pueden dejar pensando por días. Incluso 2000 años después, son de las mejores narraciones.

Pero encierran más de lo que uno ve a simple vista. Mateo ofrece una declaración sorprendente sobre el estilo de enseñanza de Jesús.

> Jesús le dijo a la multitud todas estas cosas en parábolas. Sin emplear parábolas no les decía nada. Así se cumplió lo dicho por el profeta: «Hablaré por medio de parábolas; revelaré cosas que han estado ocultas desde la creación del mundo». (*Mt 13.34–35*)

La cita es del Salmo 78.2 y parece ser una exageración, hasta que reconocemos que las parábolas son mucho más variadas de lo que muchos asumen. Aquí hay algunos ejemplos de cosas que podrían llamarse parábolas:

- Una broma privada: que hace que algunos se maten de la risa, y otros se sientan excluidos porque no lo entienden.
- Un comentario indirecto sobre los dirigentes: a los jefes no les gusta mucho, pero todos en el mercado sonríen.
- Una historia con un desenlace inesperado que te deja sin aliento.
- Una comparación totalmente imprevista que no puedes dejar de pensar.
- Un acertijo diseñado para molestar, confundir o dejarte perplejo.

Cada uno de estos ejemplos podrían describir por lo menos una de las muchas parábolas que Jesús contó. Dependiendo de cómo definimos exactamente la palabra «parábola», podría haber hasta setenta en el Nuevo Testamento. (Ofrecemos una lista de las más conocidas en el Apéndice 1, mostrando donde aparecen en Mateo, Marcos y Lucas). Algunas son simples declaraciones, mientras que otras son sutiles y bien pensadas narraciones. Jesús era el maestro de la respuesta perfecta o la historia conmovedora. Como descubriremos, servían para muchos propósitos. Y extraordinariamente no se hicieron obsoletas (a pesar de que su contexto se centra en granjas u hogares del primer siglo).

Las personas acusaron a Jesús de ser y decir muchas cosas, pero nunca lo acusaron de ser muy académico o incomprensible. Eso, claro está, no significa que era simplista o infantil. Todo lo contrario. Enseñó muchas cosas que generaban una profunda reflexión, tanto para entenderlas a profundidad como para obedecerlas fielmente. Si esto es cierto acerca de sus enseñanzas, es especialmente cierto para sus parábolas. Esta es la razón por la cual hemos dedicado toda una sección del libro acerca de cómo predicarlas bien.

VII. Predicar las historias de Jesús

Debo volver a mencionar que todo lo discutido en los capítulos anteriores sobre narrativas aún sigue vigente. No debemos cambiar completamente nuestra manera de analizar el texto al momento en que las

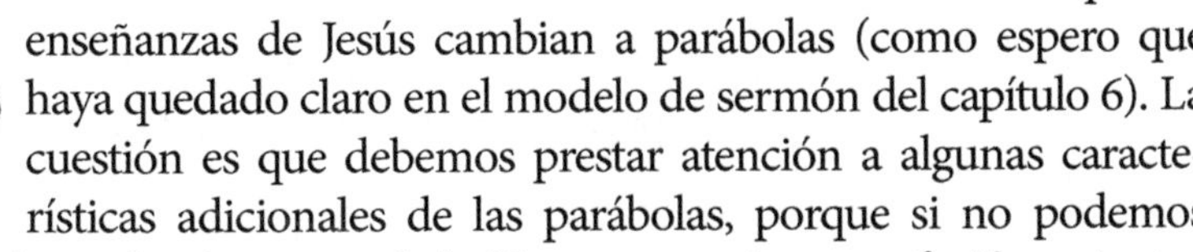

enseñanzas de Jesús cambian a parábolas (como espero que haya quedado claro en el modelo de sermón del capítulo 6). La cuestión es que debemos prestar atención a algunas características adicionales de las parábolas, porque si no podemos generar más confusión que verdad. ¡Vemos esta misma confusión en tantos interpretes a lo largo de los siglos que al parecer tomaron la creatividad de Jesús como una excusa para la de ellos, lo cual los alejó de la enseñanza original de Jesús! Claro está, como comunicadores de la verdad de Dios, siempre debemos usar nuestra imaginación lo más posible (la idea de que se *nos deje* hacer esto puede caer como una sorpresa para algunos). Pero nuestra creatividad siempre debe estar al servicio de Jesús. Todo el tiempo, debemos primero tratar de entender qué es lo que estaba haciendo con la parábola, y porqué el autor del evangelio la colocó en ese contexto especifico.

1. La parábola arquetípica: Natán y David

Por supuesto que Jesús no fue el primero en contar parábolas. Siglos antes, otro hombre recibió de parte de Dios la tarea peligrosa de desafiar y provocar. En ese entonces, el rey a quien Dios había ungido, era el blanco de la parábola, en lugar de ser narrador de ella. Así que, antes de mirar la enseñanza de Jesús en profundidad, consideremos primero cómo la historia de Natán ilustra el poder y la eficacia de las parábolas.

Un precedente profético

David tenía una autoridad intocable y hacía lo que quería. Al fin y al cabo, era el hombre que Dios había elegido para cumplir su plan. Después de su adulterio con Betsabé y el posterior asesinato de su esposo (descrito con una escalofriante brevedad en 2S 11), parecía que lograría zafarse de sus crímenes. Solo sus lugartenientes más fieles lo sabían (aparte de la propia Betsabé), y era muy improbable que revelasen lo que sabían. David pensó que estaba a salvo.

Entonces entra en acción Natán, que de seguro le temblaban las rodillas y le palpitaba el corazón. Por lo general, los que desafían a monarcas terminal mal. Pero su táctica fue ingeniosa. Logra que el rey preste atención a una historia de cruel injusticia, sabiendo que apelaría a su sentido de responsabilidad (2S 12.1–4). David es el rey y esta clase de situaciones no deberían suceder en su reino.

> Tan grande fue el enojo de David contra aquel hombre, que le respondió a Natán: —¡Tan cierto como que el Señor vive, que quien hizo esto merece la muerte! ¿Cómo pudo hacer algo tan ruin? ¡Ahora pagará cuatro veces el valor de la oveja! (*2S 12.5–6*)

Natán ha logrado acorralar al rey.

Lo que parecía ser la típica historia del rico que despiadadamente abusa del pobre, es de hecho una acusación indirecta contra el rey. «¡Tú eres ese hombre!» dice Natán en 12.7. Se trata, potencialmente, del momento más peligroso del diálogo. Natán cita con sumo cuidado la autoridad de Dios (12.7–13), ¿acaso hay otra manera de que haya podido saber de los pecados ocultos de David? Pero esto no le garantizaba que el rey respondiera de manera adecuada. Claramente, el arrepentimiento de David es señal de su integridad, a pesar de la vergüenza de sus pecados ocultos que ahora han sido expuestos públicamente.

Entonces David le dice a Natán, «¡He pecado contra el Señor!».

> El Señor ha perdonado ya tu pecado, y no morirás —contestó Natán—. Sin embargo, tu hijo sí morirá, pues con tus acciones has ofendido al Señor. (*2S 12.13–14*)

Una parábola con un propósito

Considera cómo David hubiera reaccionado si Natán habría comenzado con una acusación directa. Para empezar, sin duda, lo hubiera negado todo; su enojo habría sido dirigido contra Natán, en lugar del ladrón rico de la historia; y es probable que Natán habría sido castigado por insultar el rey.

Pero la parábola funcionó a la perfección, por muchas razones:

- **Una historia que involucra al oyente:** Es difícil no involucrarse emocionalmente con esta historia de una oveja robada. Lo que el rico hace es simplemente desalmado e injusto. El hecho de que la obligación del rey es defender la justicia y la verdad de su reino hace que David se involucre aún más. Tal como lo dijo un escritor: «las historias desbaratan la resistencia».[20]
- **Una historia subversiva:** La parábola es una analogía. Es decir, describe un crimen *parecido* al que cometió David, pero lo suficientemente diferente como para no despertar una actitud defensiva. Solamente cuando Natán apunta su dedo hacia él es que todo cobra sentido.
- **Una historia incitante:** Exige una acción. Es imposible permanecer neutral cuando uno escucha esta historia, esta es la razón exacta por la cual Natán cuenta esta historia. Una vez que David fue expuesto, la parábola cumplió su objetivo, no hay necesidad de analizar eternamente cada detalle de su significado. Es como una flecha que se dispara desde un arco y que cae perfectamente en el blanco.

Es fácil ver porqué Jesús halló que las parábolas eran muy útiles. Todo su ministerio y misión fueron peligrosamente subversivos. Por lo general, era mejor que la gente se fuera convirtiendo gradualmente en sus discípulos que, por ejemplo, afirmar tajantemente su propia identidad divina. Pero, así como la parábola de Natán solo tiene efecto en el contexto de su relación con David, así mismo sucede con las historias de Jesús. Solo cobran sentido real en su contexto.

2. Las variedades de parábolas

Jesús usó muchas clases de parábolas en sus enseñanzas. Algunos comentaristas las describen como una gama, a un extremo la simpleza de sus dichos breves, y al otro extremo la complejidad de sus historias bien elaboradas. Por lo tanto, la primera y sencilla tarea con cualquier parábola, es identificar qué clase es.

---

20 Arthurs, *Preaching with Variety*, 110.

La gama de las parábolas de Jesús

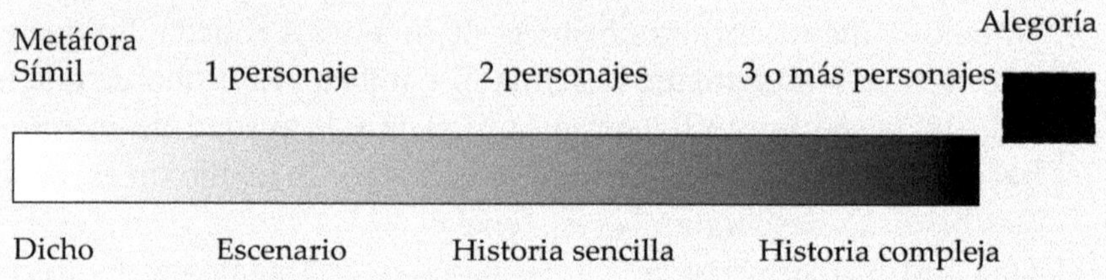

Metáfora
Símil
1 personaje
2 personajes
3 o más personajes
Alegoría

Dicho
Escenario
Historia sencilla
Historia compleja

Metáforas

En muchas culturas es común usar proverbios tradicionales y dichos para decir algo importante. Me encantaba cuando mis colegas de Uganda sazonaban sus predicas y conversaciones con los dichos de sus abuelos.

Algunas veces el significado de esos dichos es muy claro. «Cuando dos elefantes pelean, aplastan la hierba» nos recuerda de una manera muy firme que las víctimas de las guerras son a menudo aquellos que no están directamente involucrados en el conflicto. Otros dichos toman un poco más de tiempo para entenderlos: «El elefante no está consciente que su colmillo es demasiado pesado para cargarlo». Esto significa que podemos manejar las cargas que son apropiadas para nosotros. Encontramos dichos similares en el libro de Proverbios del Antiguo Testamento. Por ejemplo: «El camino del perezoso está plagado de espinas» (Pr 15.19).

La ventaja de estos dichos es obvia. Es más fácil recordar una ilustración llena de vida que una verdad abstracta.

A Jesús le gustaba utilizar metáforas que funcionasen de la misma manera. Una metáfora es una figura retórica en la que se usa una imagen mental para describir un aspecto de la vida. La poesía y profecía del Antiguo Testamento utiliza muchas metáforas. Por ejemplo, Isaías habla de árboles que aplauden (Is 55.12). Sabemos que los arboles no tienen manos, pero podemos formarnos una imagen mental de un árbol que hace esto. Isaías quiere dar a entender que la creación muestra su alegría por el cumplimiento del propósito de Dios de la misma manera en que los seres humanos lo hacemos. La imagen funciona, aunque no tiene sentido si la consideramos literalmente.

De manera similar, Jesús dice en el sermón del monte, «son sal de la tierra» y «son la luz del mundo» (Mt 5.13–14). Si tomamos estas palabras literalmente, quizá queramos frotar una persona contra un pedazo de carne para sazonarla, o pedirle a alguien se pare al lado de nuestra silla para que en la noche podamos leer con su luz. ¡Sería absurdo hacer esto! Pero Jesús realmente quiere comunicar *algo* con estas declaraciones. Simplemente tenemos que descubrirlo. En estos dos casos, nos ofrece ayuda, tal vez no tan completamente como quisiéramos, pero agrega algunas explicaciones:

> Hagan brillar su luz delante de todos, para que ellos puedan ver las buenas obras de ustedes y alaben al Padre que está en el cielo. (*Mt 5.16*)

La cuestión crucial es que hagamos nuestro mejor esfuerzo para descubrir lo que quiso decir Jesús a partir del contexto.

Símiles

Los símiles tienen relación con las metáforas, pero son comparaciones explícitas entre dos ideas que probablemente nunca se asociarían. Cuando Jesús usa símiles, toma una verdad teológica (por ejemplo, un aspecto del reino de Dios) y lo compara con algo cotidiano para que la verdad cobre vida o sea fácil de recordar. Los símiles funcionan muy bien cuando son incoherentes y por lo tanto causan una reacción. Mateo agrupa varios símiles juntos en el pasaje ya citado al inicio del capítulo.

• El reino de los cielos es como un grano de mostaza	• Mateo 13.31
• El reino de los cielos es como la levadura	• Mateo 13.33
• El reino de los cielos es como un comerciante que busca perlas finas	• Mateo 13.33

Cuando leemos estos ejemplos, tenemos que tener cuidado de no dejar volar nuestra imaginación. Jesús no nos permite especular *cómo* el reino de Dios se parece a estas cosas. En cada uno de estos casos, nos explica la comparación y nos dice cuál es el punto de similitud. No quiere que nos imaginemos que cada característica de una semilla de mostaza o de un comerciante se aplica al reino. Por el contrario, su punto es usualmente claro y directo, y lo último que queremos hacer como predicadores y profesores es complicar esto.

Estudia los símiles de las parábolas de Jesús en Mateo 13 para ver cómo enfocan su significado.

- Semilla de mostaza (13.31-32)
- Levadura (13.33)
- Tesoro perdido (13.44)
- El comerciante de perlas (13.45–46)
- El dueño de casa (13.52)

Escenarios

Mientras observabas estos ejemplos en Mateo 13, te habrás dado cuenta que Jesús a menudo expande los símiles en lo que podríamos llamar «escenarios». Estos se aproximan a lo que la mayoría ve como parábolas, eso es, historias que ilustran un punto. Sin embargo, estos escenarios en sí carecen de trama, pero describen situaciones inmediatamente reconocibles, a menudo con algunos detalles.

- Quizá haya un evento o acción que cambia las cosas para el personaje involucrado. Por ejemplo, el comerciante encuentra una perla y vende todo lo que tiene para comprarla (Mt 13.46)
- Quizá haya un escenario que se expande de varias formas. Un ejemplo seria la parábola de la semilla y la tierra (Mr 4.3–8). Solamente hay un personaje que se dedica a hacer una sola tarea: echar semillas al campo. El enfoque de la parábola consiste en lo que le sucede a la semilla una vez que cae.

Historias

En el primer capítulo de este libro, vimos las características básicas de las narrativas. A medida que una parábola se desarrolla en una historia completa, más características compartirá con las narrativas.

Una manera sencilla de categorizar las historias de Jesús es subdividirlas de acuerdo al número de personajes involucrados.

- Historias con 2 personajes: cuando solamente hay 2 personajes, Jesús usualmente invita a los oyentes a compararlos y contrastarlos. Los fariseos y el cobrador de impuestos es un claro ejemplo (Lc 18.9–14). Está lleno de sorpresas mientras escuchamos a dos hombres que oran en el templo. Otro sería el constructor prudente y el insensato (Mt 7.24–27).

- Historias con 3 personajes: la mayoría de las parábolas con una historia se enfocan en tres personajes o grupos, a menudo con uno de ellos (Dios, un padre, un propietario) que tiene autoridad sobre los demás. El hijo perdido y el hermano mayor (o el hijo pródigo, como normalmente se le conoce, Lc 15.11–32) es un buen ejemplo, también lo es el rico y Lázaro (Lc 16.19–31). En este último, Abraham es la figura de autoridad.

¿Dónde ubicarías estas parábolas en la gama?

- Los dos deudores (Lc 7.41–43)
- La oveja perdida (Mt 18.12–14)
- La viuda persistente (Lc 18.1–8)
- El tesoro escondido (Mt 13.44)

3. El impacto de las parábolas

Una cosa es distinguir entre parábolas con símiles ingeniosos y parábolas más elaboradas, pero la cuestión clave es cómo interpretarlas, y mucho más aun cómo predicarlas.

Se debe empezar determinando el impacto que Jesús deseaba que sus parábolas tuvieran en los oyentes originales. Sabemos que la gente lo seguía debido a sus enseñanzas, y un factor central en ello era el uso de parábolas. Incitaba a sus oyentes pero los mantenía enganchados. Estas parábolas dejaban alojadas importantes verdades en lo profundo de sus mentes, para que quizá puedan recordarlas por el resto de sus vidas. Aseguraban que su enseñanza siempre tenía los pies en la tierra, arraigada en lo cotidiano de la vida. Por lo tanto, es una sorpresa encontrar esta explicación luego de la famosa historia del sembrador.

Las parábolas como piedras de tropiezo

> «A ustedes se les ha revelado el secreto del reino de Dios —les contestó—; pero a los de afuera todo les llega por medio de parábolas, para que "por mucho que vean, no perciban; y por mucho que oigan, no entiendan; no sea que se conviertan y sean perdonados"». (*Mr 4.11–12*)

La mayoría de nosotros suponemos de forma natural que Jesús contó parábolas para que la gente pudiese comprender con facilidad, ¡pero aquí Jesús parece sugerir todo lo contrario! Cita el mensaje de Dios a Isaías, en el cual se le advierte al profeta del probable resultado de su predicación (Is 6.9–10). Es obvio que estamos frente a versículos difíciles, pero el contexto original de Isaías nos indica que Dios no está impidiendo irracionalmente que la gente regrese a él; más bien, los está entregando merecidamente a las consecuencias de su duro corazón y negarse a regresar. La predicación de Isaías, por lo tanto, funciona como una confirmación de los hechos.

Jesús nos dice que sus parábolas se parecen un poco a las puertas automáticas, que se mantienen cerradas hasta que un sensor detecta que alguien se acerca. Solamente entonces se abren espontáneamente. La clave es si alguien se está moviendo hacia la puerta o alejándose de ella. Si el corazón de alguien es duro y no tiene interés en acercarse a Jesús, él o ella rechazará a Jesús y considerará sus parábolas como acertijos irrelevantes que pueden ser fácilmente descartados. Por otra parte, para aquellos que van hacia Jesús, las parábolas abren puertas a verdades profundas.

Claro que los discípulos se encontraban en una posición privilegiada. Pasaban más tiempo con Jesús que los demás, así que recibieron información interna de lo que la parábola del sembrador significaba (Mr 4.13–20). Pero el punto que Jesús ofrece aquí debería alertarnos acerca de cuán subversivas son sus parábolas. Nunca funcionan exactamente de la manera que esperamos. ¿Pero acaso no es así precisamente lo que deberíamos esperar cuando Dios cuenta historias?

Las parábolas como focos de atención

Pero las parábolas no son solo piedras de tropiezo; también son potentes herramientas de enseñanza. Jesús las usaba para ilustrar verdades clave. A veces también contaba una historia para evadir preguntas hostiles. Cada vez que hacía esto, su parábola respondía a aquellos que lo cuestionaban, pero lo hacía de tal manera que devolvía el foco de atención sobre ellos.

El contexto casi siempre nos ayudará a establecer qué punto tiene en mente.

- Las tres parábolas agrícolas de Jesús en Marcos 4 (parábola del sembrador, de la semilla que crece, y el grano de mostaza) vienen

después de algunas sorpresas para sus seguidores. Como lo indican los capítulos anteriores, habían escuchado de algunos dirigentes religiosos que Jesús era satánico (Mr 3.22) mientras que sus propios parientes creían que estaba loco (3.31–34). Esto difícilmente ofrece buenos augurios al inicio de su ministerio público. Pero estas parábolas aseguran a sus seguidores que *habrá* cosecha a pesar que no haya fruto (sembrador), a pesar de que hay poco por hacer después de sembrar (semilla que crece) y a pesar que todo parezca muy pequeño (semilla de mostaza).
- La parábola del buen samaritano aparece por causa de la pregunta de un abogado sobre sus vecinos (Lc 10.25). La historia responde al hombre con precisión y de una manera provocativa (ver el próximo capítulo).

Las historias comunican un objetivo de una manera mucho más efectiva que una simple afirmación, como «el reino de Dios crecerá a pesar de que hay tanta gente que lo rechaza».

Las parábolas como provocaciones

Como hemos visto, las parábolas de Jesús tienen una asombrosa manera de pescar a la gente con las manos en la masa. Tal vez no entendamos cuán radical es Jesús hasta que nuestros corazones hayan sido expuestos a su mirada. Solo entonces nuestra intriga o perplejidad puede ser transformada en discipulado. Porque al final, ese es el objetivo de Jesús. Sus parábolas tienen el propósito de provocar una respuesta.

Esto quiere decir que debemos estar alertas al remate de la narrativa. Una parábola nos debería pillar desprevenidos, y dar en el blanco en el instante que entendemos su mensaje. Como un buen chiste, no debería necesitar mayor explicación. Pero, en vez de las carcajadas que siguen a un chiste, las parábolas de Jesús generalmente producen un discipulado radical, o por lo menos nos hacen que paremos en seco. Somos incapaces de anticipar su propósito. Son como esos mosquitos totalmente silenciosos, que cuando nos percatamos de su presencia es porque ya nos han picado y nos tenemos que rascar.

Claro que esto trae desafíos a un predicador. Es difícil guardar el elemento sorpresa. Muchas veces, debido a la brecha entre el mundo de Jesús y el nuestro, el rango de conocimiento bíblico en las congregaciones y nuestra excesiva familiaridad con las parábolas, es necesario explicar el remate de la narrativa. Las parábolas cuyo contenido se explica demasiado tienden a tener el mismo impacto que un chiste explicado. Es difícil pillar desprevenida a la gente como lo hacía Jesús. Pero debemos apuntar a eso. Hay un numero de tácticas para conseguir esto, a lo cual retornaremos.

Warren Wiersbe plasma el impacto de las parábolas de una manera brillante. «Me imagino una parábola como una pintura que se convierte en un espejo y luego en una ventana».[21]

Así que, inicialmente, una parábola describe algo cotidiano, incluso algo aburrido: un mercado o una cocina o haber perdido las llaves del coche. Pero tiene lo suficiente como para atraparnos y hacernos pensar. Mientras lo hacemos, nos encontramos que nuestra reflexión nos confronta mientras encaramos la verdad acerca de nosotros mismos. Eso es, sin duda, el resultado de poder ver más allá de nosotros hacia las verdades del reino que Jesús está ilustrando. Exhibe cuán lejos nuestra perspectiva se ha alejado de la de Dios mientras nos va haciendo ver la realidad de Dios.

¿Las parábolas como códigos? El asunto de las alegorías

Ya hemos tocado el asunto de las alegorías cuando tratamos del peligro de considerar a los evangelios como si estuviesen escrito en código (ver cap. 2). Sin embargo, el desafío ahora es que ¡algunas de las parábolas de Jesús *son* realmente alegorías! Quizá te diste cuenta en la muestra de sermón al final del capítulo 6. Quedaba claro que la parábola de Jesús sobre los inquilinos del viñedo exige una interpretación alegórica, por razones a las que llegaremos. ¿Pero deberíamos hacer lo mismo con sus otras

[21] Warren Wiersbe, *Preaching and Teaching with Imagination* (Grand Rapids: Baker, 1997), 164.

parábolas, especialmente con aquellas con una trama más complicada? ¿Necesita cada parábola una clave para revelar el código secreto?

Al fin y al cabo, mira cómo el propio Jesús explica la parábola del sembrador (Mr 4.13–20).

- La semilla = la palabra (v. 14)
- Semilla junto al camino = Satanás quita la palabra sembrada (v. 14)
- Semilla en terreno pedregoso = alegría inicial, pero sin raíces y por lo tanto duran poco (vv. 16–17)
- Semilla entre espinos = preocupaciones de esta vida y riquezas asfixian la palabra (vv. 18–19)
- Semilla en buen terreno = oyen la palabra, la aceptan y producen una cosecha que rinde el treinta, el sesenta y hasta el ciento por uno (v. 20)

No es una alegoría compleja. Su significado empieza a encajar una vez que la interpretación de la semilla aparece como la palabra del evangelio, incluso si el matiz de los distintos terrenos no es obvio de forma inmediata. ¿Entonces deberíamos hacer lo mismo con las parábolas de la viuda persistente o del fariseo y el cobrador de impuestos en Lucas 18?

Un famoso ejemplo de descifrar parábolas es aquel que San Agustín ofrece de la parábola del buen samaritano (Lc 10.25–37). Decide sonsacar lo que representa cada detalle y logra producir una conclusiones bastante espectaculares.[22]

- El viajero = Adán
- Jerusalén = la ciudad de paz celestial, de donde Adán cayó
- Jericó = la luna, que representa la mortalidad de Adán
- Los ladrones = el diablo y sus ángeles
- Lo desnudan = concretamente de su inmortalidad
- Lo torturan = al persuadirlo a pecar
- Lo dejan casi muerto = como hombre vive, pero está muerto espiritualmente
- El sacerdote y el levita = el sacerdocio del Antiguo Testamento
- El samaritano = dice que significa guardián o Cristo
- Vendó sus heridas = vendar la restricción de pecar
- Aceite = consolación y buena esperanza
- Vino = exhortación para trabajar con un espíritu ferviente
- La bestia de carga = la carne de la encarnación de Cristo

---

22 Adaptado de Fee y Stuart, *La Lectura Eficaz de la Biblia* (Miami: Editorial Vida, 1985).

- Alojamiento = la iglesia
- Al día siguiente = después de la resurrección
- Dos monedas = la promesa de esta vida y venidera
- Dueño del alojamiento = Pablo

¿Qué piensas de esto?

Para ser justos con Agustín, ha usado toda la trama de la Biblia en la parábola, y por lo tanto escribe verdades. ¡Y su comprensión de esta historia llegó mucho más lejos de lo que nosotros probablemente hubiéramos querido llegar! Aun así, incluso los genios pueden dirigirse a callejones sin salida. Como varios comentaristas han argumentado, esto nunca podría haber sido el significado que Jesús le dio a esta parábola. Agustín tuvo que esforzarse mucho para encajar verdades bíblicas en la parábola y tomó algunas decisiones arbitrarias. ¿Por qué no elegir a Pedro como el dueño del alojamiento, ya que él es la roca sobre la que se edifica la iglesia? (Mt 16.18). Lo más importante es que la interpretación de Agustín ignora el hecho de que el contexto de la parábola es la interrogante sobre heredar la vida eterna y cuanta responsabilidad tenemos con nuestro prójimo (Lc 10.25, 29). Una vez que reconocemos el contexto, la parábola gana mucho más peso (ver la muestra de sermón en esta sección).

¿Pero cómo podemos saber si debemos interpretar una parábola alegóricamente o no?

Nuestro punto de partida debería asumir que las parábolas de Jesús no son alegóricas. La mayoría son principalmente historias con un mensaje, más que códigos con una clave. Si han de ser tratadas como alegorías habrá señales claras como éstas:

- **El propio Jesús revela el código:** como con las parábolas del sembrador y los terrenos, Jesús revela su significado.
- **Los oyentes entienden el significado:** como vimos con la parábola de los labradores malvados, los dirigentes religiosos cayeron en cuenta «de que la parábola iba dirigida contra ellos» (12.12). Claro que esto no indica automáticamente una interpretación alegórica. Muchas de las parábolas son provocativas sin tener que recurrir a significados espirituales ocultos. Solo recuerda al fariseo y el cobrador de impuestos. Pero la percepción de los dirigentes vino de su conocimiento bíblico.
- **La Biblia provee el contexto:** en la parábola de los labradores malvados, Jesús está claramente basándose en la visión de Isaías

sobre el viñedo de Dios (Is 5.1–7). Añade detalles que Isaías no mencionó (como, por ejemplo, el dueño que envía a su hijo), pero no es difícil interpretarlas. Isaías ya nos ha dado la clave para el código: Dios todopoderoso es el dueño, la viña es Israel y Judá, el fruto deseado son la justicia y la rectitud (Is 5.7).

Puede ser cierto que algunas de las parábolas incluyen algunos elementos alegóricos. Por ejemplo, en la parábola de los dos hijos (Lc 15.11–32), el padre representa a Dios en su gracia y misericordia, y por extensión, al Señor Jesús mismo (revisa su declaración de misión en Lc 19.10). Luego sigue el hijo menor que personifica una vida rebelde, mientras que el hijo mayor vive una vida de obras religiosas.

Sin embargo, esto no significa que tenemos el permiso de interpretar cada detalle de la parábola como si significase otra cosa. Mas bien, deberíamos suponer que Jesús incluye detalles como el anillo del padre y el ternero más gordo (15.22–23) para que el drama cobre más vida y sea más eficaz. Tal vez ayudaría si podemos ver estos detalles como los accesorios en un escenario o en un set de rodaje, hacen que este mundo de ficción se sienta más real y humano. Pero no deberían ser las cosas que la audiencia recuerde o en las que se enfoque.

4. Manejando las parábolas

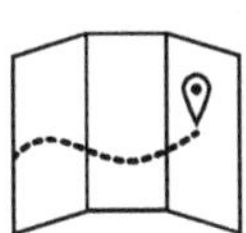

Con las narrativas de los evangelios, fuimos a una búsqueda del tesoro, siguiendo pistas que los autores de los evangelios nos dejaron. Tenemos que seguir pistas similares a la hora de interpretar las parábolas.

1. Preguntemos a los oyentes de Jesús

Los concursos televisivos de preguntas y respuestas parecen llenar los horarios de televisión en todo el mundo. Así que, tal vez hayas visto uno donde los concursantes pueden pedir ayuda a la audiencia del estudio cuando tienen dudas acerca de una pregunta. Claro, eso nunca garantiza una respuesta correcta, pero si un gran porcentaje de la audiencia está de acuerdo con la respuesta, ¡es una buena señal!

Cuando Jesús enseña, desde luego que no hay premios por acertar la respuesta correcta. Pero claro que hay consecuencias. Como todo buen maestro, está sumamente consciente de la gente a su alrededor y ajusta su enseñanza como corresponde. Esta es una de las razones por la que debemos prestar atención a quiénes están presentes cuando Jesús cuenta una parábola, y aún más importante, cómo responden. Esto es crucial, incluso con algunas de las parábolas más famosas. Su contexto da forma profundamente a su significado.

Toma por ejemplo la parábola del buen samaritano en Lucas 10 (la cual será el foco de nuestro sermón para esta sección). Jesús no saca esta historia del aire. La causa un abogado que viene a interrogarlo. Aunque su pregunta pudiera ser totalmente sincera, Lucas nos dice que su motivación no era tan positiva que digamos.

> En esto se presentó un experto en la ley y, para poner a prueba a Jesús, le hizo esta pregunta:
>
> —Maestro, ¿qué tengo que hacer para heredar la vida eterna? (*Lc 10.25*)

Esto produce un breve diálogo que genera una segunda pregunta: «y quien es mi prójimo?» (Lc 10.9).

Podemos ver la genialidad de Jesús porque su historia logra múltiples cosas al mismo tiempo. Lo que al inicio parecía evitar los cuestionamientos del abogado, termina por responder a *ambas* preguntas. Al hacer esto Jesús logra exponer la arrogancia y el racismo del abogado. Pero eso no es todo. Jesús también nos desafía a todos nosotros, seas cristiano o no, acerca de si nos identificamos con Dios y otros seres humanos (especialmente si de alguna manera son distintos a nosotros). Finalmente, la historia nos hace cuestionar cómo alguien puede heredar la vida eterna.

Cuando Jesús hace la pregunta final al abogado, queda claro que el hombre entendió exactamente lo que Jesús quería. Pero no tuvo ni siquiera el valor de pronunciar la palabra «samaritano» (Lc 10.37). ¡Para entender el porqué, lee el sermón al final de esta sección!

¿Cómo nos ayuda a interpretar estas parábolas la audiencia de Jesús o las personas a las que se dirige?

- La oveja perdida, la moneda perdida, el hijo pródigo (Lc 15.1–3; también 19.10)
- La oveja perdida (Mt 18.10–14). ¿Es el contexto de Mateo distinto al de Lucas? Si es así, como afecta esto tu interpretación de la parábola?
- Parábola del dinero (Lc 19.11)

Corremos peligro de malinterpretar estas historias, no porque nos falte la clave, sino porque ignoramos el contexto. A veces es obvio. Pero incluso cuando no hay una audiencia obvia, tenemos que ver cómo las parábolas encajan en el propósito general de ese evangelio en particular. Como siempre, el contexto es fundamental. Así que, por ejemplo, Marcos 4 agrupa unas cuantas parábolas agrícolas y domésticas con la parábola del sembrador. Cada una de ellas nos aclara la manera en que Jesús entiende el ministerio del reino (especialmente a la luz del rechazo que muestran otros en Mr 3).

2. Entrar al mundo de Jesús

Deberíamos tratar de ver cómo Jesús se relacionó con el mundo de su audiencia. ¿Hay algunas pistas en las propias narrativas que nos pueden ayudar? Es probable que siempre nos sintamos bastante distantes de la cultura de Jesús, pero por lo menos tenemos acceso a sus Escrituras. Así que tenemos pocas excusas para no sumergirnos en ellas.

Conectarse con el Antiguo Testamento

Jesús da por sentado que sus oyentes conocen el Antiguo Testamento a lo largo de sus enseñanzas, y en especial en sus parábolas. Por esta obvia razón usa el símbolo de una viña para representar al pueblo de Israel. Pero esta no es la única imagen del Antiguo Testamento que usa. Por ejemplo, cuando Jesús habla sobre enviar invitaciones a un banquete de boda (Mt 22.1–4), se está basando en una tradición profética muy profunda. Las bodas familiares y los grandes eventos de la historia de Israel a menudo se festejaban con alegres fiestas. Por lo tanto, no es sorpresa que Isaías haya hablado del reino de Dios como un gran banquete. Lo hace en el pasaje de mayor fama, en Isaías 55, donde anuncia que todos pueden venir a comer y beber hasta hartarse, sin importar su habilidad para pagar (ver Is 55.1–2, pero también lee Is 25.6; 58.14).

Jesús no es el único en usar estas imágenes. Juan hace lo mismo en Apocalipsis, con su visión culminante, la de un gran festín de bodas en el retorno de Jesús (Ap 21.2–4, 9–10).

Conectarse con la cultura de Judea

A diferencia de hoy, cuando la gente se muda del campo hacia la ciudad a niveles jamás antes vistos, el mundo de Jesús era predominantemente rural. Era un tiempo donde todos estaban atentos a los cambios de estación, las cosechas y las siembras. Era un mundo de ricos hacendados, campesinos y jornaleros que tenían que buscar trabajo diariamente. Era un mundo donde los más vulnerables de la sociedad eran aquellos que no podían trabajar (porque eran muy jóvenes o muy viejos, muy enfermos o muy diferentes). No es extraño que las viudas, los huérfanos y los extranjeros fueran los que estaban en peores condiciones, tal como hemos visto en nuestro resumen del evangelio de Lucas en la sección previa.

Debemos prestar atención a la manera en que Jesús construye puentes a este mundo, y más importante, cómo lo desafía.

- Identifica a héroes **contraculturales o modelos a seguir:** Un hombre pobre logra ser identificado por toda la eternidad (Lázaro) en lugar del hombre rico (Lc 16.19); una viuda ejemplifica la oración persistente (Lc 18.1–8); la incorporación al reino no se basa en méritos, tal como lo descubren los jornaleros de la viña (Mt 20.1–16).
- Identifica referencias a la **ocupación romana:** Es difícil subestimar el nivel de conmoción que causó Jesús cuando hizo héroes de los cobradores de impuestos. El pueblo los odiaba doblemente porque eran corruptos y colaboraban con el enemigo romano. En la parábola sobre el dinero, «Un hombre de la nobleza se fue a un país lejano para ser coronado rey y luego regresar» (Lc 9.12). Esto directamente alude a uno de los hijos de Herodes que tuvo que viajar a Roma antes de asumir su trono en Judea.
- Presta atención a los **disgustos religiosos:** A pesar de ser una autoridad religiosa entre los fariseos, Simón tiene mucho que aprender sobre el perdón (Lc 7.36–50); un fariseo y no un cobrador de impuestos es culpable delante de Dios (Lc 18.9–14); un samaritano racialmente impuro (y por lo tanto aborrecido) pone en vergüenza a las autoridades religiosas camino a Jericó (Lc 10.33); se expulsa y reemplaza a los jornaleros de la viña (Lc 20.9–20).

3. Ubica las rupturas con la realidad

Si lo único que hubiera hecho Jesús en sus parábolas fue hacer conexiones con el mundo, jamás habrían sido tan populares como lo son ahora. Su genialidad consistía en comenzar con un ambiente familiar, y luego desarrollar su ilustración de maneras asombrosas.

Como lo describe el comentarista Leland Ryken, existen «grietas en el realismo»[23] de las historias de Jesús. Así que, en algún momento, tomaran un giro inesperado o incluso absurdo. Por lo tanto, deberíamos siempre ubicarlas para identificar el propósito principal de Jesús. Aquí hay algunos ejemplos:

- ¿Es probable que alguien, y mucho menos un samaritano, haga tanto para cuidar de un total extraño? (Lc 10.30–37).
- ¿Un patrón *realmente* pagaría a todos sus obreros la misma cantidad, incluso si algunos de ellos trabajaron solamente medio día? (Mt 20.1–16).
- ¿Cuán razonables son las excusas al rechazar la invitación del rey para asistir al banquete de bodas en Mateo 22.2–14?

Con ello no doy a entender que cada parábola contiene tales giros (¡las metáforas de una sola oración casi no tienen espacio para uno!); tampoco significa que una parábola no puede salirse de la realidad más de una vez. Simplemente tenemos que estar alertas a la posibilidad de que Jesús incluya estos giros inesperados.

Identificar las grietas en el realismo es útil para el predicador. Porque es a partir de estas grietas que Jesús expone los absurdos del vivir de la gente. Las excusas para no asistir al banquete *son* ridículas, pero igual son las excusas que la gente ofrece para no seguir a Cristo al banquete celestial. El arte de predicar bien una parábola consiste en ayudar a los oyentes a que sientan la fuerza de esto.

¿De qué manera rompe Jesús con la realidad en estas parábolas?

- La perla preciosa (Mt 13.45–46)
- Las monedas de oro (Mt 25.14–30)
- El hijo prodigo y el hermano mayor (Lc 15.11–32)

4. *Hay que sentir la fuerza emocional*

Esto se relaciona con el punto anterior, pero se enfoca particularmente en el modo en que las historias de Jesús dejan a sus oyentes. ¿Qué

[23] Leland Ryken, *How to Read the Bible as Literature* (Grand Rapids: Zondervan, 1984), 144.

clase de emociones provoca la historia? ¿Se enojan sus oyentes, o saca a la luz algo de ellos o simplemente les causa mayor curiosidad? ¿Hay algún momento donde a los oyentes se les para el corazón o les causa sorpresa con un «ajá»? Una vez que hayamos identificado estas emociones, debemos apuntar a que nuestra predica tenga la misma fuerza emocional que la parábola original de Jesús.

Tomemos el ejemplo del fariseo y el cobrador de impuestos (Lc 18.10–14). La evaluación divina de estos dos hombres en 18.14 habría venido como una total sorpresa para aquellos que escuchaban a Jesús. Quiebra las reglas de cualquier sistema religioso en la tierra, y en especial las del judaísmo de los días de Jesús. Pero esa es la maravilla del evangelio. Nuestra predicación debe, de alguna manera, provocar esa conmoción.

Algunas veces, deliberadamente Jesús termina antes de dar cualquier tipo de conclusión. Hace esto con la parábola del hijo prodigo y su hermano mayor. Después del retorno de su hijo perdido, el padre se siente muy feliz, lo que contrasta totalmente con su hijo mayor. El hijo mayor da a conocer su corazón mercenario cuando reclama acerca de lo que su hermano hizo y los gastos de la fiesta familiar, mientras que el padre solo muestra misericordia y amor (Lc 15.28–32).

Ahí es donde Jesús detiene la historia. Es como una película con un final incierto. Quizá veamos al padre que regresa hacia los sonidos que emanan de la fiesta dentro de la casa. Entonces la cámara muestra al hermano mayor mirándolo irse. Y entonces los créditos de la película comienzan a aparecer. Queda a la imaginación de los oyentes decidir qué hace el hermano después. Como tal, es una invitación para nosotros como oyentes a considerar como hubiéramos actuado en esa misma situación.

5. *Observa con los ojos de Dios*

Las enseñanzas de Jesús nunca son cómodas. Está preparado para ignorar las normas de conducta social, y nunca se deja impresionar por la posición social de las personas. La manera en que manejó la interrupción de la supuesta «mujer pecadora» en la cena de Simón el fariseo es un gran ejemplo (Lc 7.36–50). Pudo haber sido profundamente vergonzoso para Jesús. Pero no estaba para nada nervioso. En cambio, convirtió la escena en una oportunidad para dar una lección, incluso si tuvi que hacer pasar vergüenzas al anfitrión. Jesús cuenta la historia de los dos deudores directamente a Simón para poder explicar la extraña conducta de la mujer (7.40–43). Luego se muestra un tanto descortés cuando contrasta la bienvenida de Simón con la de ella. ¡El silencio en la habitación mientras hablaba debió de haber sido muy incómodo!

Jesús siempre desafía al mundo de su alrededor. Porque presenta la perspectiva de Dios que alumbra al mundo, ya sea en términos de cómo piensan las personas o cómo viven las sociedades. En el momento que suponemos que Jesús apoya lo que normalmente hacemos y pensamos, es ese momento mismo ya hemos perdido de vista sus enseñanzas.

Las parábolas son un antídoto brillante ante este problema. Además de la manera tan efectiva de causarnos incomodidad, sus grandes temas alejan nuestra mirada de nuestras perspectivas terrenales. Estos son algunos de los temas clave.

- **El reino de Dios:** en contraste con los sistemas de poder terrenales de naciones e imperios, el reino de Dios (o el reino de los cielos, como Mateo lo llama) es muy diferente. A menudo comienza pequeño (como una semilla de mostaza) y parece no ser impresionante. Muchos lo rechazan, pero al final siempre produce frutos. Es más valioso que cualquier cosa que el mundo tenga (como la perla valiosa), y es por eso que no deberíamos aferrarnos a lo material y a las cosas temporales.
- **La realidad de la eternidad:** Jesús tenía razones bíblicas para reprochar al hombre que construyó graneros más grandes diciéndole ¡necio! (Lc 12.16–20). El hombre vivía sin pensar en las cosas de Dios y la eternidad (en contraste con la sabiduría de Pr 1.7 y Sal 14.1). Aunque jamás hubiera podido saber la fecha de su muerte, nunca le importó cuándo vendría. La misma falta de perspectiva eternal podría describir al exitoso hombre de negocios que ignoró a Lázaro, que mendigaba en la puerta de su casa (Lc 16.19–31). Este hombre rico debió haber sabido las cosas importantes de la vida porque, como judío, tenía acceso a Moisés y los profetas (16.29).
- **La vida de gracia:** Es correcto, entonces, que varias parábolas hablen sobre cómo la gente entra al reino (el buen samaritano y el fariseo y el recaudador de impuestos). Algunos abordan el tema de la liberación que el perdón trae (los dos deudores), mientras que otras profundizan la imagen financiera sobre la responsabilidad de invertir lo que se nos ha confiado (los tres sirvientes inversionistas). ¡Es interesante cómo a menudo Jesús usa metáforas económicas

para describir la vida de la gracia! Pero, por supuesto, los valores del reino ponen la economía del mundo al revés, de ahí la aparente «injusticia» de la gracia de Dios (dado que no podemos ganarla, todos recibimos lo mismo, sin importar la cantidad de trabajo que hagamos para el reino. Mt 20. 1–16).

- **El carácter definitivo del juicio:** Las parábolas de Jesús afirman en los términos más claros posibles que habrá la hora de la verdad. Ya sea en las parábolas de juicio, como la de las ovejas y las cabras y las diez damas de honor (Mt 25), o la historia de los obreros de la viña (Lc 20.9–18) y las invitaciones para el banquete de bodas (Mt 22.1–14) está claro que habrá una división final. La respuesta que se espera es estar *preparados* (vea Lc 12.38–40; Mt 25.1). Esto, más que nada, es lo que hace que las parábolas de Jesús muestren una terrible urgencia.

Está garantizado que cualquier tiempo que demos al estudio específico de las parábolas tendrá un efecto profundo. Es imposible permanecer impasibles y no incomodarnos. Jesús sencillamente no comparte nuestras perspectivas de la vida. Pero seríamos necios si ignoramos su perspectiva, por incómoda que esta sea.

5. Predicar las parábolas

¿Qué hace que alguien sea un buen predicador de parábolas?

¡Es todo un reto! Pero ya que la mayoría de las parábolas de Jesús son historias, tiene sentido reconocer que se trata de ser un buen contador de historias. Esta puede que sea una habilidad que sintamos que no la tenemos, pero aparte de los dones que tengamos, hay que considerar seriamente la dinámica de las historias. No destruyas una parábola sacando de ella unas cuantas lecciones teológicas para enseñar. Si Jesús pensó que necesitábamos ideas abstractas, nos las hubiera dado directamente.

Entonces, ¿por qué no preguntarnos qué es lo que convierte a alguien en un buen narrador, actor o comediante? Cada uno lo hace de manera diferente, pero al menos, todos pueden mantener a sus oyentes cautivos por la forma en que se comunican. Es por eso que siempre vale la pena mirar a los expertos en acción, especialmente cuando hay silencio en el escenario en que hablan. ¿Cómo logran hacernos reír en un momento, y luego un minuto después nos hacen llorar? ¿Cómo saben cuándo dar el remate final de la historia? Siempre debemos tratar de aprender de los oradores que la gente de nuestra iglesia disfruta ver y oír.

Tomará años de práctica, y cada uno de nosotros tendrá que aprender cómo comunicarse según los dones que tenemos y las personas que somos. Sin embargo, aquí hay algunas sugerencias.

Traduce la conmoción

Muchas culturas alrededor del mundo tienen tradiciones teatrales antiguas y los productores comparten el desafío de mantener vivas estas tradiciones. Ya sea al reproducir una tragedia de Shakespeare, o un drama de marionetas de Indonesia, o una antigua opera china, hay básicamente dos opciones: la producción puede ser lo más auténtica posible, utilizando puestas en escena y vestuarios los más cercanos a sus actuaciones originales. O alternativamente, la trama y el drama se pueden preservar, pero poniéndolos en una vestimenta y puesta en escena modernas, con quizás algunos cambios en las referencias para encajar con la política contemporánea. Hay buenas bases para cualquiera de los enfoques.

Lo mismo ocurre con las parábolas de Jesús. Así que, al predicar sobre el fariseo y el cobrador de impuestos a oyentes que nunca han conocido a un fariseo, ¿deberíamos actualizar a los personajes principales? ¿Deberíamos pensar contrastar a un líder de la comunidad respetado con un político notoriamente corrupto? ¿O deberíamos elegir al grupo de personas más despreciado de nuestra propia cultura para servir como el equivalente moderno del buen samaritano?

Probablemente dependerá del gusto individual, ya que es difícil ofrecer una regla absoluta. Sea lo que decidamos, sin embargo, es fundamental tener sumo cuidado de ser fieles al propósito de Jesús, según lo entendemos. Nuestro objetivo más que cualquier otra cosa debe ser comunicar el impacto original de la parábola. Si vestir la parábola con trajes modernos nos ayuda a lograr esto, entonces que así sea. De lo contrario, simplemente tendremos que explicar cualquier tipo de referencias del primer siglo mientras volvemos a contar la historia. Pero, todo el tiempo debemos tratar de recapturar ese instante que sacude el ánimo de los oyentes. Queremos que las personas sientan la conmoción que sintió la audiencia de Jesús.

Hay espacio para la creatividad aquí. De hecho, mientras más familiar sea la parábola para la congregación, más creatividad se necesitará. De lo contrario se perderá totalmente el efecto sorpresa. Es por eso que más de un predicador ha optado por tácticas radicales, como secretamente vestirse de mendigo sin hogar y sentarse afuera de la iglesia mientras las personas llegan. Esto demuestra que las circunstancias del buen samaritano y el hombre rico no han desaparecido del todo.

Conserva el factor sorpresa

¡Si el primer objetivo es encontrar una manera de traducir la conmoción, el segundo es retener el factor sorpresa el mayor tiempo posible! En otras palabras, mantén a la audiencia en suspenso, especialmente cuando creen saber sobre qué trata la parábola. Hay distintos modos de lograr esto.

La estrategia más sencilla y común es recontar la historia tal como los evangelios la registran, dirigiendo a la congregación a lo largo de ella, no de una manera aburrida, sino reaccionando emocionalmente a cada giro y vuelta. Esto requiere pasos ligeros, no un desarrollo extenso de cada detalle. De esta manera, te aseguras que la historia se desarrolla al ritmo de Jesús.

Segundo, podemos sujetarnos a un punto de vista convencional hasta donde sea posible, hasta que la parábola de Jesús lo muestre indefendible. Así que, por ejemplo, en la parábola del fariseo y el cobrador de impuestos, es importante olvidar (por un momento) todo lo que sabemos de los fariseos a partir de las enseñanzas de Jesús. Porque en sus días, eran sin dudas los líderes espirituales más impresionantes. No eran «los malos de la película» que posteriormente llegaron a ser debido a la influencia del Nuevo Testamento. Así que podríamos aumentar la tensión de la parábola al enfatizar que la actitud y desconfianza del recaudador de impuestos eran totalmente apropiadas. Todo era normal, hasta que aparece el veredicto devastador de Jesús. Luego, podríamos repasar la historia para entender qué condujo al veredicto (por ejemplo, prestando mayor atención al egoísmo de la oración del fariseo).

Una táctica parecida es interpretar todo tal como aparece inicialmente, aunque sea teológicamente incorrecta. Eso es algo que he tratado de hacer en la muestra de sermón para esta sección (acerca del buen samaritano). Me di cuenta, mientras preparaba el sermón, que lo extraño de la parábola proviene de la aparente sugerencia de Jesús, que las personas se salvan por sus buenas obras. Así que dejé que esta idea se quede suspendida en el aire el mayor tiempo posible.

Claro que, esto sería subversivo solamente para una congregación que tiene cierto nivel de conocimiento teológico. Para alguien que proviene de un contexto religioso distinto, le parecerá perfectamente normal. Entonces, cómo logramos el impacto dependerá según la audiencia a la que nos dirigimos.

Revela el remate de la historia

Luego de todo lo dicho, este último consejo será el más difícil de lograr. Así como los chistes que pierden su gracia cuando hay que explicarlos, así mismo las parábolas pueden parecer débiles o sin vida. Debemos revelar el remate de la historia lo más claramente posible.

Con la parábola del fariseo y el cobrador de impuestos, es obvio que con ser religioso uno no se gana el favor de Dios. Porque fue ese cobrador de impuestos «pecador» el que regresó a casa restaurado y con una buena relación con Dios, no el fariseo. Fue una profunda conmoción. Ser bueno, ser respetable, ser religioso, ¡jamás justifica a nadie delante de Dios! (Lc 18.14)

Esto es lo que queremos que se quede en la mente de la gente mientras se van, de la misma manera cuando Jesús contó esta historia por primera vez. Entonces, la única manera en que podemos confiar que nuestra aplicación ha sido fiel al pasaje original es entendiendo y luego revelando el remate de la historia.

Amor imposible

(Lucas 10.25–37)

Los abogados son iguales en todo el mundo. Siempre están analizando minuciosamente sus estudios de caso, estableciendo los pormenores de cómo se aplica la ley.

Hay una historia de un abogado californiano que defendía a un sospechoso de asesinato. La leyenda cuenta que su estrategia era aprovechar la confusión en torno a cuándo realmente ocurre la muerte. Aparentemente, la ley californiana solía definir que la muerte ocurre cuando el corazón deja de latir. ¡Entonces el abogado defendió a su cliente con el argumento de que su víctima no estaba realmente muerta, porque su corazón había sido trasplantado y seguía latiendo normalmente en otra persona!

Bueno, los abogados en los días de Jesús también les encantaba jugar con estudios de caso, un hecho que Jesús aprovecha magistralmente en el caso del amigable samaritano. Jesús ofrece un reto: ¡presenta una respuesta que te permita zafarte de esta!

Aquí hay otra cosa sobre los abogados: les encanta provocar con preguntas. Y esta famosa historia en Lucas 10 solamente se entiende bien cuando vemos las preguntas en ambos lados de este estudio de caso. Toma nota de la estructura. Observa como comienza:

> En esto se presentó un experto en la ley y, para poner a prueba a Jesús, le hizo esta pregunta:
>
> —Maestro, ¿qué tengo que hacer para heredar la vida eterna? (*Lc 10.25*)

Para cuando llegamos al versículo 37, Jesús ya ha respondido. Como muchos abogados, se toma su tiempo, pero llega al final. Fíjate en la palabra clave:

> Versículo 37: Anda entonces y HAZ tú lo mismo —concluyó Jesús.

El hombre quiere saber qué *hacer* para llegar al cielo. Jesús le dice. Haz lo mismo que el hombre de nuestro estudio de caso. Bueno, aquí está en blanco y negro: ¡sean buenos, chicos y chicas, y el cielo será de ustedes! Pero dentro de esta pregunta y respuesta hay varias preguntas más. ¿Se dieron cuenta que, al principio, la respuesta de Jesús a la pregunta inicial del abogado fue otra pregunta?

Hay un chiste acerca de un rabino a quien se le preguntó: «¿por qué los rabinos siempre responden preguntas con otras preguntas?» El rabino se frotó la barba por un tiempo y finalmente respondió: «¿Y por qué los rabinos no pueden responder preguntas siempre con otras preguntas?

Bueno en respuesta a la pregunta acerca la vida eterna del versículo 26, Jesús pregunta por un resumen de la ley judía. ¡Y la respuesta del abogado es perfecta! Ama a Dios; ama a tu prójimo. El amor es el mejor resumen posible. Así que en el versículo 28 Jesús lo felicita: respondiste correctamente. ¡HAZ esto y vivirás! Ahí está de nuevo. Llega al cielo por ser bueno.

Luego, el abogado lo distrae con otra pregunta en el versículo 29. Algo le incomoda acerca de amar al prójimo. Así que pregunta «¿quién es mi prójimo?»

Ahora, sabemos casi nada de este abogado. Obviamente no es un tonto. Pero Lucas nos ofrece una pista de lo que sucede en su mente. En el versículo 25 se nos dice que está poniendo a prueba a Jesús. Me parece justo. Podría ser una pregunta honesta y que solo quiera saber más de Jesús; o quizá sea una trampa. Pero la pista más grande está en el versículo 29: quería justificarse a sí mismo. Quería saber cómo estar bien con Dios. HACER es la palabra clave.

Si te das cuenta, la pregunta que hace el abogado no es extraña para nada. Si te pasas toda la vida pensando acerca de la ley, siempre estarás cuestionando los límites, probando los márgenes. ¿Qué es lo correcto y qué es lo incorrecto? Se trata de preguntas legales fundamentales. Por eso la pregunta del prójimo. ¿A quién debo amar? ¿Hay limites? ¿Quién es mi prójimo? Si realmente desea la vida eterna, necesita saber la respuesta a esta pregunta.

Así que, Jesús acepta el desafío. Y él siempre responde según la pregunta que le hagan. Aunque conozcas cristianos que no cumplen con sus obligaciones, Jesús siempre lo está. El abogado le pidió algo que hacer, Jesús le dio algo que hacer. Y es más de lo que esperaba escuchar. ¿Ves? No se trata de un cuento para niños a la hora de acostarse. Es un potente estudio de caso legal.

1. Amor sin *excusas*

Jesús convierte lo que comenzó como una evaluación de su propio conocimiento de la ley en

una prueba de la obediencia que el abogado tiene hacia la ley. Y así como el amor es la clave de la ley, así mismo el amor es la clave de este estudio de caso. ¿Pero a qué clase de amor se refiere Jesús? Su respuesta es profundamente inquietante. Incluso para hoy en día.

El camino de Jerusalén a Jericó es extremadamente peligroso. En menos de veintisiete kilómetros, desciende mil metros con muchas curvas cerradas y varios lugares para esconderse y atacar a incautos viajeros. Así que era la situación perfecta para un estudio de caso que involucraba un asalto.

Un caminante solitario era una presa fácil, y no es de sorprenderse que haya terminado a las puertas de la muerte. Ha quedado inconsciente. Casi ya no respira. Casi no puede mover ni un músculo. Su vida literalmente se va escurriendo con la sangre coagulada mientras los minutos pasan. Una escena verdaderamente horrible, pero en ese camino, es una escena común. Solo hay una conclusión: está muerto. Las moscas zumban alrededor del cadáver, buitres circula en lo alto. Excepto que no es un cadáver, ¿verdad? Está vivo. Acércate, y lo podrás ver, se puede escuchar su débil respiración. Pero necesitas acercarte.

Ahora, a pesar de todos sus peligros, el camino de Jericó era muy transitado. De hecho, muchos sacerdotes vivían en la hermosa y fértil área alrededor de Jericó, famosa por sus maravillosos dátiles. ¡El clima allí era mucho mejor que el clima en Jerusalén! Entonces, al terminar sus deberes en el templo, dejaban el polvo y el caos de la ciudad y se dirigían a casa, por el camino a Jericó. Ver a sacerdotes por ese camino era un evento cotidiano. El estudio de caso de Jesús es creíble.

El versículo 31 explícitamente dice: «Resulta que viajaba por el mismo camino un sacerdote». Seguramente regresaba a casa después de cumplir su turno en el templo. Siempre es más fácil ir a casa cuesta abajo después de trabajar. Hoy en día todavía hay muchas partes del mundo donde la gente tiene que caminar distancias largas para ir al trabajo. Esta fue una de las primeras cosas que nos sorprendió al mudarnos al África del Este. Cada vez que íbamos al interior del país, o incluso camino hacia donde sea, veíamos a gente caminar, por lo general varios kilómetros.

Así que metámonos en el pellejo del sacerdote. Sin duda cansado, hambriento, ansioso de llegar a casa. Tal vez había algo bueno en la televisión que no quería perderse. Mientras avanzaba en el camino, probablemente lo primero que vio fueron los buitres. Una señal segura, sabía qué hacer; conocía su Biblia.

La ley bíblica era clara: el contacto con cadáveres volvía a los sacerdotes ritualmente impuros (Lv 21.1–3). Aunque sea raro y difícil para nosotros entender esto hoy en día, estar impuro hacia que su trabajo en el templo fuera difícil. Un cadáver era la mayor amenaza que te puedas imaginar si querías permanecer puro. Solo un contacto momentáneo era suficiente. Y si llegase a estar impuro, bueno, tendría que darse media vuelta, caminar penosamente de regreso a Jerusalén, y pasar por un ritual del templo que lo habilitaría de nuevo. Pero simplemente no valía la pena.

Además, podría ser una trampa. El hombre podría estar fingiendo estar muerto. Ese tipo de cosas sucedían a menudo en Uganda, y les ocurrió a amigos míos: alguien se tiende en una carretera desierta fingiendo estar herido para que sus compañeros logren asaltar a cualquiera que se detenga para ayudar. Entonces, el sacerdote pasa de largo sin prestar atención al cadáver. ¿Quién no? «El tipo está muerto de todos modos. No es mi obligación. No trabajo para una funeraria. No tengo tiempo. Simplemente no puedo permitir que un cadáver me haga impuro».

Excepto que no es cadáver, ¿verdad? El tipo está vivo. Pero solo lo sabrías si te acercas. Pero el sacerdote simplemente no tomara ese riesgo. Lejos de verificar para cerciorarse, en realidad se hace a un lado. ¿Quién lo culparía? Tenía todas las excusas habidas y por haber.

A continuación, aparece un levita en el versículo 32. También era un empleado del templo, pero de rango menor que los sacerdotes. Así que Jesús está siguiendo el orden social judío. Estoy seguro que su audiencia entendió el punto. «Simplemente no puedes confiar en el liderazgo de hoy, no les importa nadie más que ellos mismos». Puedes ver las miradas de superioridad que se hacen unos a otros. Y adivina qué, no hay sorpresas. El levita hace exactamente lo mismo. ¿De nuevo, quien puede culparlo? ¡Tenía todas las excusas habidas y por haber, me refiero a las que aparecen en la Biblia!

Así que, cuando Jesús dijo: «haz tú lo mismo», obviamente no se refiere en lo absoluto al sacerdote o al levita. Jesús los menciona ahí para contrastar.

¿Pero este experto en leyes podría haberse identificado con el sacerdote y el levita, no lo crees? Tenía todas las excusas para NO involucrarse. El abogado conocía su Biblia y sabía que no podía tocar cadáveres. Excepto que no era un cadáver, ¿cierto? El hombre estaba vivo. Y la ley no dice nada sobre volverse impuro por el contacto con alguien moribundo, solo alguien que ha muerto. Este hombre necesitaba ayuda. PRONTO. El sacerdote y el levita sencillamente ELUDIERON la responsabilidad de amar. Usaron la Biblia como excusa PARA NO AMAR.

¿No hacemos todos lo mismo? Ya sea que seamos cristianos o ateos o de otra religión. Encontramos excusas. Justificamos nuestras acciones. De hecho, cuando nos esforzamos, podemos justificar cualquier acción. En el fondo, todos somos abogados. Tal vez lo hacemos por querer usar nuestro tiempo estratégicamente. Tengo mayores prioridades, decimos. Tengo una reunión política muy importante a la que debo ir (que me permitirá lograr hacer justicia de manera más efectiva). O tengo que llegar a mi reunión de oración de la iglesia. No puedo hacerlo todo. Alguien más tendrá que cuidar de este tipo.

Es cierto que todas estas cosas son buenas. Pero la pureza del templo del Antiguo Testamento era también bastante importante. De hecho, fue idea de Dios. Entonces, ¿ves el problema? Son excusas. Excusas para NO amar. Después de todo, no se puede decir que ayudar a un moribundo en una zanja al lado del camino constituye un uso estratégico del tiempo. A veces, debemos estar preparados para amar, no porque sea un medio para lograr un fin, sino porque debemos amar a nuestro prójimo como a nosotros mismos; amar, pase lo que pase; ¡amar sin excusas! Pero la historia continúa…

2. Amor sin *fronteras*

Tu oyente promedio habría adivinado lo que sigue. Hemos tenido a un sacerdote, luego a un levita. Ahora, por supuesto, es un judío promedio, un ciudadano común como cualquiera de la multitud. ÉL seguramente será el hombre bueno. Hasta ahora, todo es muy predecible.

Pero Jesús no era predecible. No escoge a un judío en lo absoluto. Elige a un samaritano para el estudio de caso. ¡Qué atroz! Los judíos y samaritanos tenían siglos de historia, siglos de antecedentes. «Pero, por favor, Jesús, ¡incluso un gentil hubiera sido mejor! ¡Un samaritano, ¡qué va! Tu historia era bastante realista hasta este momento. Ahora la has arruinado. Los samaritanos son un grupo de buenos para nada, corruptos, extranjeros que probablemente fueron responsables por el asalto. Son todos iguales, no puedes confiar en ellos».

Pero Jesús dice que ahí es donde estás equivocado. Se puede confiar en ellos. O en este en particular. Es el héroe. Este samaritano se da cuenta que el hombre está vivo. Se acerca para cerciorarse. Hace todo lo posible para ayudar al herido.

Fíjate que Jesús no nos dice nada del hombre herido. No sabemos absolutamente nada sobre él. No sabemos si era judío, samaritano o de la Cochinchina. Porque no importaba. No le importaba al samaritano. Lo que importaba es que era un *hombre*, un ser humano, compañero a punto de morir. El samaritano mostró amor independientemente de las barreras de raza y cultura. Esto realmente era amor sin fronteras.

¿Haz tú lo mismo? Amor sin fronteras. ¿Amor que es ciego al color de la piel o al linaje? ¿Y qué del amor que es sordo al acento o idioma? El amor que Jesús exige debe superar toda barrera imaginable, ya sea de clase social, raza, sexo, aspecto o capacidades. Podemos seguir añadiendo más. Y debe trascender el nivel individual. ¿Dónde está el amor por nuestro prójimo? ¿Dónde está el amor sin fronteras? ¿Dónde está el amor por aquellos que están a los márgenes de nuestra sociedad?

3. Amor sin *llevar cuentas*

El samaritano supera sus obligaciones. Jesús nos cuenta esta historia de una manera impresionante. En el versículo 33 nos dice que el samaritano «se acercó» —en contraste con los oficiales del templo— «y, viéndolo, se compadeció de él». En ese momento no se puso a pensar, sintió la obligación de ayudar. No empezó a crear estrategias; más bien, se sintió abrumado. ¡Este hombre se está MURIENDO! ¿Por qué no lo han auxiliado? Lo levantó y lo atendió. Y esto no es todo. No solo le salvó la vida (lo cual ya era de por sí una hazaña), sino que también lo ayudó a recuperarse, con un gran esfuerzo económico.

Y sucede que llevaba consigo un juego básico de primeros auxilios, algunas vendas, vino y aceite. Lo usó todo. Luego, puso al hombre en su asno, así que ahora tendría que andar a pie. Llevo al hombre a un hospedaje cercano.

Pero, se dio cuenta que el hombre necesitaba más que descanso, entonces se fue a un cajero automático y regresó con el dinero necesario. ¡Dos monedas de plata, el equivalente a dos meses de alquiler, y eso es solo el comienzo! Esto es amor extravagante, por alguien que el samaritano, así como nosotros, no conocía nada en lo absoluto. Era solamente un hombre moribundo en una zanja. Eso es todo. Un acto notable de amor y compasión práctica. Es amor sin excusas, sin límites, sin cuentas. Jesús no nos dice cuándo el amor práctico a este hombre terminó. ¡Solamente sabemos que el samaritano regresaría a dar MÁS!

La ex primera ministra del Reino Unido, Margaret Thatcher, una vez comentó que «nadie recordaría al buen samaritano si solamente habría tenido buenas intenciones, también tenía dinero». Eso es cierto, pero es irónico que su comentario fue hecho en la década de 1980, una época que era infame por excesos de apropiación de dinero, no por repartirlo. Claro, el samaritano sí tenía dinero, pero tenía algo mucho más importante que el dinero. Tenía amor, amor sin límites. Amor costoso. No tienes que ser rico para tener esto. Pero puedes ser rico y no tenerlo. Lo que importa es lo que haces con tu riqueza.

Se trata realmente de un potente estudio de caso legal. Es sumamente desafiante. Pero quiero que notes cómo Jesús lo termina. Esperaríamos que pregunte: «Entonces, ¿quién es mi prójimo?» La respuesta sería obvia: el hombre en apuros y que agoniza en la zanja, él es mi prójimo. El abogado habría estado de acuerdo: hubiera estado obligado a condenar al sacerdote y al levita, a pesar de que indudablemente simpatizaba con las excusas de ellos. Es un trago amargo, pero lo habría aceptado. El hombre moribundo es mi prójimo.

¿Pero esa no es la pregunta que Jesús le hace, verdad? La pregunta de Jesús es mucho más difícil.

> ¿Cuál de estos tres piensas que DEMOSTRÓ SER el prójimo del que cayó en manos de los ladrones? (*Lc 10.36*)

¡La cosa es muy diferente! Y de nuevo la respuesta es sencilla. Pero esta vez no se trata de un trago amargo sino uno imposible de beber. ¿Te fijaste en la respuesta del abogado? «El que se compadeció de él». No puede siquiera decir la palabra «samaritano», se le hace un nudo en la garganta. No es complicado decir la respuesta, lo imposible de aceptarla. Causa demasiadas náuseas que alguien de una minoría odiada pueda llegar a ser un ciudadano ejemplar. Supongo que equivaldría a decir que un activista de los derechos humanos, que goza de un gran respeto público, sea el que se pasó de largo, mientras que un terrorista condenado sería el héroe de la historia. Pero en el estudio de caso de Jesús, cuando dijo «Anda entonces y haz tú lo mismo», el ejemplo a seguir es el *samaritano*. Es el samaritano en quien pensaba Jesús. ¡Haz lo que *él* hizo!

Y ese es el fin. No sabemos nada más acerca del abogado, así que no tenemos ni idea como respondió. ¿Pero obtuvo respuesta a sus preguntas, no? ¿Qué puedo hacer para heredar la vida eterna? Bueno HAZ lo que hizo el samaritano. Ama como él, sin excusas, sin fronteras, sin llevar cuentas. Bueno, eso es imposible, ¿no? Es demasiado. El samaritano de la historia es *demasiado bueno*.

¿Y ese es precisamente el punto, no es así? Este amor es en exceso, es insostenible. Nadie es realmente así. No en la vida REAL. Y por eso, Jesús demuestra que es imposible alcanzar el cielo por tus propios esfuerzos, es imposible HACER algo para justificarse uno mismo. Porque la norma del cielo es nada menos que la perfección, amor perfecto a Dios, amor perfecto a nuestro prójimo. ¿Como sería de otro modo? Cualquier otra cosa convertiría el cielo en un infierno.

La única manera de heredar la vida eterna es por el camino de Dios: Jesús murió en la cruz para lograr lo que nosotros no podíamos lograr. Solamente por medio de su muerte en la cruz es que nosotros somos justificados y hechos justos delante de Dios. Solamente por medio de lo que él HIZO, no por lo que HACEMOS, es que podemos heredar la vida eterna. Este estudio de caso ingeniosamente expone nuestra necesidad de recibir esta clase de amor debido a nuestro total fracaso de poder ofrecer esta clase de amor.

Jesús nos ama como el samaritano amó: nos ama sin excusas, sin fronteras, sin llevar cuentas. Esto es lo que hace que el mensaje cristiano sea *buenas* noticias.

Pero es imprescindible que no dejemos la parábola allí. Así que quisiera cerrar con un desafío a aquellos que ya conocen a Jesús. Porque una vez que hemos sido justificados por su maravilloso acto de amor en la cruz, ¿por qué no podemos responder con la misma clase de amor? ¿Cómo no podemos ir y hacer lo mismo? No para ganarnos su favor, sino porque ya tenemos su favor. Esta parábola no solo es una ilustración del amor que Jesús nos mostró. Es más que eso, es un desafío penetrante a aquellos de nosotros que complacientemente no amamos a otros como Jesús nos amó. Porque Jesús nos dice a cada uno de nosotros «Ve y haz tú lo mismo». Ama sin excusas, sin fronteras, sin llevar cuentas. Y si encuentras que tus amigos cristianos no hacen esto, tendrás una idea de lo mucho que ellos mismos necesitan del amor de Jesús.

Jesús hizo por nosotros lo que jamás pudimos haber hecho por nosotros mismos.

Tercera sección

Predicar las epístolas

¡Hola! Soy yo... sí, finalmente estoy en camino... sí... no me tardo.

En estos momentos estoy en el bus... Sí, me doy cuenta, pero no tenía otra opción.

Hubo un problema en la estación. Era todo un caos...

Ah, y se me acabó la batería. Por eso me prestaron este teléfono.

No, no me he olvidado... está guardado en mi cartera. No le pasará nada. Te lo prometo.

Te lo entregaré pronto. ¿Ok? ya me tengo que ir. Nos vemos pronto... hasta luego

He perdido la cuenta de las veces que he tratado de evitar escuchar las conversaciones telefónicas de extraños en la vía pública. Tal vez te pasa lo mismo. No queremos ser curiosos, pero si las personas insisten en hablar alto, no lo podemos evitar. Me acuerdo haber estado sentado en la sección de embarque de un aeropuerto y haber escuchado a un cirujano describir en detalles sangrientos la operación que tenía planificado hacer esa misma noche. Afortunadamente la mayoría de las cosas que dijo no tenían sentido para mí, pero de todas formas fue grotesco.

Por lo general, no se necesita de mucha imaginación para darse cuenta lo que la persona al otro lado de la línea está diciendo, así como la conversación a medias con la que comencé este capítulo. Uno o dos detalles son imposibles de resolver (como el objeto que está en la bolsa o qué relación hay entre ambas personas), pero el resto es claro. Después de algunos retrasos en un viaje difícil, la persona ha logrado contactarse con alguien y dar una nueva hora de llegada.

Las cartas del Nuevo Testamento nos dan la oportunidad de espiar algunas conversaciones antiguas. Cuando te detienes a pensar sobre este asunto, te das cuenta cuán asombroso es en sí mismo. Es casi como si la brecha de 2 000 años desapareciera para que podamos escuchar al mismísimo apóstol Pablo. Con ello no queremos negar que haya algunos detalles que nos parezcan extraños y ajenos y, obviamente, solo tenemos la mitad de la conversación en nuestras manos. Todavía tenemos que adivinar a qué respondía el escritor o cómo reaccionaron las personas a quienes les escribía. Pero hay muchas cosas que podemos descubrir con una confianza razonable, y develar lo que apasionaba a cada escritor. Estos autores todavía nos hablan el día de hoy.

Algunas de esas cartas se escribieron a congregaciones particulares en ciudades especificas (como Corinto y Roma), o para regiones más amplias (como 1 Pedro, o la Epístola a los Colosenses, que debía de compartirse la iglesia de Laodicea, Colosenses 4.16). Otras se escribieron para amigos en particular (como Timoteo y Tito). Su ubicación en el Nuevo Testamento aparece con las epístolas de Pablo en primer lugar (las epístolas a las iglesias primero que las epístolas para personas), y luego las epístolas escritas por los demás (las epístolas generales). Nos enfocaremos principalmente en las epístolas de Pablo, pero daremos algunos consejos adicionales acerca las epístolas generales a medida que avanzamos.

VIII. Entender el motivo específico de las epístolas

Mientras que todos los escritores de la Biblia tenían razones claras para ponerse a escribir, las epístolas son la parte de la Biblia más estrechamente vinculadas a un tiempo y lugar específicos. Es por eso que a veces se les llama «documentos ocasionales» porque significa sencillamente que fueron escritos para «ocasiones» específicas. A diferencia de los libros proféticos del Antiguo Testamento (y los evangelios), que fueron compilados durante largos períodos de tiempo, las epístolas generalmente se escribieron en respuesta a ciertas noticias. A veces eran buenas noticias que habían llegado a oídos del escritor, y a veces eran noticias acerca de algún tipo de crisis en la iglesia. Mientras las leemos, quizá podamos imaginar a Pablo paseándose de un lado al otro de la habitación, mientras dicta a un ayudante[24] que intenta escribir desesperadamente cada palabra.

Lo que esto significa es que, aunque probablemente solo estemos predicando una pequeña sección de una epístola, es vital tener una idea de los antecedentes y objetivos de toda la epístola.

Solo entendiendo este trasfondo, podemos tener confianza al manejar un pasaje individual.

En lo que resta de este capítulo, nos concentraremos en entender las epístolas en su totalidad.

24 Véase Romanos 16.22, donde Tercio se identifica como el secretario, mientras que en Gálatas 6.11 Pablo comienza a escribir el mismo.

1. Tener las expectativas correctas a la hora de leer las epístolas

El hecho de que cada epístola fue generada por una situación específica tiene tres importantes implicaciones para nosotros:

Esperar respuestas, pero no necesariamente a nuestras preguntas

La evidencia más clara de que los escritores de las epístolas respondían a preguntas aparece en 1 Corintios. Desde el comienzo del capítulo 7, Pablo aborda una serie de preguntas que probablemente le enviaron en una carta de la iglesia de Corinto. La pista que demuestra esto se encuentra en las frases «paso ahora a los asuntos…» y «en cuanto a…». Aquí están algunos ejemplos:

• 1 Corintios 7.1	Paso ahora a los asuntos que me plantearon por escrito…
• 1 Corintios 8.1	En cuanto a lo sacrificado a los ídolos…
• 1 Corintios 12.1	En cuanto a los dones espirituales…

De manera similar, cada epístola de la Biblia tenía la intención de ayudar a los cristianos a tratar con algún problema del mundo en que vivían. Pero el mundo en que los antiguos cristianos vivían no es idéntico al mundo en que vivimos. Tenemos diferentes contextos y diferentes preguntas. Por lo tanto, no debemos esperar que las epístolas hablen directamente a nuestra situación. Más bien, necesitamos identificar el contexto en que fueron escritas originalmente y buscar paralelismos con nuestras propias situaciones.

Esperar una teología excelente, pero no necesariamente una teología sistemática

Sin excepción alguna, los escritores de las epístolas aplican la verdad revelada a la situación que están enfrentando. Escriben teología. Pero no esperes encontrar un resumen o análisis completo de un tema en particular en un solo lugar. El contexto de los destinatarios de la epístola rara vez exige esto. Tal vez lo más cerca que Pablo llega a hacer esto es con su enseñanza sobre el Espíritu y sus dones en 1 Corintios 12–14. Pero, aun así, tendríamos que recurrir a otros pasajes como Gálatas 5 y Romanos 8 para lograr una idea completa.

Entonces, jamás deberíamos suponer que solo un párrafo es la revelación completa que un escritor ofrece sobre el tema (o, de hecho, sobre la Biblia).

En otras palabras, las epístolas no son capítulos de una obra de teología sistemática o de un diccionario.

Espera una realidad pastoral, pero no necesariamente pertinente a nosotros

Las cartas son pertinentes a nosotros, pero no de una manera directa. Por ejemplo, cuando Pablo le pide a Timoteo que se apresure a encontrarlo, y que le traiga su ropa y los materiales de escritura que dejó en Troas (2Ti 4.13), ninguno de nosotros pensaría siquiera en sugerir que los miembros de nuestra congregación tomen un vuelo a Turquía para ir a buscar estos artículos olvidados. ¡Sería ridículo! Claramente se trataba de un pedido especial para Timoteo y para nadie más. Esta información nos permite captar un poco del sufrimiento de Pablo mientras estaba en prisión en Roma, y tal vez el nivel de amistad que había entre él y Timoteo, pero no mucho más.

Quizá menos obvio, pero igual de especial para Pablo, es el relato de su conversión en Gálatas 1. Nos dice que inmediatamente después de su dramático encuentro con Cristo en el camino a Damasco, se fue hacia el sur rumbo a Arabia. Solo pudo conocer a los apóstoles tres años después (Gá 1.17–20). No incluye estos detalles como si fueran algún tipo de modelo a seguir. Así como muchos otros aspectos de su conversión, esta experiencia fue única para él. Menciona lo que sucedió solamente porque usa estos extraños eventos para recalcar su autoridad de apóstol. Supuestamente esto es lo que le dio la autoridad para reprochar a Pedro cara a cara (Gá 2.11).

¿Qué nos dicen estos versículos acerca del contexto en que se escribieron?

- 2 Corintios 7.8–10
- 1 Tesalonicenses 2.1–2
- Tito 1.5–6
- Santiago 5.1–4

La primera tarea del predicador es, por lo tanto, descifrar qué motivo hubo para que se escribiera la carta. Es un lugar fundamental para comenzar. Si no hacemos esto, nos arriesgaremos a reducir a las epístolas a simples depósitos de dichos hermosos o consejos morales. El resultado será un sermón de gran superficialidad, irrelevante y quizá incluso lleno de herejías.

Entonces, ¿cómo podemos descubrir la ocasión que generó la carta?

2. Investiga el contexto en el libro de los Hechos

Antes de trabajar en el contenido de la epístola, siempre vale la pena revisar el segundo volumen de Lucas, el libro de los Hechos, con el propósito de buscar antecedentes útiles. Dado que Lucas era uno de los compañeros de Pablo, esta información será especialmente pertinente para las epístolas de Pablo. El libro de los Hechos a veces nos cuenta acerca de los destinatarios de la epístola e incluso sobre las circunstancias en la que fue escrita. Tal como muestra la gráfica, para algunas epístolas, Hechos ofrece información específica; pero para otras, solo tenemos una imagen general del período o contexto en que fueron escritas.

Las cartas de Pablo	El contexto en Hechos
Romanos Pablo todavía no ha visitado Roma cuando escribe la epístola, pero planea hacerlo (Ro 15.23–33).	**Hechos 27.1–28.31** El viaje final a Roma.
1 y 2 Corintios Las epístolas se escribieron poco después de que Pablo se quedara un buen tiempo en Corinto.	**Hechos 18.1–18** Visita durante su tercer viaje misionero; se nos presenta a Apolos, Priscila y Aquila.
Gálatas Probablemente escrita entre las dos epístolas a los corintios, después de recibir informes acerca de falsas doctrinas que habían fascinado a la iglesia. Pablo explica la confrontación que tuvo con Pedro (Gá 2).	**Hechos 10.9–48, 13–14** La visión de Pedro, la cual le permitió visitar la casa de Cornelio el gentil. Pablo visita Galacia durante su primer viaje misionero, y probablemente desafío a Pedro antes del concilio de Jerusalén en Hechos 15.
Efesios Escrito en Roma unos años después de la visita de Pablo, probablemente al mismo tiempo que Colosenses (con el que comparte muchas similitudes).	**Hechos 19.1–20.1; 20.17–38** *(y Hechos 28.16–31)* Pablo vivió allí dos años durante su tercer viaje misionero; luego se encontró con los ancianos en Mileto camino a Jerusalén.

Las cartas de Pablo	El contexto en Hechos
Filipenses Escrito desde una prisión romana; fue la primera iglesia que se estableció en Europa y claramente significó mucho para Pablo.	**Hechos 16.11–40** *(y Hechos 28.16–31)* Iglesia plantada durante el segundo viaje misionero, con notables primeros conversos.
Colosenses Pablo nunca visitó Colosas, pero esta iglesia en el valle del Lico tuvo buenos vínculos con la iglesia de Éfeso por medio de Epafras, que fue el que la fundó.	**Hechos 19.1–20.1** *(y Hechos 28.16–31)* El ministerio de Pablo duró dos años en Éfeso y logró impactar a toda la región (19.10), y así es como llegó el evangelio a Colosas.
1 y 2 Tesalonicenses La primera epístola fue escrita al poco tiempo de que Pablo se marchase de Tesalónica; la segunda unos meses después.	**Hechos 17.1–10** Sucedió durante el segundo viaje misionero; solo pudo quedarse tres sábados (entre dos y cuatro semanas).
1 y 2 Timoteo La primera epístola fue escrita cuando Pablo fue absuelto en Roma, la segunda después de su segundo arresto.	**Hechos 16.1; 17.14–15; 18.5; 19.22; 20.4** *(y Hechos 28.16–31)* Timoteo era claramente persona de confianza del equipo de Pablo, y es por eso que se le dio tareas difíciles, como ayudar con los problemas en Corinto (1Co 4.17).
Tito Aunque Tito no aparece en Hechos, Pablo claramente confiaba en él lo suficiente como para supervisar el desarrollo del liderazgo de la iglesia de Creta.	**Hechos 27.7** *(y Hechos 28.16–31)* Pablo visita Creta durante su último viaje hacia Roma.
Filemón Era colosense y dueño del esclavo Onésimo, probablemente se convirtió por medio de la labor de Pablo en Éfeso.	**Hechos 28.16–31** Se supone que Pablo había sido ayudado por Onésimo durante su encarcelamiento en Roma, pero siente que ahora debería enviarlo de regreso.

Mapa que muestra ciudades y regiones importantes en el ministerio de Pablo.

En esta sección de las epístolas, nos sería útil si nos concentramos en una epístola, y de ahí tomaremos la mayoría de nuestros ejemplos. Así que he decidido enfocarme en cómo preparar un sermón sobre la epístola de Pablo a la iglesia en Filipos.

Para ayudarte a tener una idea acerca de cómo vincular Hechos y las epístolas, veamos cómo Hechos 16 nos ayuda con Filipenses.

Cuando leemos este capítulo en Hechos, nos acordamos de cuán notables fueron los eventos que ocurrieron durante la breve visita de Pablo. Su equipo sabía que debían de estar allí debido a la famosa invitación que el hombre macedonio le hizo a Pablo en una visión (Hc 16.6–10). Por supuesto, esto no evitó que ellos pasasen por dificultades y oposición. Pero, lo que resalta es la evidente diversidad de los primeros conversos:

- Lidia, una próspera mujer de negocios y comerciante
- Una muchacha esclava, que había estado poseída por un demonio
- Un rudo veterano de guerra romano y que era carcelero

Pablo se ve obligado a abandonar la ciudad (después de exigir sus derechos como ciudadano romano) pero no sin antes hacer todo lo posible para dejar unas bases firmes a los nuevos cristianos de allí. Fue una visita extraordinaria y llena de sucesos que dio lugar a la primera iglesia en Europa, una iglesia que siempre sabría que había nacido entre los fuegos de la persecución.

Mientras que Pablo es la persona más prominente en Hechos, el libro también contiene información que es útil a la hora de leer las Epístolas Generales, es decir, las cartas escritas por otros autores. Pese a que no podemos vincular estas epístolas a eventos específicos, Hechos nos ofrece una mejor idea del mundo en el que se escribieron. Era una época en la que los cristianos a menudo se sentían acosados, luchando con tensiones dentro de sus comunidades (como falsas enseñanzas y divisiones), mientras que resistían la persecución tanto de grupos judíos que habían rechazado a Cristo como de los gobernantes imperiales romanos. No es de extrañar que la vida fuera difícil para ellos.

Los autores de las Epístolas Generales escribieron para apoyar, animar y a veces reprender a sus destinatarios.

- Se desconoce la identidad del autor de **Hebreos**, pero el mensaje general de la epístola es claro. Se debe resistir las presiones de la comunidad judía para retornar al rebaño, estos conversos cristianos tienen que perseverar con Jesús porque él es superior a todo lo que la antigua religión judía ofrecía (Heb 10.19–25).

- **Santiago** escribe a los creyentes que son «indecisos», que tratan de vivir con un pie en el mundo y el otro en el reino de Dios (Stg 1.8; 4.8). A pesar de que su actitud sea entendible en un mundo hostil e inestable, son «indecisos e inconstantes» (Stg 1.2–7).
- Las epístolas de **Pedro** se escribieron para gente que vivía en las provincias romanas de lo que hoy es el noroeste de Turquía. Los cristianos eran pocos, y estaban esparcidos y aislados (1P 1.1–6), circunstancias que hacían difícil soportar la persecución por causa de su fe.
- Tradicionalmente a **Juan** se le relaciona con la iglesia de Éfeso, y escribe su primera epístola para calmar a los creyentes cuya confianza había sido debilitada por falsas enseñanzas (1Jn 3.19–24). Su segunda y tercera epístola son más íntimas, en la que trata con la necesidad de vivir vidas consecuentes con la verdad y el amor al evangelio (2Jn 6–7; 3Jn 4).
- A **Judas** le interesa principalmente los peligros y consecuencias de las enseñanzas falsas. Ruega con urgencia a sus oyentes que sigan perseverando a pesar de estos desafíos (Jud 21, 24).

3. Conocer el sentido general de la epístola

Léela en su totalidad varias veces

Imagínate que has estado lejos de casa por bastante tiempo y recibes una larga carta o correo electrónico de un ser querido. Sería raro que te limites a leer solamente un párrafo al día después del desayuno. ¡No! querrás leerlo todo de una vez, quizás rápidamente la primera vez para tener una idea en general, y luego más lentamente.

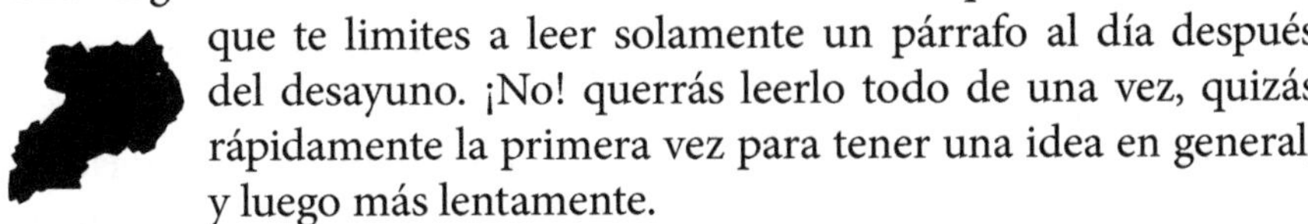

Entonces, ¿por qué no hacemos eso con las epístolas de la Biblia? Incluso las más largas, Romanos y 1 Corintios, solo toman un poco más de una hora cada una.

Cuando lees toda la epístola de una sola vez, te darás cuenta que la entenderás mucho mejor. Incluso nuestros pasajes favoritos nunca fueron escritos de forma aislada, sino siempre como parte de un todo. Así que cuanto más leas cada epístola, sus detalles te serán más familiares y comprenderás la razón por la cual fue escrita.

Tener objetivos específicos para cada lectura

A veces sirve anotar ideas u observaciones en un papel en blanco a medida que vayas leyendo toda la epístola. Quizá tengas diferentes preguntas u objetivos cada vez que la leas:

1: ¿Hay algunos detalles que se relacionan con el trasfondo de la epístola en el libro de los Hechos? Será útil comenzar con esto mientras que el pasaje relevante en Hechos esta todavía fresco en tu mente.

Vuelve a leer Hechos 16.6–40, y luego lee todo Filipenses. ¿Hay algunos detalles en la epístola que corresponden de alguna manera con lo que hemos aprendido en el libro de los Hechos?

Quizá quieras trabajar con otros objetivos cuando la vuelvas a leer si tienes tiempo.

Si estas acostumbrado a predicar en otro idioma, tal vez puedas trabajar en la epístola en ese idioma, antes de comparar tus notas con las mías que están más abajo.

2: Identifica personajes o grupos clave que aparecen en la epístola. ¿Qué aprendemos acerca de la relación entre cada uno o con el autor? ¿El escritor menciona oponentes? ¿Cómo muestran su oposición?
3: Busca palabras o ideas que se repiten en la epístola o con frecuencia en un párrafo específico. Cuando las juntas, ¿apuntan al tema principal de la carta?
4: Busca pistas sobre la causa que impulsó a que la epístola se escriba en primer lugar?
5: ¿Puedes comenzar a ver los principales componentes de la epístola? ¿Son secciones que trabajan juntas para formar un argumento general? ¿O el escritor va de un punto separado a otro?

Recuerda que se trata sencillamente de un método que reúne impresiones preliminares antes de estudiar el pasaje en detalle. Será útil, porque tu mente continuará haciendo conexiones con la epístola en su totalidad a medida que sigues estudiándola.

Aquí hay algunos detalles que sobresalieron para mí mientras leía Filipenses varias veces.

1º. ¿Algún vínculo con Hechos 16?

- Asociación con el evangelio desde el principio (1.3–6)
- No se intimida por la persecución (1.20; 1.28; 2.15–16)
- Las divisiones son comunes en cualquier iglesia, pero quizá es más común en una con tanta variedad de conversos nuevos (4.2–3)
- Los únicos en Macedonia que apoyaron a Pablo al comienzo fueron los filipenses (4.15–16)

2º. Se menciona a personas clave

- Pablo y Timoteo, escriben desde la prisión en Roma (1.12–14, véase también 2.19–24)
- Epafrodito había sido generosamente enviado por la iglesia filipense para que colaborara con Pablo, pero tuvo que regresar (y se lleva la carta, 2.25–30)
- Evodia y Síntique, dos mujeres clave en Filipos (4.2–3)

Dos grupos opositores distintos:

- En Roma, están aquellos que «aumentan las angustias» para Pablo (1.17)
- En Filipos, «esos perros» (3.2)

3º. Palabras/temas que se repiten

- Proclamar/defender el evangelio
- Participación en el ministerio
- Mantenerse unidos en la iglesia
- Persecución y oposición fuera de la iglesia
- Gozo en Cristo
- Seguir el ejemplo de una vida santa y sacrificada
- Perspectiva eternal de la vida después de la muerte

4º. Pista acerca de la ocasión que genera la epístola

Pablo escribe para:

- Tranquilizar a los filipenses que su encarcelamiento no es en realidad un contratiempo (1.12).
- Poner su propio sufrimiento en el contexto del propósito de Dios (1.28–30).
- Recordarles que se esfuercen por mantener la unidad en Cristo (1.27; 2.1–4; 4.1–3)
- Explicar por qué Epafrodito regresaba a casa tan pronto (2.25–30)
- Advertirles sobre los falsos maestros (3.2)
- Agradecerles por la generosa ofrenda que habían enviado con Epafrodito (4.10–19)

5º. Pistas para determinar una estructura

No pude determinar una estructura clave a estas alturas, pero algunos asuntos me llamaron la atención:

- La canción acerca de Jesús en 2.5–11 hace eco a lo largo de la carta (antes y después de que aparezca). En particular, se exalta a Timoteo y Epafrodito como ejemplos vivos de aquellos que viven según el modelo de Jesús (2.12–30)
- Pablo trata con los dos grupos de oposición de maneras muy distintas (tolera al grupo de Roma, pero es duro con el grupo de Filipos.
- El desacuerdo entre Evodia y Síntique aparece casi al final. ¿Será que todo el contenido de la epístola hasta este momento sirve para que Pablo les ruegue que se reconcilien?

Estas notas no son de ninguna manera un producto terminado, pero son impresiones iniciales de la lectura de la epístola. Todavía hay mucho más trabajo que hacer.

Prestar atención a los inicios y finales

Las epístolas se estructuraban de forma ligeramente distinta en el mundo antiguo. Hoy podríamos poner el nombre y la dirección del destinatario en el sobre (quizás con una dirección del remitente), y luego comenzar la carta en una hoja separada con nuestra propia dirección y un saludo. Por lo general, dejamos nuestro nombre y firma para el final.

Las cartas antiguas funcionaban al revés, principalmente porque se escribían en rollos. No era posible simplemente pasar la hoja hasta el final para ver quién había escrito la carta (como lo hacemos hoy). Así que, escribir toda la información pertinente en las primeras líneas, significaba que no había necesidad de desenrollar todo el pergamino. Esta era la norma común:

- Se presenta el autor (quizá con un resumen de sus credenciales y títulos)
- Destinatarios y su ubicación
- Saludo acostumbrado
- Oraciones de agradecimiento o bendición, seguidos de una presentación general
- Cuerpo de la carta, que puede variar mucho de tamaño

Otra norma común tiende a modelar el final de las cartas:

- Instrucciones prácticas (ya sea para la carta o para el que la envía)
- Saludos de parte de terceros
- Un resumen final o postdata, y oraciones de alabanza

Algunas veces esta estructura tiene variantes, que en sí mismas nos ayudan a su interpretación. Por ejemplo, al comienzo de Gálatas, Pablo parece apurado para tratar el meollo del asunto (Gá 1.6). No hay cálidos saludos o palabras de aprecio para los conversos de Galacia; más bien, de inmediato comienza a expresar su alarma por lo que está ocurriendo allí. Las falsas enseñanzas parecen haberse apoderado de la iglesia y es necesario hacer algo con urgencia (1.6–10). Hay que contrastar esto con las palabras de aliento que ofrece a los creyentes de Tesalónica (1Ts 1.2–10).

Tal y como vimos anteriormente con los evangelios, es útil que tomemos nota de cómo empiezan y terminan los libros en la Biblia. Los finales pueden ser bastante útiles para identificar pistas que nos permitan entender la razón por la que se escribió la epístola. Por ejemplo, ¿concluye el escritor con comentarios que se vinculan a algo que dijo al principio de su epístola?

¿Qué descubrimos si comparamos los versículos iniciales y finales de Filipenses?

- **Inicio:** Pablo (junto con Timoteo) escribe a una iglesia que ambos conocen y claramente aman. Pero fíjate cómo Pablo recalca que incluye a todos los miembros de la congregación. En 1.1, escribe a «todos los santos en Cristo Jesús que están en Filipos»; 1.4 «en todas mis oraciones por todos ustedes»; 1.7 «es justo que yo piense así de todos ustedes... todos ustedes participan conmigo de la gracia que Dios me ha dado»; 1.8 «cuánto los quiero a todos»
- **Final:** Pablo agradece a los filipenses por la participación financiera en su ministerio, que refuerza sus conexiones profundas con ellos (4.10–18). Una vez más, enfatiza su afecto por todos: «Saluden a todos los santos en Cristo Jesús». (4.21); «Saludos de parte de todos los santos» (4.22).

Entonces, incluso todos estos versículos parecen respaldar la apelación de Pablo para la unidad del evangelio.

¿Qué puedes deducir al mirar estos versículos introductorios y finales?

- Romanos 1.1–6 y 16.25–27
- 1 Corintios 1.1–9 y 16.19–24
- Tito 1.1–4 y 3.12–15
- 1 Pedro 1.1–9 y 5.8–14

A estas alturas debo aclarar que ninguna parte de esta tarea de investigación requiere que consultes un comentario. Se trata sencillamente de analizar el texto con las preguntas correctas. Jamás podremos saber de todo por nuestra cuenta (y sería absurdo ignorar la labor de aquellos que han pasado meses o incluso años investigando estos textos), pero por lo general podemos hacer mucho más de lo que creemos que podemos hacer.

4. Imaginarse el otro lado de la conversación

Luego de haber leído la carta varias veces, estamos en una postura sólida para especular acerca lo que se estaba diciendo al otro lado de la línea telefónica, por así decirlo. Solo requiere un poco de imaginación creativa para darse cuenta lo que las personas estaban diciendo y haciendo para provocar esta carta. Las respuestas a estas preguntas nos ayudarán a reunir lo que hemos descubierto hasta el momento acerca del propósito de esta carta.

¿Qué sucedió antes de que Pablo escribiese Filipenses?

Podemos determinar varios asuntos.

- La iglesia filipense quería apoyar a Pablo en su ministerio. Lo hicieron de dos maneras: enviando a uno de sus miembros clave, Epafrodito, para que se uniese a su equipo de misión (2.25), y enviando con él una ofrenda monetaria para Pablo (4.18).
- Epafrodito informó a Pablo algunas de las noticias de la iglesia, tanto positivas como negativas, y le comentó acerca de amenazas internas y externas contra la iglesia. Dentro de la iglesia, había divisiones en la congregación. En ese tiempo, los creyentes no se reunían en edificios eclesiásticos, sino en casas de los creyentes. Así que, si los dueños de esas casas dejaban de hablarse, el impacto en toda la congregación sería terrible. Esta es probablemente la razón por la que el pleito entre Evodia y Síntique fue tan doloroso (4.2–4). Mientras tanto, algunos falsos maestros habían llegado y estaban tratando de forzar a los conversos gentiles a que adopten la cultura judía como parte de su discipulado. Pablo es firme cuando enseña que añadir requisitos adicionales a todo lo que el Señor Jesús había logrado en nuestro nombre menospreciaba la obra de Cristo (3.1–14).
- Epafrodito había estado seriamente enfermo así que Pablo decide enviarlo de vuelta a casa. Pero no quería que los cristianos filipenses llegaran a la conclusión prematura de que Epafrodito no había apoyado a Pablo adecuadamente o que habían tenido un desacuerdo cuando lo vieran regresar tan pronto. Así que Pablo les recalca que está enviando a su amigo de vuelta debido a su salud, y no por alguna decepción con su ministerio (2.25–30).

Lo que Pablo esperaba que sucediera después que los filipenses leyeran esta carta

Nuestras respuestas a las preguntas previas nos ayudan a determinar qué es lo que Pablo esperaba. Esto es importante porque nos señala la aplicación que la epístola tenía para sus lectores/oyentes originales.

- Para que los cristianos de Filipos permaneciesen juntos en la unidad de Cristo, esforzándose para resolver sus diferencias con amor sacrificial como el de Cristo y rechazando las enseñanzas falsas que socavan la confianza en Cristo.
- Para que los cristianos de Filipos perseveren con el evangelio de esperanza en medio de las dificultades y la hostilidad del mundo que los rodea.
- Para que los cristianos de Filipos continúen siendo generosos participantes del evangelio, como ya lo habían sido cuando enviaron a Epafrodito junto a una donación monetaria.

Es necesario enfatizar que en ninguna parte de este ejercicio se ha requerido consultar comentarios bíblicos. Esto no significa que ahora entendemos todo el contenido del texto, pero sí significa que cada uno de nosotros tenemos a nuestro alcance la habilidad de entender las ideas principales una vez que abrimos la Biblia y dedicamos nuestras mentes y corazones para entenderla.

5. Elabora un bosquejo provisional

En esta etapa, nadie debe creer que ha logrado entender todos los detalles de una epístola bíblica. Esto solamente puede lograrse luego de haber estudiado cada uno de los pasajes al detalle. Sin embargo, podemos intentar elaborar un bosquejo provisional de la epístola, que nos puede servir como una guía útil para el panorama general de la epístola una vez que comencemos a sumergirnos en los detalles del pasaje sobre el cual predicaremos.

Si has estado trabajando en Filipenses a lo largo de este capítulo, entonces antes de seguir leyendo más, intenta por ti mismo esbozar un bosquejo de toda la epístola.

Recuerda: no copies automáticamente los encabezados que aparecen en tu traducción preferida de la Biblia. No existen en el texto original; fueron agregados por los traductores. ¡Lo cual significa que pudieron haber entendido mal!

Aquí está mi bosquejo provisional para Filipenses hasta el momento.

- 1.1–11 Saludos y oración
- 1.12–26 La esperanza de Pablo en Cristo en medio del sufrimiento
- 1.27–2.18 La vida de la iglesia modelada en Cristo
- 2.19–30 Dos hermanos que ministran como Cristo
- 3.1–14 Confianza en el evangelio es posible solamente en Cristo
- 3.15–4.3 Sigue el ejemplo de Pablo para la unidad en Cristo
- 4.4–23 Instrucciones finales y saludos

Este bosquejo está bien por ahora, pero definitivamente necesita más trabajo. Estaremos haciendo algo de ese trabajo en el capítulo siguiente, mientras consideramos cómo podemos ver detalladamente un pasaje específico.

IX. Estudiar los detalles de las epístolas

Cuando se trata de analizar un pasaje de la Biblia, una técnica útil es imprimirlo o escribirlo para que puedas tomar notas en él. Esto nos da la libertad para trabajar con el texto de una manera que no haríamos con nuestra Biblia impresa. Esta técnica es especialmente útil cuando se trabaja en un pasaje en las epístolas, ya que tienden a ser más cortas y presentan argumentos de punto a otro. El subrayado y las notas al margen pueden ayudarnos para ver cómo se desarrolla ese argumento.

Algunas personas escriben sus notas usando bolígrafos de diferentes colores para resaltar o subrayar palabras y frases de interés; otros anotan observaciones, preguntas y pensamientos al margen. No importa mucho cómo lo hagas, lo importante es hacerlo.

Sugiero que trabajemos en el pasaje breve de Filipenses 1.12–18 para ver el proceso completo, desde el estudio detallado hasta una posible estructura del sermón.

1. Resalta los detalles importantes

A primera vista, un pasaje bíblico puede verse como un revoltijo de texto y oraciones. Puede que entendamos lo que cada palabra significa en sí misma, pero es difícil ver cómo todas encajan juntas. Entonces, debemos abordar el pasaje planteándonos una serie de preguntas sencillas.

- ¿Qué palabras o ideas se repiten?
- ¿Se desarrollan estas palabras repetidas de alguna manera?
- ¿Qué imágenes o metáforas se usan?
- ¿Hay alguna palabra o idea difícil de entender?
- ¿Hay algo que impacta o sorprende?

Empieza marcando la copia del pasaje que has escrito o impreso. ¡No importa como lo hagas, siempre y cuando puedas entender tus propias anotaciones! Por lo general, utilizo un color o tipo de línea por palabra o frase repetida.

Realiza tus propias anotaciones de Filipenses 1.12–18, antes de que veas las mías.

Tus notas pueden lucir como el ejemplo que hemos incluido. Cada uno de los tipos de marcas enlazan palabras similares. Así que puse a «Cristo» en un casillero (para que la palabra resalte); «evangelio» tiene un subrayado ondulado, mientras que «predicar» o «proclamar» ambos tienen doble subrayado. Y así sucesivamente.

12 Hermanos, quiero que sepan que, en realidad, lo que me ha pasado ha
contribuido al avance del evangelio. 13 Es más, se ha hecho evidente a toda la
guardia del palacio y a todos los demás que estoy encadenado por causa de Cristo.
14 Gracias a mis cadenas, ahora más que nunca la mayoría de los hermanos,
confiados en el Señor, se han atrevido a anunciar sin temor la palabra de Dios.
15 Es cierto que algunos predican a Cristo por envidia y rivalidad, pero otros lo
hacen con buenas intenciones. 16 Estos últimos lo hacen por amor, pues saben que
he sido puesto para la defensa del evangelio. 17 Aquellos predican a Cristo por
ambición personal y no por motivos puros, creyendo que así van a aumentar las
angustias que sufro en mi prisión.
18 ¿Qué importa? Al fin y al cabo, y sea como sea, con motivos falsos o con
sinceridad, se predica a Cristo. Por eso me alegro; es más, seguiré alegrándome.

Una palabra repetida es obviamente importante. Entonces, para descubrir la esencia del texto todo lo que se necesita a veces es tan solo identificar esas palabras repetidas. En otras ocasiones, se necesitará mayor esfuerzo. Pero con seguridad este es el mejor lugar para empezar.

En este pasaje, el enfoque central de Pablo salta a la vista: predicar el evangelio.

Lo menciona cuatro veces. Pero todavía tenemos algunas preguntas.

- ¿Predicar el evangelio es lo mismo que predicar a Cristo?

- ¿Por qué se enfoca en su sufrimiento aquí? Dice de sí mismo que está «encadenado», «mis cadenas» y en «prisión».
- ¿Por qué resalta a los otros predicadores que le causan problemas?

Hasta aquí vamos bien, pero todavía tenemos trabajo que hacer. El desafío ahora es averiguar cómo fluye la lógica del pasaje.

2. Crear un «diagrama de flujo»

Podría parecernos un asunto obvio, pero debemos recordar que las epístolas del Nuevo Testamento tienen sentido y no son una mezcolanza de ideas. Fueron escritas con un propósito y siempre tienen una razón de ser (incluso si a veces lleva tiempo identificarla). Si las epístolas hubieran sido incoherentes, jamás habrían sido compartidas más allá de los primeros creyentes que las recibieron. Es cierto, Pablo a veces interrumpe la ilación de una oración y empieza una nueva idea (como en Fil 3.1–2), pero vuelve al punto, y en realidad, estos desvíos tienden a servir a su principal objetivo.

Entonces, ¿cómo encontramos ese flujo lógico? Una de las mejores maneras de hacerlo es crear un diagrama de flujo.[25] Se trata de una herramienta útil para establecer las ideas más importantes de un pasaje, aquellas de las que dependen todos los demás pensamientos. El resultado es algo que plasma el argumento en una forma visual.

Tal vez podamos ver el flujo de un pasaje como si fuera un gran río. Cuando vivíamos en Uganda, nuestra casa estaba a una hora en coche de la fuente del río Nilo en Jinja, en el lago Victoria (aunque amigos en Ruanda y Burundi dirían que la verdadera fuente está en sus montañas, desde donde las corrientes fluyen al lago). Según la mayoría de los cálculos, el Nilo es el río más largo del mundo. En su fuente que está en Uganda, ya es amplio, y recorrerá casi 800 km antes de llegar al mar Mediterráneo. A lo largo de la ruta, hay cientos de afluentes y arroyos.

Imagínate que conduces por el campo de esta región y te encuentras con un amplio río. Podríamos asumir fácilmente que debe ser el Nilo. Pero después de examinar el mapa, descubrimos que en realidad es un río más pequeño tributario del Nilo, no el propio Nilo.

---

25 No todos los idiomas son adecuados para este método. Me dicen, por ejemplo, que es difícil usarlo en idiomas como el chino y el coreano.

Podemos cometer la misma clase de error cuando leemos un pasaje bíblico. Nos encontramos con algo que parece ser un tema importante pero cuando comenzamos a investigar, descubrimos que es solamente un tema secundario, que fluye hacia el verdadero tema principal.

Un diagrama de flujo de oraciones puede funcionar como un mapa, que nos ayuda a determinar cuál es el río de la idea principal y cuáles son las corrientes que lo alimentan.

Estos son los pasos a seguir para crear un diagrama de flujo de oraciones:

- Vuelve a la impresión del pasaje en el que ya elegiste las palabras repetidas. Resalta todas las palabras de enlace como «es más», «y», «pero», etc.
- Si puedes detectar dónde se detienen las oraciones principales y comienzan nuevas ideas, marcarlas en el texto con una barra diagonal.

El resultado será una página como ésta.

12/Hermanos, quiero que sepan que, en realidad, lo que me ha pasado ha
contribuido al avance del evangelio. 13 Es más, se ha hecho evidente a toda la
guardia del palacio y a todos los demás que estoy encadenado por causa de Cristo.
14 Gracias a mis cadenas, ahora más que nunca la mayoría de los hermanos,
confiados en el Señor, se han atrevido a anunciar sin temor la palabra de Dios./
15/Es cierto que algunos predican a Cristo por envidia y rivalidad, pero otros lo
hacen con buenas intenciones. 16 Estos últimos lo hacen por amor, pues saben que
he sido puesto para la defensa del evangelio. 17 Aquellos predican a Cristo por
ambición personal y no por motivos puros, creyendo que así van a aumentar las
angustias que sufro en mi prisión./
18/¿Qué importa? Al fin y al cabo, y sea como sea, con motivos falsos o con
sinceridad, se predica a Cristo. Por eso me alegro; es más, seguiré alegrándome./

Ahora, en otra hoja apaisada, escribe el pasaje a mano, pero no en el formato que generalmente se encuentra en los libros. Sigue estas instrucciones:

- Empieza cada oración nueva a la izquierda.
- Cada vez que haya una conjunción (una palabra de enlace), o una nueva cláusula en la oración, baja un renglón, deja una pequeña sangría, y comienza a escribir el resto de la oración ahí. (A veces

se te acabará el espacio, y necesitarás bajar un renglón de todos modos. Si eso ocurre no uses sangrías).

- Sigue escribiendo hasta que llegues a la siguiente conexión o cláusula. Cuando la alcances, haz una pausa y considera si fluye también de la anterior idea principal. Si es así, entonces colócala debajo de la cláusula anterior. (Observa el versículo 13, donde «a toda la guardia del palacio» es paralela con «y a todos los demás». Ambos fluyen de «se ha hecho evidente».
- Si es una idea nueva, o un nuevo nivel de subordinación o dependencia, entonces cuando bajes un renglón, añade otra sangría. (Así que de nuevo en el verso 13, «que estoy encadenado por causa de Cristo» fluye de las previas dos cláusulas, pero en un nivel distinto a ellas.)
- Cuando comiences una nueva oración, vuelve al margen de la izquierda.

12 Hermanos, quiero que sepan que,

    en realidad, lo que me ha pasado ha contribuido al avance del **evangelio**.

        13 Es más, se ha hecho evidente

            a toda la guardia del palacio

            y a todos los demás

                que estoy **encadenado** por causa de Cristo.

        14 Gracias a mis **cadenas**,

            ahora más que nunca la mayoría de los hermanos, confiados en el Señor,

            se han atrevido a anunciar sin temor la palabra de Dios.

15 Es cierto que

    algunos **predican** a Cristo por envidia y rivalidad,

    pero otros [predican] lo hacen con buenas intenciones.

        16 Estos últimos lo hacen [predican] por amor,

            pues saben que he sido puesto para la defensa del evangelio.

        17 Aquellos **predican** a Cristo

            por ambición personal

            y no por motivos puros,

creyendo que así van a aumentar las angustias que sufro **en mi prisión.**

18 ¿Qué importa?

Al fin y al cabo,

y sea como sea,

con motivos falsos

o con sinceridad,

se **predica** a Cristo.

Por eso me alegro; es más, seguiré alegrándome

Mirando el diagrama, podemos darnos cuenta que nuestra percepción inicial de la centralidad de la predicación se refuerza. Aparece en cada una de las tres secciones de nuestro pasaje. También parece que predicar el evangelio y predicar a Cristo son intercambiables, es decir que equivalen a lo mismo. Después de todo, la esencia del mensaje cristiano no es una idea o filosofía que guie nuestras vidas sino una persona que nos rescata de la muerte.

3. Resumir el pasaje en una oración

Cuando juntamos todos estos hilos, podemos comenzar a identificar la estructura o el esqueleto del pasaje. A primera vista, parece que Pablo afirma tres puntos separados. Pero si observamos más de cerca a 1.15–17 y 1.18 descubrimos que este último es simplemente un resumen de los versículos previos. Así que en realidad hay dos ideas aquí:

- 1.12–14 – Que el encarcelamiento de Pablo sirve para la proclamación del evangelio, no lo obstaculiza.
  - Puede predicar a la guardia del palacio y a los demás (v. 13)
  - Su ministerio infunde confianza para predicar (v. 14)
- 1.15–18 – Pablo se alegra de que se proclame el evangelio, aunque algunos lo hagan por ambiciones egoístas.
  - Algunos predican a Cristo por amor (v. 16)
  - Otros predican a Cristo por ambición personal (v. 17) – ¡pero ambos predican a Cristo!

En ambos casos, vemos la notable capacidad de Pablo para ver más allá del dolor y la tensión de sus circunstancias (persecución por los de afuera de la iglesia, agresiones desde dentro de la iglesia). Puede ver la buena voluntad de Dios para el evangelio en todo, que nos hacer ver cómo su gozo puede ser tan genuino. Entonces, un resumen de este breve pasaje podría ser así:

> Pablo se regocija cuando se proclama a Cristo, sin importar las circunstancias.

Este resumen nos da un indicio de cómo aplicar este pasaje a un sermón. El propio Pablo ofrece un sorprendente modelo de discipulado para perseverar en el ministerio durante tiempos difíciles. No todos en una congregación tendrán un cargo eclesiástico formal, algunos pasarán por la situación de ser despreciados por otros creyentes, incluso muy pocos serán encarcelados por su fe (eso esperamos). Pero todos los seguidores de Cristo tienen la responsabilidad de vivir y proclamar a Cristo.

Estos versículos nos inspiran a mirar más allá de nuestras circunstancias, así como Pablo lo pudo hacer. De hecho, seguir su ejemplo es un tema clave en todo Filipenses.

> Hermanos, sigan todos mi ejemplo, y fíjense en los que se comportan conforme al modelo que les hemos dado. (*Fil 3.17*)

Nadie podrá entender todas las partes de este proceso si no practica constantemente. Aquí hay algunas sugerencias para trabajar en algunos pasajes (tal vez con algunos amigos o colegas).

- Romanos 5.1–11
- 1 Corintios 15.1–11
- Efesios 2.1–10
- Colosenses 1.15–20
- 1 Pedro 1.3–9

4. Retornar al panorama general

Aún no estamos listos para trabajar directamente en la elaboración de nuestro sermón. Todavía necesitamos verificar que nuestra interpretación de este pasaje se ajuste al flujo general de la carta. También tenemos que estar dispuestos a adaptar nuestro entendimiento de toda la epístola, a la luz de las nuevas ideas que hemos obtenido de este estudio detallado. Esto es parte del diálogo normal entre el panorama general y los detalles que consideramos al comienzo de este libro.

Entonces, ¿qué conexiones podemos hacer con el resto de la epístola a partir de estos versículos? Ya hemos considerado la importancia de seguir buenos modelos de discipulado en la vida cristiana. ¿Hay algo más?

- La centralidad de Cristo en el evangelio está claramente presente en toda la epístola. En particular, 2.5–11 nos muestra cómo Jesús modela el amor sacrificial al mismo tiempo salva a rebeldes. Predicar el evangelio es lo mismo que predicar a Cristo.
- Pablo ruega a los Filipenses que continúen en el ministerio del evangelio a pesar de las dificultades (1.28; 2.15–16).
- También les recuerda que se alegren con él en medio de su sufrimiento (2.18).
- Los conflictos de personalidad no deberían prevenir alianzas para el evangelio, es por eso que ruega a Evodia y Síntique que se reconcilien (4.2–3).
- La unidad en el evangelio es primordial; pero esto no significa unidad o alianza con cualquiera y con todos. Las personas que causaban problemas a Pablo son claramente distintas a los falsos maestros de Filipenses 3.

Sin duda, habrá otras conexiones, pero éstas son suficientes para expresar la idea, y para mostrar cómo el pasaje se integra a la carta.

Ahora podemos preguntarnos si nuestro bosquejo de toda la carta necesita alguna corrección. Luego de haber estudiado detalladamente este pasaje, tiene sentido mejorar el título de esa sección de esta manera:

- 1.1–11 Saludos y oración
- 1.12–26 **Pablo sufre por predicar el evangelio debido a su esperanza en Cristo**
- 1.27–2.18 La vida de la iglesia que sigue el modelo de Cristo
- 2.19–30 Dos hermanos que ministran como Cristo
- 3.1–14 Confianza en el evangelio es posible solamente en Cristo

- 3.15–4.3 Seguir el ejemplo de Pablo para la unidad en Cristo
- 4.4–23 Instrucciones finales y saludos

Si estas planeando predicar a lo largo de toda la epístola, será posible refinar todo el bosquejo. Nunca es definitivo, sino que es parte de una conversación constante con el texto.

Ahora estamos listos para construir el contenido del sermón. ¡Pero ese es tema para otro libro!

Economía del Evangelio

(Filipenses 3.1–11)

No sé ustedes, pero una de las cosas que encuentro más confusas en el mundo moderno es cómo funcionan el mundo de las finanzas y el dinero. Tengo muy poco que ver con ellos en el diario vivir. Sin embargo, donde sea que vivamos en el mundo, nuestras vidas pueden verse muy afectadas por problemas económicos. Cuando los países que producen petróleo deciden alzar el precio del petróleo, esto afectará el viaje en autobús o en taxi. O tal vez tu gobierno ha decidido repentinamente prohibir el uso de billetes de banco con solo pocas horas de advertencia (como lo hizo la India en noviembre de 2016, con billetes de 500 y 1 000 rupias que eran bastantemente usados). El resultado fue el caos por todo el país. Cuando viajo con Langham, de pronto me interesa saber el valor de distintas monedas; y cuando vivimos en Uganda, constantemente hacíamos malabarismos con tres tipos de monedas: libras esterlinas, dólares estadounidenses y chelines ugandeses. Es casi imposible que la gente común salga ganando en esa situación.

Pero la Biblia tiene sus propios principios financieros, con los que todos debemos lidiar. Si las políticas financieras mundanas pueden llevar al desempleo y la ruina financiera, la economía bíblica es aún más seria. Lo que está en juego es aún más alto. Todos los negocios (ya sea un pequeño puesto en el mercado o una corporación multinacional) necesitan vigilar cuánto dinero tienen realmente, ya sea en un banco o en productos. Cada año, necesitan hacer cuentas y averiguar si han dado ganancias o pérdidas.

Lo interesante es que Pablo quiere que hagamos cuentas también, pero no de la misma manera. Quiere que averigüemos si estamos ganando o perdiendo espiritualmente. En realidad, utiliza la terminología de ganancias y pérdidas como lo veremos a continuación.

Porque en términos bíblicos, una perdida puede llevar a la ruina espiritual y finalmente a la muerte. El problema en Filipenses es que estos nuevos creyentes están fuera de balance. Se sienten sumamente confundidos por las distintas enseñanzas que estaban escuchando. Pero Pablo se desesperaba para que tuvieran las cosas claras en sus mentes. Estaba en riesgo nada menos que la salud de su discipulado cristiano.

Algunos piensan que esta sección del capítulo 3 fue añadida después, y que no formaba parte de la epístola original de Pablo. Dicen que estos versículos no encajan con los temas generales de Filipenses. Aparentemente, tienen razón. Después de todo, aunque los capítulos 1–2 han sido desafiantes, el tono ha sido constante y alentador. Ese apoyo parece continuar en 3.1:

> Por lo demás, hermanos míos, alégrense en el Señor. Para mí no es molestia volver a escribirles lo mismo, y a ustedes les da seguridad.

Y de pronto, en el siguiente versículo, Pablo se lanza a lo que parece ser una desquiciada explosión:

> Cuídense de esos perros, cuídense de esos que hacen el mal, cuídense de esos que mutilan el cuerpo.

¡Un rudo despertar si alguna vez hubo uno!

Pero a pesar de ello, los vínculos con los capítulos anteriores son fuertes y vitales. Estas palabras aún encajan dentro del contexto de 1.27, y el llamado a «comportarse de una manera digna del evangelio de Cristo». Y Pablo afirma que repite verdades que ya ha discutido. Esto es porque estas verdades son básicas. Algunos maestros claramente han llegado a la ciudad trayendo un mensaje para los cristianos que es convincente y desafiante. Se llaman a sí mismos cristianos, sin duda son amistosos y parecen tener sentido. Pero Pablo insiste en que sus amigos no deberían tener contacto alguno con ellos. No porque no le gusten los maestros, o porque está tratando de construir su propio imperio pequeño. Sino porque está en riesgo el mensaje de Jesús, el Señor crucificado. Deben estar unidos en la verdad, pero lo que estos falsos maestros enseñan es una distorsión de la verdad.

Debido a la probabilidad de que los filipenses hayan sufrido confusión, Pablo tiene que presentar su caso. De eso se trata el capítulo 3.

1. Hagan sus cuentas espirituales (Fil 3.1–6)

Tener crédito es importante para casi todas las áreas de la vida. Tu cuenta bancaria debe tener un saldo positivo si quieres pagar tus deudas y alimentar a tu familia. Necesitas tener un buen crédito si deseas pedir dinero prestado para comprar suministros para tu negocio o para construir un hogar. Cuando se trata de solicitar empleo, los empleadores querrán saber sobre tu experiencia laboral y si personas confiables te recomiendan. Quizá tus futuros suegros te hagan preguntas parecidas si deseas ser parte de la familia. Necesitas tener buen crédito; es decir, «tener credibilidad» delante de los demás si quieres conseguir ese trabajo o ser parte de una nueva familia política. Y necesitas de esa misma «credibilidad» en tu trabajo si deseas ascender de puesto.

La preocupación por tener credibilidad es algo que nos viene de manera natural, ya sea en términos financieros, en nuestras relaciones o en nuestros logros. Así que no es de sorprenderse que las personas también quieran ganar credibilidad delante de Dios. Suponen que Dios quiere que construyamos una lista impresionante de obras santas.

En una encuesta de 7 000 personas menores de 25 años, provenientes de denominaciones protestantes en los Estados Unidos, se descubrió que el 60 por ciento de ellos estaban de acuerdo que «el camino para ser aceptado por Dios es intentar sinceramente vivir una buena vida». Casi el 70 por ciento estuvo de acuerdo en que «Dios está satisfecho si una persona vive la mejor vida que pueda».

Tratar de ganar puntos espirituales con Dios es la religión natural de la humanidad. Entonces, cuando se presentan algunos diciendo que son cristianos y traen un argumento supuestamente bíblico en defensa de esa religión natural, es fácil entender por qué los filipenses se sintieron confundidos. Pero Pablo no tiene pelos en la lengua en el versículo 2: son «Perros, malvados, mutiladores de la carne».

¿Entonces, cuál era el gran problema? Todo gira en torno al hecho de que, para los judíos, la circuncisión fue una señal importante para mostrar que un hombre era judío y por ende pertenecía al pueblo de Dios. Dios había ordenado que su gente hiciera esto en los días de Abraham (Gn 17), y la práctica continúa entre los judíos hasta el día de hoy. Ahora, estos predicadores habían llegado a Filipos insistiendo en que los gentiles creyentes en Cristo debían volverse culturalmente judíos y también debían de circuncidarse. A los que enseñaban esto se les llamaba el partido de la circuncisión, o judaizantes. Quizá pienses que esto es algo justo. La circuncisión siempre ha sido la señal de que un hombre forma parte del pueblo de Dios, ¿No es así? ¿Entonces, qué problema hay con esto? Después de todo, aparece escrita en la ley.

Pero Pablo no está de acuerdo en lo absoluto, y manifiesta cuán firme se siente acerca de ello usando un juego de palabras en el que hace un paralelo entre los mutiladores de la carne en el versículo 2 y la circuncisión en el versículo 3. Dice en el versículo 3 que los *cristianos* son el verdadero grupo de la circuncisión, ya sea que hayan sido circuncidados físicamente o no, ya sean gentiles o no.

Los judíos a veces se referían a los gentiles (a quienes la antigua ley tendía a excluir del pueblo de Dios) como «perros», porque estos eran animales impuros. Pero asombrosamente Pablo dice que los *judaizantes* son los perros, los impuros que están fuera del pueblo de Dios. El verdadero pueblo de Dios son aquellos que lo alaban por el espíritu de Dios y que dan toda la gloria a Jesucristo.

Se trata de una afirmación muy fuerte. ¿Pero por qué decirla? ¿Está Pablo exagerando? No. Todo es una cuestión de confianza y de dónde crees que reside tu credibilidad.

Tal vez no hayas escuchado del Banco Barings de Londres. Pero si fuiste un inversionista financiero en las décadas de 1980 y 1990, cualquier conexión con Barings te habría impresionado. Si de alguna manera se te ofrecía la oportunidad de invertir algo de dinero en ese banco, hubiera sido sin duda alguna, una inversión sólida. Después de todo, Barings era el banco mercantil privado más antiguo de Londres, fundado en 1762. Tenía toda esa tradición acumulada; toda esa experiencia para aprovechar. Era de confianza.

¿Quién podría haber adivinado que en 1995 todo colapsaría de una manera espectacular? Todo debido a la irresponsable y extravagante negociación de un empleado inglés llamado Nick Leeson. Le costó al banco mil cuatrocientos millones de dólares. Esa cantidad de dinero es inimaginable. Gracias a sus esfuerzos, él mismo terminó con una sentencia de prisión de seis años y medio en Singapur, mientras que el banco fue rematado por solo £1 a un banco neerlandés que aceptó hacerse cargo de sus deudas. ¿Solida inversión? Hubiera sido así antes de que Nick Leeson comenzara a trabajar ahí. Hubiera parecido el lugar perfecto para guardar tus ahorros. Pero la realidad era muy diferente. No había seguridad allí en lo absoluto. Sus cuentas habían mostrado enormes deudas y pérdidas masivas

Existe un escalofriante paralelo con la mentalidad de los judaizantes. Puede que no hayan invertido dinero en un banco, pero han invertido tiempo, energía y pasión en tratar de agradar a Dios guardando su ley. Ellos pensaban que esta era la inversión perfecta.

Pablo entiende a los judaizantes perfectamente. Después de todo, antes de su conversión a Cristo, él era uno de ellos. Era el ejemplo perfecto de un judío devoto, y creía con absoluta confianza que hacer esto era suficiente para aumentar el crédito de una cuenta espiritual, tal como lo afirma en el versículo 4:

> Yo mismo tengo motivos para tal confianza. Si cualquier otro cree tener motivos para confiar en esfuerzos humanos, yo más.

Luego, leemos una larga lista de créditos espirituales, que pueden dividirse en dos: los primeros son los que Pablo adquirió por virtud de su nacimiento:

- Fue circuncidado en el tiempo correcto según la ley.
- Nació en el pueblo de Israel.
- Pertenecía a la tribu de Benjamín, lo cual era un gran honor ya que Benjamín fue el único de los hijos de Jacobo que nació en la tierra prometida. La tribu fue leal a la casa de David, y Jerusalén formaba parte de su territorio.
- Aunque nació en Tarso (en el sur de Turquía), Pablo era un verdadero judío «hebreo de hebreos» y había recibido una educación adecuada. Como lo dice en otra parte, incluso aprendió de un rabino muy famoso llamado Gamaliel (Hch 22.3).

En el versículo 5, menciona sus logros personales:

- Era un fariseo, lo que significa que la ley era de suprema importancia para él. Tanto así que creía que era correcto encontrar y destruir a cualquier grupo que amenazara la autoridad de la ley, es por eso que perseguía a la iglesia.
- Pero el logro supremo de Pablo aparece al final del párrafo: cuando se trata de vivir una vida de rectitud legalista, era sin tacha alguna.

¿Le crees?

Bueno, a pesar de todas las dudas que podamos tener, Pablo claramente no tenía duda alguna, incluso después de su conversión. Ese es el punto. Por lo que a la ley respecta, Pablo había mantenido todas sus demandas externas, al pie de la letra. No le habrían interesado las fallas internas, que solo él y Dios conocían. En lo externo, fue totalmente obediente. No podría ser culpado. Nunca subestimes ese logro. Su preocupación por vivir una vida piadosa nos avergüenza. No podríamos alcanzarle.

La conmoción sucede porque Pablo experimentó desde aquel entonces una completa revolución en su manera de pensar. No imagines que ahora niega su intachable pasado legalista. De ningún modo. Todavía podría jactarse de eso si quisiera. Pero no lo hará, porque ahora se ha dado cuenta de que no le sirve para nada. Dios pudo haber provisto toda esa ley y tradición, pero su propósito nunca fue hacer que la gente sea piadosa. Pablo había invertido en algo equivocado. Es como si compraras minutos para tu móvil solo para descubrir que el código era falso, o haber ahorrado todos tus billetes de 500 rupias para comprar un regalo para tu familia justo cuando sacan de circulación el billete.

2. Escapa de tus deudas (Fil 3.7–9)

> Sin embargo, todo aquello que para mí era ganancia, ahora lo considero pérdida por causa de Cristo. (v. 7)

Es como si alguien hubiera aparecido y ofrecido una interpretación totalmente distinta de la contabilidad. ¡Mientras pensabas que a tu negocio le iba bien, en realidad estabas perdiendo dinero una vez que se incluyeron todos los gastos en la contabilidad! Eso fue lo que Pablo descubrió en términos espirituales. Pero no estaba confundido, porque este nuevo análisis lo convenció. Encajaba con lo que sabía en su corazón, y con la forma en que Jesús miraba la realidad. Cuando Pablo se convirtió camino a Damasco, todo su mundo se derrumbó, y usa un lenguaje asombroso para demostrarlo.

> Es más, todo lo considero pérdida por razón del incomparable valor de conocer a Cristo Jesús, mi Señor. Por él lo he perdido todo, y lo tengo por estiércol, a fin de ganar a Cristo. (v. 8)

Otras versiones de la Biblia son más respetuosas. La palabra griega que en algunas versiones aparece como «basura», en realidad se refiere a excremento o comida podrida. Conoces ese olor si alguna vez has estado cerca a letrinas en mal estado o una cloaca. Te pueden dar ganas de vomitar.

Eso te da una idea de cómo Pablo se sentía acerca de su estilo de vida anterior. Lo considera repulsivo, como las cosas que se dejan podrir en los drenajes y alcantarillas. No mantenía una postura neutral al respecto, era imposible para él hacerlo. ¿Por qué? Porque se dio cuenta que todo el crédito religioso que tenía lo dejaba en balance negativo. Lo dejaba en la bancarrota espiritual delante de Dios.

> No quiero mi propia justicia que procede de la ley, sino la que se obtiene mediante la fe en Cristo, la justicia que procede de Dios, basada en la fe. (v. 9)

Te das cuenta que Pablo quizá pudo haber sido intachable, si consideramos la ley por sí sola, si la evaluamos según lo externo. Eso es todo lo que los seres humanos podemos hacer, ¿no es así? No puedes ver el contenido de mi corazón, ni yo puedo hacerlo con el tuyo. PERO... Dios sí puede. Y si la vida piadosa consiste en tener una relación correcta con Dios, entonces estamos arruinados. Ninguna suma de buenas obras podrá cambiar el corazón.

Una vez que Pablo se dio cuenta de esto, no le quedaron dudas. Anhelaba tener un corazón que realmente podía estar bien con Dios. Y solo hay una manera que esto suceda: si Dios le da un corazón nuevo. Es tan simple y tan aparentemente imposible como esto. Y ¿cómo lo recibimos? Confiando en Jesús como el único capaz de realizar esta operación. Porque simplemente nos lo da: justificados delante de Dios, una justificación que no necesitamos ganar, y que nunca podríamos ganar por mucho que lo intentemos. Esa es la única forma posible de salir de una deuda espiritual.

¿Ahora puedes ver por qué Pablo acusa con tanta vehemencia a los judaizantes? Es porque sencillamente dan a entender que no podemos confiar en que Jesús haga todo para que estemos bien con Dios. La ley *es* un don divino, pero jamás fue diseñada para justificar a la gente. Fue diseñada como una norma o indicador para aquellos que ya había sido declarados justos delante de Dios. Para mostrarles que ya pertenecían. Y cuando Jesús aparece, nos dice que ya no necesitamos las señales del antiguo pacto.[26] Más bien, por medio de su Espíritu, Jesús trae la

---

26 Este es uno de los instantes cuando una comprensión del contexto del Antiguo Testamento es esencial para interpretar el Nuevo Testamento.

circuncisión del corazón, tal como Jeremías lo había anticipado (Jer 4.4). Volver a la circuncisión física es como depositar la confianza en lo que *hacemos*. Pablo jamás iba a dar marcha atrás, esto es, agregar algo más al evangelio es destruirlo. Traspasa la responsabilidad de Jesús a nosotros.

Así que, nunca olvides que nuestra tendencia siempre será acumular una hoja de vida espiritual, una lista de cosas por las que nos sentimos orgullosos. Parece que así es la naturaleza humana. Incluso si hemos sido cristianos por un buen tiempo, todavía seguimos intentando recolectar todo tipo de logros que nos imaginamos que impresionarán a Dios de alguna manera. Lo hacemos incluso cuando entendemos muy bien la justificación por medio de la fe. ¿Alguna vez has pensado que si tuviste un tiempo de oración y estudio bíblico esta mañana, entonces Dios te bendecirá más y te irá mejor el resto del día? ¿Y si no sucede así, lo culpas a él? ¿Te tienta sentirte superior a los demás si provienes de una añeja familia cristiana y que tiene antepasados famosos? ¿Tienes el más leve sentimiento de que por asistir a un seminario de predicación Langham o leer un libro publicado por ellos, Dios debería estar especialmente complacido contigo? Después de todo, ¿qué podría ser mejor que esto?

En fin, olvidemos todo esto. Esta actitud es repulsiva. Es lo que le daba a Pablo ganas de vomitar. Nuestra confianza *solo* puede venir de Jesús. No porque seamos fervientes o de una buena familia o poseamos educación teológica, sino por la absoluta bondad inmerecida de parte de Dios hacia rebeldes espirituales en bancarrota.

En última instancia, todo es cuestión de cómo lo mires, ¿Miramos las cosas como el mundo lo hace, como logros personales? En otras palabras, ¿ganamos méritos con lo que hacemos? ¿O vemos nuestros logros de la manera en que Dios los ve: como estiércol que no sirve para nada? Porque, según las finanzas de la Biblia, Dios pone todo patas arriba.

3. Haz una inversión eterna (Fil 3.10–11)

¿Si Jesús lo ha hecho todo por nosotros, hay algo que deberíamos hacer? Escucha lo que Pablo dice:

> Lo he perdido todo a fin de conocer a Cristo, experimentar el poder que se manifestó en su resurrección, participar en sus

sufrimientos y llegar a ser semejante a él en su muerte. Así espero alcanzar la resurrección de entre los muertos.

Si leíste segmentos anteriores de Filipenses, me pregunto si esto no te ha sonado familiar. Antes, en el versículo 2.5, Pablo dijo: «La actitud de ustedes debe ser como la de Cristo Jesús». Y luego describe todo lo que Jesús tuvo que dejar, incluso sometiéndose a la muerte en la cruz de un criminal.

Ahora Pablo nos dice que en su propia vida, quiere ser como Jesús en su muerte. Ahora, debería decir que siempre he considerado el versículo 10 difícil. ¡Siempre me pareció poco real que Pablo *quiera* compartir el sufrimiento de Jesús! Estoy dispuesto a aceptar que alguien esté preparado para vivir en sufrimiento, pero es muy distinto *quererlo*.

Sin embargo, Pablo no está declarando que disfruta el dolor. Lo que importa no es tanto el sufrimiento, sino el compartirlo con Cristo. Quiere seguir a Jesús donde sea que lo guíe porque Jesús había dado un vuelco completo a su vida. Como resultado del evangelio, Pablo ya no ve la vida como antes. Ya no le importa el prestigio o crédito del mundo; sus ojos están puestos en cosas mucho mayores: estar junto a Jesús para siempre. Quiere «ganar a Cristo» porque tal como lo dijo en el capítulo 1, «el vivir es Cristo y el morir es ganancia». Este estilo de vida es posible ahora por el poder de la resurrección de Jesús, que opera en su vida. Simplemente no sería posible de otra manera. Así que espera con ansias, está preparado para todo lo que la vida tenga para él.

En términos bíblicos, esto es invertir en algo que vale la pena porque es eterno. Jesús una vez dijo, «Porque el que quiera salvar su vida la perderá; pero el que pierda su vida por mi causa y por el evangelio la salvará» (Mr 8.35). La interrogante que se nos presenta a todos no es cuestión de cuán santos nos estamos comportando, cuán espirituales o devotos somos. ¿La pregunta correcta es si confiamos o no en la interpretación que Jesús tiene de nuestras cuentas espirituales? ¿Creemos, como lo creyó Pablo, que hemos logrado una verdadera ganancia o logro al haber decidido seguir a Jesús en esta vida? ¿Incluso si incluye compartir sus sufrimientos y dolor de alguna manera? O debemos tratar de hacer algún trabajo adicional por nuestra propia cuenta, en caso de que la obra de Cristo no sea suficiente? ¿Como si fuera una clase de seguro espiritual?

Pablo confiaba en Cristo de todo corazón y con toda pasión. ¿Y si el evangelio de la gracia es verdadero, podemos hacer algo más?

Cuarta Sección

Predicar sobre el Apocalipsis

Hay muchas razones para dejar el libro del Apocalipsis hasta el final de esta obra. ¡La razón más obvia es que aparece al final de la Biblia! Esa ubicación es totalmente adecuada porque nos ofrece un resumen de todos los temas clave de la Biblia con una conclusión satisfactoria. Forma el momento culminante perfecto.

Sin embargo, la razón principal para dejarlo hasta el final es que el estilo del libro demanda bastante del predicador, por tanto todas las habilidades y la experiencia adquirida al manejar el resto de la Biblia serán indispensables.

Antes de comenzar, es necesario señalar algunos de los efectos poco útiles que Apocalipsis puede tener en las personas. ¡A veces parece que sacara a relucir lo peor de las personas cuando, en realidad, fue escrito originalmente para resaltar lo mejor de ellas! Estos efectos poco útiles se manifiesta de tres maneras.

¡Terror!

El libro está lleno de escenas propias de una pesadilla. Describe un mundo de aterradores monstruos y fuerzas primigenias, un universo donde las personas se sienten como hormigas en un mundo de gigantes. Describe el fin del mundo de manera espeluznante y con aterradores detalles. Con razón que algunos hacen todo lo posible para evitar leerlo. Esta forma de reaccionar contra el Apocalipsis apenas sorprende si la gente se dedica a leer solamente los evangelios y las cartas paulinas.

¡Sin embargo, el terror es precisamente la emoción que Apocalipsis pretende eliminar! Fue escrito para una época donde la vida *real* parecía estar llena de monstruos y fuerzas oscuras. Así que cada vez que estudiemos y prediquemos sobre este libro, debemos recordar que fue escrito para generar CONFIANZA, ¡no terror!

¡Obsesión!

¡Algunos descubren que el libro del Apocalipsis es el cimiento perfecto para dedicarle toda una vida! Hay tantos detalles fantásticos y raros que, si comparamos, el resto de la Biblia nos podría parecer aburrido y sin sabor. Así que, puede convertirse en una obsesión enfermiza, e incluso volverse el único foco de estudio de la Biblia.[27] Ningún otro libro atrae tanta dedicación.

Una de las manera en que esta obsesión se manifiesta es revisando cuidadosamente periódicos y páginas web en búsqueda de señales del cumplimiento de alguna profecía. No hay duda que la Biblia tiene una importancia profunda para los temas de actualidad, y es correcto que mantengamos nuestros ojos abiertos a lo que sucede alrededor nuestro. Pero hay algunos obstáculos peligrosos que debemos evitar cuando estudiamos la literatura apocalíptica, tal como lo veremos a continuación. Así que, sobre todo, tenemos que recordar que este libro fue escrito para darnos PACIENCIA, ¡no para que creamos ser videntes!

¡Confusión!

Quizá para la mayoría de personas en nuestras congregaciones, el Apocalipsis es sencillamente un misterio. No se parece a ningún otro libro que hayamos leído, y esa singularidad es precisamente el problema. No tenemos nada con que compararlo. Es casi como explorar un planeta alienígena, con terreno y vegetación que son irreconocibles. Todo parece confuso y desorientador.

El resultado es que muchas personas empiezan a leer el libro, pero nunca lo terminan. Al principio parece ser de lectura fácil y nos entusiasma, pero las cosas de repente empeoran después del capítulo 7 (a menos que nos hayamos rendido después del capítulo 3). Pero, el lugar que aparece en la Biblia se debe a una sabiduría infinita. Une

27 Por ejemplo, algunas personas se enfocan demasiado en la idea del arrebatamiento y el milenio. No puedo tratar en detalle estas ideas aquí, pero he incluido algunas notas en el apéndice 3.

temas provenientes de toda la Biblia, y siempre debemos tener en cuenta el resto de ella cuando lo leamos. Como todos los otros sesenta y cinco libros, fue escrito para que lo podamos ENTENDER, ¡no evitar!

Debemos recibir el Apocalipsis como un regalo divino para atesorar, confiar y alegrarnos por él. Se trata de un libro que es tan necesario hoy como siempre lo ha sido, especialmente en tantos países del mundo donde los cristianos sufren persecución por causa de sus creencias y estilo de vida.

Una manera de contener estas distintas emociones es considerar lo que la Biblia espera que pensemos y sepamos mientras estudiamos el libro del Apocalipsis. Así que, en esto nos enfocaremos en el capítulo que sigue a continuación. Luego, en el siguiente capítulo, consideraremos algunas de sus características singulares. Entonces, estaremos en una posición mucho más sólida para aplicar y predicar el Apocalipsis a una congregación contemporánea.

X. Acercándonos al libro del Apocalipsis

El título «Apocalipsis» es una transliteración de las primeras palabras del libro en griego, *apokalypsis*. La palabra literalmente significa «develar», iluminar o revelar cosas que estaban ocultas. Esta definición es totalmente adecuada. El libro de Juan está lleno de detalles que serían imposibles de adivinar o predecir sin que nos sean revelados. El tiempo y el espacio rigen nuestras vidas. Este libro abre nuestros ojos y oídos a un lugar que trasciende la realidad, a la eternidad y la misma presencia de Dios. Es realmente impresionante. Es como si se retirasen las cortinas que ocultan un escenario de teatro, y entonces descubrimos lo que realmente está sucediendo en el universo de Dios. O tal vez podemos imaginarnos a Dios como un gran pintor. Acaba de terminar su obra maestra, pero la ha mantenido en secreto. Hasta ahora. Las cubiertas han sido retiradas, y ahora el mundo puede ver su obra en todo su esplendor. Es obra que muestra su genialidad, incluso si a veces es incómoda.

Deberíamos recordar, sin embargo, que el apóstol Juan no fue el inventor de la escritura apocalíptica. Se basó en una tradición antigua y respetable que se encuentra en varias partes del Antiguo Testamento. La más famosa es la segunda parte de Daniel, pero hay otros, pasajes más cortos que podrían encajar en esta categoría. Ya que esta tradición tenía características tan peculiares, la descripción «literatura apocalíptica» se usa para todos los escritos que siguen este estilo.

El comentarista bíblico Paul Barnett menciona esta útil descripción acerca del estilo:

> [La literatura apocalíptica] solía surgir cuando las cosas parecían oscuras, y reinaba el mal. El pueblo de Dios sufría y dominaba la injusticia. Todo indicaba que se encontraban en el lado de los *derrotados*.

Sin embargo, los textos apocalípticos les afirmaban que estaban en el lado de los *vencedores* y que al final Dios saldría ganando.

El escritor apocalíptico era un escritor visionario que veía más allá de las miserias presentes hacia al fin de todo, cuando Dios castigaría a los malvados y vindicaría a los inocente que sufren. La escritura apocalíptica es sumamente cargada de símbolos profundos. A menudo, contiene un lenguaje codificado para no dejar rastro a los que quieren perseguirlos.[28]

Antes de estudiar el Apocalipsis en profundidad, lee algunos de estos pasajes y trata de identificar algunas de las características más comunes de la escritura apocalíptica. No te preocupes demasiado por interpretar su significado ahora. Simplemente toma nota de los rasgos distintivos de la literatura apocalíptica.

- Libros apocalípticos clave del Antiguo Testamento
    - Daniel 7–12
    - Isaías 24–27, 33–35
- Ezequiel 38–39
    - Zacarías 12–14
- Otros pasajes apocalípticos del Antiguo Testamento
    - Jeremías 33.14–26
    - Joel 3.9–17
- Pasajes apocalípticos del Nuevo Testamento
    - Mateo 24 (y Mr 13; Lc 21)
    - 2 Tesalonicenses 2

1. Suposiciones bíblicas acerca del Apocalipsis

Luego de haber señalado algunos abordajes poco útiles de la literatura apocalíptica, es importante ponernos en buen camino al identificar ciertas suposiciones que podemos tener a la hora de estudiar el libro del Apocalipsis.

---

28 Paul W. Barnett, *John The Pastor: Encouragements for a Struggling Church* (Milton Keynes: Paternoster, 2015), 7–8

a) Jesús creó las bases para el libro del Apocalipsis (Mt 24)

El propio Jesús utilizó a veces un estilo de predicación apocalíptica. Esto nos queda claro cuando leemos la última de las cinco secciones de enseñanza en el evangelio de Mateo (Mt 23–25). Es correcto afirmar que esos versículos crearon las bases para el Apocalipsis, que se escribiría unas décadas más tarde. A estas alturas, debemos resaltar sólo dos características importantes de Mateo 24.[29]

La experiencia de angustia y engaño: al hablar del «fin del mundo», Jesús insiste en que habrá experiencias terribles, de las cuales sus seguidores no estarán exentos:

> Porque habrá una gran tribulación, como no la ha habido desde el principio del mundo hasta ahora, ni la habrá jamás... Porque surgirán falsos Cristos y falsos profetas que harán grandes señales y milagros para engañar, de ser posible, aun a los elegidos. (*Mt 24.21, 24*)

No solo los seguidores de Jesús no estarán exentos de persecución, sino también podrían ser el objetivo específico de ella (como Juan deja en claro en el Apocalipsis). El sufrimiento es una realidad para los creyentes, y también lo son los estafadores espirituales. Esto significa que nunca nos debería sorprender cuando escuchamos de gente que dice poseer una condición mesiánica o autoridad divina. Jesús nos advirtió que esto sucedería.

Por tanto, cualquier interpretación del Apocalipsis debe tomar estas realidades en cuenta. Cualquier interpretación que sugiera que los seguidores de Jesús son inmunes al sufrimiento no puede ser correcta. Esto contradice directamente la enseñanza del propio Jesús.

La necesidad de confiar, pero no en cronologías: es difícil que Jesús haya podido ser más claro acerca de su retorno:

> Pero, en cuanto al día y la hora, nadie lo sabe, ni siquiera los ángeles en el cielo, ni el Hijo, sino solo el Padre.

---

29 Un cuestionamiento que a veces surge en relación a Mateo 24.40–41 es «el arrebatamiento de los santos» (aunque Jesús no está hablando de eso en Mateo). He incluido una nota sobre las distintas perspectivas del milenio en el Apéndice 3.

¡Ni siquiera Jesús sabía cuándo sucedería su segunda venida! Es increíble cuán a menudo la gente se olvida de esto. Mientras continua enseñando en los siguientes versículos, el punto crucial es que su retorno está garantizado. Es una realidad futura. Sin embargo, todavía vendrá como una sorpresa. ¿Significará eso que cualquier intento de identificar una fecha específica está destinada al fracaso?

Así que, independientemente de cómo interpretes el panorama general del Apocalipsis, por favor no elijas como meta convertirte en un «experto en la cronología de la segunda venida de Jesús». Ese camino quizá te lleve a la fama, la fortuna y a programas de televisión, pero no se ciñe al espíritu ni a letra de lo que Jesús enseñó. Por el contrario, simplemente debemos confiar en el hecho de que Jesús regresará y animar a nuestra gente a hacer lo mismo. Deberíamos sentirnos satisfechos por desconocer las fechas o cronologías, ¡porque Jesús lo estaba!

b) La Biblia ofrece el contexto para el Apocalipsis

Uno de los comentarios más fáciles de leer sobre el Apocalipsis es la contribución que hizo Michael Wilcoks en 1975 a la serie «The Bible Speaks Today», *El Mensaje del Apocalipsis*. En este, ofrece un resumen de todo el Apocalipsis bajo el título: «El libro que podríamos pasar por alto». Quizá parezca extraño afirmar esto, pero tiene mucho sentido. Su punto es que no hay nada nuevo en el Apocalipsis. Así lo explica:

> El Apocalipsis es una «promesa de su amor». Podríamos prescindir del libro; no nos dice nada nuevo que no podríamos aprender de otras partes de las Escrituras. Pero Jesús nos lo ha dado… para que nuestro pulso se acelere y se encienda la llama de nuestra alma por el evangelio, que demasiadas veces lo subestimamos.[30]

Por tanto, debemos siempre ser cautelosos cuando veamos nuevas interpretaciones del Apocalipsis que no encajan con el resto de la Escritura. Sencillamente no pueden estar en lo cierto. Es un libro extraño y maravilloso, pero el Espíritu Santo lo ha inspirado así como lo hizo con Proverbios, Colosenses e Isaías.

---

30 Michael Wilcock, *The Message of Revelation* (Nottingham: IVP, 1975), 220.

2. El Apocalipsis es el libro mezclado de la Biblia

Tal como hemos visto a lo largo de este libro, siempre es aconsejable permitir que los escritores de la Biblia nos informen de su propósito en lugar de presumir que ya lo sabemos nosotros mismos. Juan nos informa, en los primeros versículos, la razón por la que escribió este libro, y al hacerlo nos muestra el hecho de que ha mezclado varios estilos bíblicos distintos.

El Apocalipsis pertenece al género apocalíptico (Ap 1.1)

Decir que el Apocalipsis es literatura apocalíptica no significa que esté plagado de muerte y destrucción (si siguiéramos el significado popular del término). Como lo acabamos de señalar, la primera palabra del libro es *apokalypsis* que significa «develar». Esto nos da a entender desde su inicio que el Apocalipsis es un libro que proclama lo que no podemos ver ni escuchar de manera natural. Las batallas espirituales y las consecuencias eternas que se describen son invisibles al ojo humano.

Considéralo como si el libro nos ofreciera un vistazo de la historia de la humanidad y el fin del mundo desde la perspectiva del trono de Dios. ¡Qué privilegio es tener este libro a nuestro alcance!

El Apocalipsis es profecía (Ap 1.3)

Profecía es otra palabra que no tiene el significado que la mayoría cree que tiene (por lo menos cuando se refiere a los libros de la Biblia). Muchos suponen que profecía sencillamente consiste en predicciones del futuro. Sin embargo, esto no encaja con exactitud. Incluso un vistazo breve de los grandes libros de Isaías y Jeremías, por ejemplo, muestra que tienen mucho menos predicciones explícitas de lo que esperaríamos. Los profetas de antaño tienden a estar más preocupados por su contexto presente que con el lejano futuro.

Esto explica por qué se dice a menudo que la profecía bíblica anuncia a los cuatro vientos como también predice. En otras palabras, se dirige a su propia era con un mensaje de Dios que es pertinente para los oyentes. El mensaje puede incluir algunas predicciones, generalmente porque son necesarias para alentar la fidelidad de los creyentes en ese momento. Ese es el punto crucial. Su enfoque está en sus oyentes inmediatos, no en algún futuro creyente.

Debemos recordar ese hecho cuando interpretemos el libro de Juan. Este era un creyente que vivió bajo el Imperio Romano en el primer siglo. Este hecho moldea todo en su libro, y su proclamación de la perspectiva de Dios en ese momento es precisamente lo que califica el libro como profético. Básicamente, en términos del Nuevo Testamento, la profecía consiste en ofrecer testimonio de la verdad suprema: ¡Jesús es el Señor! Ahora y siempre. En esto consiste el gran tema que recorre cada párrafo del Apocalipsis.

El Apocalipsis es una epístola (Ap 1.4)

Una de las secciones más famosas del libro contiene siete cartas a las siete iglesias (Ap 2–3). Sin embargo, todo el libro puede verse como una carta para aquellas mismas siete iglesias (tal como Apo 1.4 deja en claro). Todo el contenido debía circular alrededor de cada una de esas congregaciones, tal vez un poco como las noticias o cartas de oración que los misioneros envían a menudo a los que lo apoyan.

Ya que Apocalipsis es una mezcla de estos tipos de estilos literarios, tiene sentido que ganemos experiencia en cada uno de estos estilos antes de realizar un estudio serio del libro.

3. El Apocalipsis es el último libro ocasional de la Biblia

Este punto no debería sorprendernos después de reconocer que el Apocalipsis es en realidad una carta. Así como Pablo escribió cada una de sus epístolas a personas especificas en ocasiones específicas, lo mismo hace Juan con el Apocalipsis. Uno de los primeros errores que comúnmente hacemos cuando interpretamos el Apocalipsis, es ignorar este hecho. Siempre debemos estar atentos a su contexto original.

El libro fue escrito específicamente para los creyentes de siete ciudades del Asia Menor (la actual Turquía occidental). Estas ciudades no eran ficticias o parte de las visiones celestiales de Juan; eran importantes paradas de las principales rutas comerciales en esa región. Cada iglesia enfrentaba batallas importantes, aunque distintas. Pero la fuente principal de sus problemas era el Imperio

Romano. La identidad del emperador reinante depende de la fecha exacta del exilio de Juan en Patmos y cuándo registró sus visiones. Una opción es la del emperador Nerón (54–68 d. C.), pero el enemigo que se sugiere por lo general es el despiadado emperador Domiciano (81–96 D. C.).

A la luz de estos antecedentes, ¿deberíamos limitar la pertinencia del libro exclusivamente al primer siglo?

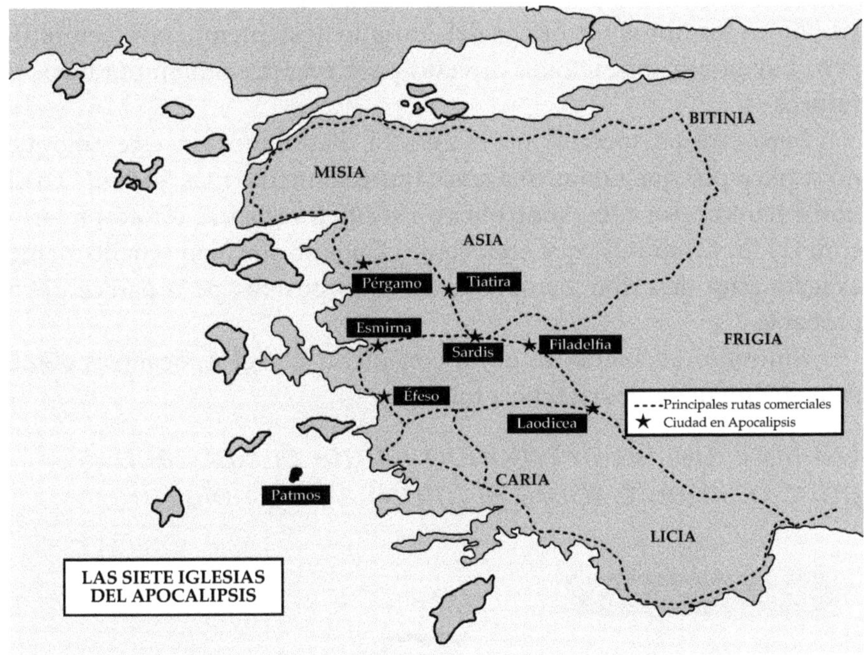

Un libro histórico: ¿trata el Apocalipsis solo acerca del primer siglo?

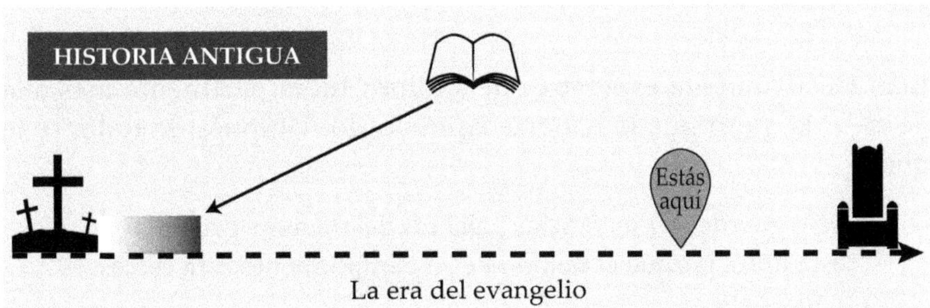

Podríamos suponer que, como gran parte de la profecía del Antiguo Testamento, la mayoría de las descripciones futuras en el Apocalipsis son profecías para el presente de Juan o su futuro *inmediato*. Es por eso que algunos interpretan el libro solamente en términos de los eventos alrededor del tiempo en que Juan lo escribió. Sostienen que todo lo que está descrito en el Apocalipsis ya ha sucedido. En otras palabras, los lectores de hoy viven siglos después de los eventos que el libro describe. Hay lecciones espirituales que aprender (así como las hay en los libros históricos del Antiguo Testamento, por ejemplo), pero hay pocas aplicaciones directas para eventos contemporáneos o futuros.

Pero esta perspectiva no es común. Para empezar, este enfoque no explica por qué tantas imágenes (especialmente más adelante en el libro) parecen ser tan catastróficas. Es difícil resistirse a interpretarlo como el fin del mundo que conocemos. Sugerir que Juan sencillamente exagera para describir tiempos oscuros es posible, pero parece poco probable.

Entonces, ¿debiéramos quizá considerar que el Apocalipsis posee principalmente un pertinencia futura?

Un libro del fin del mundo: ¿trata el Apocalipsis principalmente sobre el futuro a largo plazo?

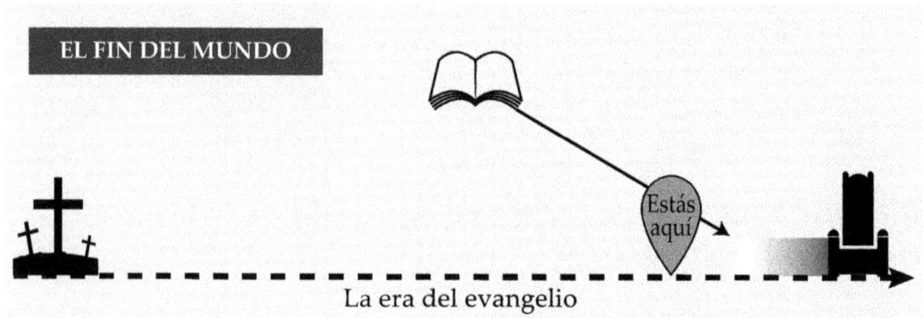

Juan efectivamente esperaba que su libro fuera pertinente más allá de su vida, pero puede haberse equivocado. Después de todo, se le dijo:

> «No guardes en secreto las palabras del mensaje profético de este libro, porque el tiempo de su cumplimiento está cerca». (*Ap 22.10*)

Sin embargo, hay muchos detalles e imágenes que parecen referirse al fin del mundo, como ya lo hemos acotado. Por consiguiente, algunos toman la opinión opuesta a la perspectiva de la historia antigua. Sugieren que Juan nos provee de una cuenta regresiva, una cronología, hacia el momento culminante de la historia. Nuestra tarea consiste en mantenernos alertas al momento en que el reloj empiece a hacer tictac y las profecías comiencen a cumplirse.

Pero esto también es demasiado simplista. No hace justicia a los detalles que claramente se reflejan en el contexto original del primer siglo donde Juan vivió. Toma este ejemplo:

> Las siete cabezas son siete colinas sobre las que está sentada esa mujer. (17.9)

Esto se debe referir a la causa de todas las aflicciones de los creyentes: la ciudad de Roma, famosamente rodeada por siete colinas. Los lectores de Juan habrían sabido inmediatamente a qué se refería.

Un libro cronológico: ¿describe el Apocalipsis etapas de la historia humana?

Tal vez un mejor enfoque sería combinar las dos perspectivas anteriores. Tal vez el Apocalipsis ofrece una línea de tiempo entre el primer siglo y el retorno de Jesús en un tiempo no especificado en el futuro. Si es así, entonces el Apocalipsis nos ofrece una línea de tiempo con varias etapas de la historia humana desde la perspectiva del cielo. La tarea del lector es entonces identificar qué detalles se refieren a qué eventos a lo largo de los siglos.

Como resultado del uso de este enfoque, generaciones de cristianos han identificado confiadamente los detalles del Apocalipsis en términos de eventos contemporáneos y de personajes. La bestia (a menudo identificada como el anticristo en las epístolas de Juan) ha sido identificada como Saladino durante las cruzadas medievales, y con el Papa en los tiempos de Lutero. ¿O es posible que haya sido Napoleón en el siglo diecinueve? ¿O era el Impero Británico? ¿O Hitler o Stalin o Mao o Pol Pot o la Unión Europea o algún candidato presidencial o cierta corporación multinacional o esto… o aquello… o lo otro…? ¡tú eliges!

Estos ejemplos revelan un problema con este enfoque. Otro problema es que, como ya hemos visto antes, Jesús nos advirtió que no tratáramos de identificar el tiempo de su retorno. Quiere que nos concentremos en confiar en su fidelidad en vez de tratar de adivinar sus movimientos.

Nos queda otra opción, y es una que socava todas las tres opciones anteriores.

Un libro universal: el Apocalipsis es para todas las generaciones

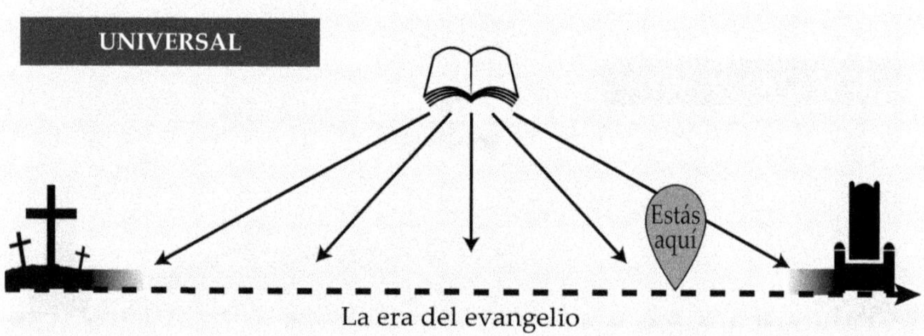

¿Pudiera ser que el libro de Juan es realmente para todos los tiempos? Tiene relevancia para cada generación, no en el sentido que cada una de ellas se encuentra descrita en la línea de tiempo del libro (como si ofreciese una vista panorámica de la historia de la humanidad). En lugar de ello, ofrece un panorama de la obra soberana de Dios en este mundo, y confirma verdades espirituales que son ciertas a lo largo de estos últimos días. Tiene efectivamente relevancia universal para cada grupo de gente en todos los tiempos.

Juan obviamente utiliza imágenes del mundo en que vivió (por eso las alusiones al Imperio Romano) y también señala hacia el futuro, hacia algunos de los eventos cósmicos cuando retorne Jesús. Pero los pasajes entre estos puntos encajan con cualquier siglo de la historia.

Esto explica por qué a veces parte de la simbología es difícil de conectar con eventos y personajes específicos. ¡También explica por qué el fin del mundo parece suceder más de una vez (lo cual por sí mismo nos da a entender que los capítulos del libro no pueden leerse como un relato secuencial de historia mundial)!

Así que, cuando Juan escribió, «el tiempo de su cumplimiento está cerca», se refería solamente que está cerca según la perspectiva de Dios. Al fin y al cabo, como Pedro nos dice, con Dios un día es como mil años, y mil años como un día (2P 3.8).

El Apocalipsis es realmente un libro para todos los tiempos y todas las personas, así como lo es toda la Biblia. Esto significa que cuando la enseñemos, debemos asegurarnos que hemos entendido sus orígenes en el primer siglo, pero debemos interpretarla de tal forma que sea relevante para todos los creyentes en cualquier lugar.

XI. Captar el sentido de la literatura apocalíptica

Consideremos ahora cómo debemos entender y enseñar algunas de las características especiales de la literatura apocalíptica. Si bien es cierto que algunos detalles son complejos, no debemos sentirnos intimidados por ello. El Apocalipsis es mucho más directo de lo que nos pueda parecer al principio. La clave es simplemente reconocer la función de estas características.

1. Leer como si fueran descripciones gráficas (¡No instrucciones de dibujo!)

No es difícil entender la razón por la que el Apocalipsis ha inspirado a algunos de los más grandes artistas del mundo. Por ejemplo, Juan describe en el Apocalipsis cómo un guía angelical le lleva de escena a escena y le dice que «mire». Mientras leemos su libro, normalmente descubrimos que añoramos ver lo que él puede ver e imaginárnoslo en nuestras mentes. Solamente cuando nos detenemos a pensar en algunas de las escenas es que, de pronto, nos percatamos que son extrañas e imposibles. Aquí hay un ejemplo:

> Luego el ángel me mostró un río de agua de vida, claro como el cristal, que salía del trono de Dios y del Cordero, y corría por el centro de la calle principal de la ciudad. A cada lado del río estaba el árbol de la vida, que produce doce cosechas al año, una por mes; y las hojas del árbol son para la salud de las naciones. (*Ap 22.1–2*)

Cada uno de estos elementos es bastante directo. Pero, sucede que cuando tratamos de imaginarnos cómo se verían es que se complica la cosa. ¿Un río en medio de la calle principal de la ciudad celestial? ¿Y luego cómo es que este árbol está «a cada lado del río»?[31] ¿Quizá forma una clase de puente, con grandes raíces que se extienden? Eso sí, es obvio que se trata de un árbol especial porque puede dar cosechas cada mes en vez de la acostumbrada cosecha anual.

¿Debemos simplemente clasificarlo como una nueva especie de árbol celestial? ¿O es que hay otro propósito aquí? Indudablemente que tiene mucho más sentido que nos enfoquemos en el *significado* de cada elemento, en lugar de su *aspecto*. Nuestra primera intuición debe ser interpretar el Apocalipsis, no dibujarla.

Entonces, el significado del árbol de la vida en Apocalipsis 22 es que su fruto es accesible (tiene raíces a ambos lados de la calle) y abundante (tiene cosechas múltiples).

Pero, nos estamos apresurando demasiado a la interpretación. Antes de continuar, aquí hay unas cuantas imágenes «imposibles» o fantásticas.

- «Su cabellera lucía como la lana blanca, como la nieve; y sus ojos resplandecían como llama de fuego... Su rostro era como el sol cuando brilla en todo su esplendor». (1.14, 16). Esta visión impresionante de Cristo es contradictoria si la leemos de manera literal. ¡Es imposible mirar directamente al sol, así que Juan jamás pudo haber visto su cabello y sus ojos!
- «El aspecto de las langostas era como de caballos equipados para la guerra. Llevaban en la cabeza algo que parecía una corona de oro, y su cara se asemejaba a un rostro humano. Su cabello parecía cabello de mujer, y sus dientes eran como de león». (9.7–8). ¡Esto es de mitos y leyendas!
- «Vi también un mar como de vidrio mezclado con fuego». (15.2). ¡No hay necesidad de hacer aparecer derrames de petróleo en llamas!

Identificar las imágenes

Por supuesto que el género apocalíptico no es la única literatura de la Biblia que hace uso de imágenes. La literatura poética las usa todo el

[31] Algunas traducciones intentan mejorar la imagen cuando traducen «árboles» ubicados a cada orilla del río. Sin embargo, la versión original griega de Juan es muy clara con el sustantivo singular: hay solo un árbol de la vida, a cada lado del río.

tiempo. Toma una imagen sacada de un aspecto de la vida y la coloca junto a otra, a menudo de manera sorprendente. Esto siempre le da a la imagen un nuevo significado profundo e importante, y su propósito es que jamás debe leerse de manera literal (tal como vimos al estudiar las parábolas). De este modo, el reino de Dios «es como un grano de mostaza». No leemos de manera literal, sino literariamente (es decir, desde el punto de vista literario). En otras palabras, lo interpretamos según exige su género literario.

La diferencia consiste en que la literatura apocalíptica desarrolla más las imágenes: nos saca del ámbito de lo ordinario y nos lleva al terreno de lo sobrenatural, a una clase de mundo que los mitos y leyendas de las culturas mundiales describen. Es por eso que nos enfrentamos a bestias fantásticas con múltiples cabezas y horizontes repletos de gente en toda dirección. Pero nuestro enfoque debería ser el mismo que usamos cuando nos encontramos con imágenes en la poesía bíblica o las parábolas. Debemos sencillamente identificar el posible significado de la imagen a partir de su contexto.

Los primeros lectores de Juan habrían entendido su libro tal como nosotros entendemos los dibujos animados políticos el día de hoy. Son mordaces y a veces controversiales, pero su objetivo nos es obvio de inmediato. Lo mismo sucede con el Apocalipsis. Claro que, estamos tan alejados del tiempo de Juan que esto nos causa cierta dificultad. Para los pocos casos donde el resto de la Biblia no nos ofrece pistas, es posible que necesitemos ayuda de los comentaristas, que han dedicado toda una vida a la investigación. Por ejemplo, sabrían que Roma fue construida sobre siete colinas, que de inmediato arroja luz sobre varios símbolos que Juan utiliza sobre el imperio que persiguió a los primeros cristianos (véase Ap 17.9). Sin embargo, podemos estar tranquilos por el hecho de que muy rara vez necesitaremos recurrir a los comentaristas.

Pero, a veces no se requiere ningún esfuerzo, ya que Juan explica el significado de sus imágenes:

> Me volví para ver de quién era la voz que me hablaba y, al volverme, vi siete candelabros de oro. En medio de los candelabros estaba alguien «semejante al Hijo del hombre». (*Ap 1.12–13*)

> Esta es la explicación del misterio de las siete estrellas que viste en mi mano derecha, y de los siete candelabros de oro:

> las siete estrellas son los ángeles de las siete iglesias, y los siete candelabros son las siete iglesias. (*Ap 1.20*)

¿Pero por qué hay siete cosas de todo? ¿Por qué a esta clase de literatura le obsesionan tanto los números?

Entender los números

¡Los números también requieren interpretación, pero por alguna razón, la atención que la gente da para interpretar otros detalles de la Biblia parece desvanecerse en este punto! Deberíamos tratar a los números como a las imágenes. No son necesariamente literales, pero por lo general son importantes. ¡Y así como las imágenes no deben ser usadas literalmente, tampoco los números están ahí para que calculemos el fin del mundo!

Así que, consideremos el número que sigue apareciendo a lo largo del libro de Juan: el número siete. No es necesario hacer especulaciones ciegas sobre su significado, tampoco tenemos que conocer la historia de la Antigüedad, porque el simbolismo del número «siete» proviene de la Biblia.

En Génesis 1–2, luego de haber trabajado en los seis días de la creación, Dios descansó en el séptimo. Esto es fundamental, se nos ha dado el patrón para nuestra labor semanal (Éx 20.8–11). El descanso en la Biblia aparece luego de haber terminado una labor, entonces siete significa cumplimiento, plenitud, perfección.

Así que cuando Juan ve siete candelabros que representan siete iglesias, debemos ver esto como una representación de toda la iglesia de Dios. Esta es la razón por la que solamente se mencionan algunas iglesias; porque sabemos que había otras congregaciones en la provincia romana del Asia Menor y que igualmente pudieron ser incluidas. Tal como nos va quedando claro mientras leemos las cartas de Apocalipsis 2–3, los desafíos que enfrentaban estas siete iglesias son los mismos que tuvo que encarar la iglesia de Cristo en un mundo hostil. Esto significa que todo el libro, y no solo los capítulos 2–3, está dirigido a toda la iglesia de Cristo en la tierra, en ese entonces y ahora. No es un libro solo para aquellos que están atrapados en el fuego de la persecución.

Esta interpretación del número siete nos aclara uno de los números más discutidos del Apocalipsis:

> En esto consiste la sabiduría: el que tenga entendimiento, calcule el número de la bestia, pues es número de un ser humano: seiscientos sesenta y seis. (*Ap 13.18*)

El antiguo hebreo y griego no tenían cifras para representar los números (como lo tienen los idiomas modernos). Más bien, usaban las primeras letras del alfabeto junto a una marca para indicar que la letra debía interpretarse como número. Si tuviéramos que representar esto en el alfabeto romano, se vería de esta manera: 1=a`, 2=b`, 3=c`, y así sucesivamente. Esto significaba que los nombres propios podían también tener un valor numérico. Por ejemplo, algunos grafitis antiguos descubiertos en Pompeya al sur de Italia decían: «amo a la que su nombre es 545». Cuando el nombre del emperador romano Nerón se traduce del hebreo al griego, y se asignan números a las letras, la suma de las letras aparece como 666. Nerón fue un perseguidor terrorífico de la iglesia, así que no es ninguna sorpresa encontrarlo descrito como la bestia.

Pero, aunque esta información de fondo sea interesante, es innecesaria para establecer el significado de este número. Los creyentes de ese tiempo habrían considerado con toda certeza que el 666 era el número ideal de la bestia, ya que cada cifra es menor que siete, el numero de la perfección. Del mismo modo, el número de Dios sería 777. Esto encaja con uno de los temas constantes del Apocalipsis: los enemigos de Dios intentan imitar a Dios y sus planes, pero jamás lo lograrán. Tal es el destino de ese engañador. Por fuera convence, pero sus verdaderas intenciones siempre resaltan al final.

¿Pero, por qué no debemos interpretar estos números literalmente? Después de todo, cuando a Juan se le muestran los creyentes en el cielo, que han sido sellados con el sello de Dios, es específico: hay 144 000 (Ap 7.3–8). Este número ha sido usado de modo literal por varios grupos a lo largo de los últimos dos mil años.

Como siempre recomendamos, debemos estudiar el contexto de un versículo antes de saltar apresuradamente a nuestra interpretación. ¿Qué leemos inmediatamente después de este párrafo?

> Después de esto miré, y apareció una multitud tomada de todas las naciones, tribus, pueblos y lenguas; era tan grande que nadie podía contarla. Estaban de pie delante del trono y del Cordero, vestidos de túnicas blancas y con ramas de palma en la mano. (*Ap 7.9*)

¿Qué descubrimos si comparamos ambos grupos?

Apocalipsis 7.3–8	Apocalipsis 7.9
Y oí…	Miré…
144 000	Multitud tan grande que nadie podía contarla
Todas las tribus de Israel (12 000 de cada una)	Todas las naciones, tribus, pueblos y lenguas
Un sello en la frente de los siervos de nuestro Dios	Vestidos de túnicas blancas y con ramas de palma en la mano

La experiencia de Juan ha estado llena de sorpresas. En 5.5 se le dijo de la existencia del «León de la tribu de Judá», pero cuando mira, ve un «Cordero que parecía haber sido sacrificado» (5.6). Aquí, se le dice que hay 144 000 creyentes sellados, pero cuando se vuelve para mirar, ve una gran multitud. Está claro que debemos identificar estas dos secciones que describen el mismo grupo de personas: los que Dios ha salvado. Un solo grupo se ha convertido en un grupo mundial y unido de naciones, tal como Dios había prometido a Abraham (Gn 17.3–6).

¿Pero, por qué 144 000?

Según el Antiguo Testamento nos lo aclara, Dios creó a Israel con doce tribus, cada una descendió de un hijo de Jacob. Entonces, doce tiene un significado parecido a siete: ambos son números que señalan que algo ha finalizado. Para dar una idea del tamaño de las multitudes, los números se multiplican por 1 000. Por lo tanto, encontramos que 12 x 12 000 da 144 000.

¿Puedes descifrar el significado de estos números?

- **24 ancianos en 24 tronos** (4.4). *Pista*: 12 es importante tanto en el Nuevo Testamento como en el Antiguo.
- **42 meses** (11.2). *Pista*: = 3½ años, (la mitad de 7), que sugiere que no es un tiempo sin fin
- **10 días** (2.10). *Pista*: un numero entero y limitado

Decir la hora

Los escritores apocalípticos a menudo tratan el tiempo y la historia de una manera no literal. Por esta razón, con frecuencia parecen dividir periodos de tiempo en paquetes bien ordenados. La historia real es desordenada y confusa, pero dado que a los escritores, como Juan, se les da una perspectiva celestial, pueden ver los patrones que ofrecen cierto sentido de todo. Desde una perspectiva pastoral, esto es crucial para los que sufren de una terrible persecución. Ofrece un significado vital y esperanza para una solución precisamente en momentos en que todo parece inconcebible.

Esto no significa que todos estos paquetes estén en orden cronológico. Podrían describir el mismo evento desde diferentes ángulos. Un ejemplo de ello es la secuencia de siete sellos y siete trompetas.

Los sellos

- 6.12 «Vi que el Cordero rompió el sexto sello»,
    - 6.13–7.17 las consecuencias al abrir el sexto sello
    - 7.10 «una multitud que nadie podía contarla».
- 8.1 «Cuando el Cordero rompió el séptimo sello, hubo silencio en el cielo como por media hora».

Las trompetas

- 9.13 «Tocó el sexto ángel su trompeta»
    - 9.14–11.14 las consecuencias de sonar la sexta trompeta: el ángel y el rollo pequeño y los dos testigos (10–11).
    - 11.15 «Tocó el séptimo ángel su trompeta, y en el cielo resonaron fuertes voces».

Cuando comparamos el séptimo sello con la séptima trompeta, encontramos una gran sorpresa. Lo primero lleva al silencio, lo segundo a una sonora adoración. Pero, de manera diferente, ambos apuntan a la obra de salvación que Dios ha terminado. Antes de que el séptimo sello se abra, el anciano que instruye a Juan cuenta sobre el momento en que cada lagrima será limpiada (7.17 comparado con 21.4). El siguiente silencio es probablemente porque ya no hay más lágrimas. Esto solo ocurre al final, cuando Jesús retorna.

Juan es inmediatamente llevado a la secuencia de la trompeta. Al final, las alabanzas del cielo expresan su gozo de que el reino del Mesías ha comenzado, junto con el juicio del mundo (11.15–18). Luego, sigue un impresionante, pero breve, momento en que se abren los atrios del templo en el cielo, probablemente para permitir que el pueblo entre a la presencia de Dios.

Esto se vuelve aún más impresionante por los recordatorios de la presencia de Dios con su pueblo en el Monte Sinaí: el rayo, el trueno y el terremoto (Éx 19.16–19). En los tiempos del Éxodo, la santidad de Dios significaba que el acceso a él era imposible para los pecadores. Ahora, a pesar de que el mismo fenómeno natural ocurre en su presencia, el pueblo tiene acceso al templo.

De maneras distintas, tanto el séptimo sello como el séptimo toque de trompeta abren la puerta a la era eterna del reino de Dios, anunciando el retorno de Jesús. ¡Esto con toda certeza no puede suceder dos veces! Tampoco el juicio de los muertos, aunque aparezca de nuevo en 20.11–15.

Aunque el diagrama adjunto parezca intimidante, nos ayuda a entender que cuando leemos el Apocalipsis no estamos tratando con momentos secuenciales a lo largo de una línea de tiempo. Son distintos ángulos de los mismos eventos. Si tratáramos de establecer el orden propiamente dicho de estos eventos, tendría sentido sugerir que las dos multitudes celestiales (los 114 000 en 7.1–8 y la gran multitud de 7.9–17) proveen el soporte a las seis visiones de los seis sellos, siete trompetas y siete copas.

¿Pero cómo podemos entender la importancia de todas estas imágenes cuando se unan? ¿Qué recursos tenemos para que nos ofrezcan ayuda con ello?

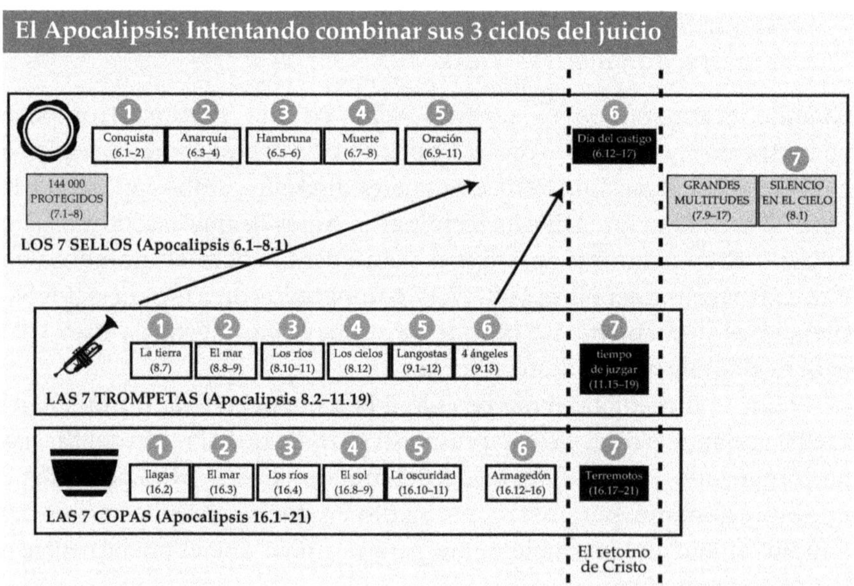

2. ¡Usa la Biblia (no el diario)!

Lo cierto es que el diario que lees es **menos** importante para entender el Apocalipsis de lo que muchos piensan. Esto no niega la posibilidad de que eventos de hoy en día resuenen o se ajusten con lo que leemos en las Escrituras. Me atrevería a decir que es tristemente inevitable que lo hagan. En esto consiste la naturaleza de los últimos días en los que vivimos. El punto es que Juan jamás pudo haber sabido nada sobre el nazismo, el comunismo, la Unión Europea, Al Qaeda, ISIS o tarjetas de crédito y códigos de barra. Todos estos asuntos pueden o no haber sido cumplimientos apocalípticos.

Mucho más importante para la interpretación del Apocalipsis es la propia Biblia. Los previos sesenta y cinco libros son el mejor recurso que tenemos. Sin embargo, no deberíamos buscar que un pasaje específico sea una especie de clave para la interpretación, como si ese único pasaje abriera los secretos de todo lo que hay que saber en el Apocalipsis. En lugar de esto, deberíamos tomar en cuenta que este libro ha sido inspirado, influenciado y moldeado por *todo* lo escrito anteriormente.

Basándonos en el Antiguo Testamento

El erudito bíblico Bruce Metzger ha calculado que, de los 404 versículos del Apocalipsis, 278 son citas del Antiguo Testamento o referencias a éste. Se trata de mucho más que la mitad de los versículos. ¡Esto no sería sorpresa si realmente Apocalipsis es «el libro del que podemos prescindir»!

No tenemos el espacio suficiente en este libro para señalar el contexto de cada referencia. Ese trabajo se puede hacer mejor con una concordancia bíblica para buscar usos previos de las imágenes o ideas.

Por cierto, vale la pena estar al tanto de un peligro en potencia cuando se haga uso de las concordancias. Es el peligro de hacer conexiones falsas solo porque la misma palabra se usa en diferentes lugares. Debemos siempre tomarnos el tiempo para verificar si la imagen que estamos estudiando se usa de la misma manera en la referencia. Por ejemplo, tomemos la palabra «sal». Jesús les dice a sus seguidores que sean sal (y luz) en el Sermón del Monte (Mt 5.13). Presuntamente, Jesús considera la sal como algo positivo. Una concordancia nos informará que la sal también se menciona en Génesis 19.26, donde la esposa de Lot se quedó convertida en estatua de sal. ¡Pero sería un error concluir que esto era algo positivo para ella, peor aún un modelo para nosotros! ¡Que ella haya quedado convertida en estatua de sal no fue nada positivo, fue un castigo! El uso que Jesús hace de la «sal» es totalmente distinto y una coincidencia en el mejor de los casos.

El precedente mas importante para el imaginario de juicio que aparece en el Apocalipsis es ciertamente las plagas de Egipto (Éx 7–13). Esta tabla ofrece una comparación entre esas plagas y las trompetas y copas del Apocalipsis.

10 PLAGAS Éxodo 7.8–13.16	**7 TROMPETAS** Apocalipsis 8.6–11.19	**7 COPAS** Apocalipsis 15.1–16.21
El Nilo se convierte en sangre (7.17–21)	Tierra, granizo y fuego mezclados con sangre; se queman la tierra, el pasto, árboles (8.7)	Llagas malignas y repugnantes (16.2)
Ranas (7.25–8.15)	Una montaña envuelta en llamas cae al mar (8.8); la vida marina muere; barcos son destruidos (8.9)	El mar se convierte en sangre (16.3)
Mosquitos (8.16–19)	Enorme estrella que arde sobre ríos y fuentes (8.10); aguas contaminadas y muchos mueren (8.11)	Ríos y fuentes se convierten en sangre (16.4)
Moscas (8.20–24)	El sol, la luna, y las estrellas se oscurecen; día y noche en oscuridad (8.12)	Al sol se le permite quemar a la gente; La gente maldice a Dios; no se arrepienten (16.8)
Plaga en el ganado (9.1–7)	Las estrellas caen del cielo a la tierra, se abre un abismo; langostas emergen (9.1–11)	Reino de oscuridad de la bestia Las personas maldicen a Dios y no se arrepienten
Ulceras (9.8–12)	4 ángeles que están atados a la orilla del gran río Éufrates son liberados y la caballería sale a matar (9.13–19); no hay arrepentimiento (9.20–21)	El Éufrates se seca; los reyes de todo el mundo marchan hacia el Armagedón (16.12–16)
Granizo y tormenta (9.22–26)	El reino de este mundo se convierte en el reino de Cristo (11.15–18)	Un terremoto parte a Babilonia en 3; ciudades destruidas (16.17–21)
Langostas (10.12–20)		

10 PLAGAS Éxodo 7.8–13.16	7 TROMPETAS Apocalipsis 8.6–11.19	7 COPAS Apocalipsis 15.1–16.21
Oscuridad (10.21–29)		
Los primogénitos mueren (12.29–30)		

La visión de Juan no concuerda exactamente con los detalles del Éxodo, pero cuando se los pone lado a lado, queda claro que han provisto un antecedente para el imaginario del juicio divino. Las visiones de Juan fueron moldeadas por el imaginario bíblico que él ya conocía.

¿Puedes identificar el imaginario de juicio que aparece en el libro de Juan en estos pasajes?

- Salmo 78.43–52
- Salmo 105.27–36
- Amós 4.6–13

Las imágenes más fantásticas en las visiones de Juan (como los monstruos de muchas cabezas y figuras de ángeles) se origina en la escritura apocalíptica del Antiguo Testamento, especialmente en Daniel y Ezequiel. Esta lista nos ofrece solo una muestra.

Uso de números importantes	Ezequiel 3.15–16; 40.20–23	Daniel 9.25–26
La amenaza que sale del mar	Ezequiel 32.2	Daniel 7.2–3
Escalofriantes animales y bestias salvajes	Ezequiel 14.15–21	Daniel 7.2–6
El lugar del trono celestial	Ezequiel 10.1–5	Daniel 7.9–10
Poderes y reinos terrenales	Ezequiel 27–28	Daniel 8.19–27
Un mensaje para todas las naciones	Ezequiel 38.23	Daniel 7.14

Las similitudes no se detienen allí. Tanto Daniel como Ezequiel fueron escritos en el contexto del exilio de Israel en Babilonia. Esta ciudad se erige imponente en todo el Antiguo Testamento y se convirtió en el símbolo supremo de todo lo que se rebela contra el Creador, desde la Torre de Babel en adelante (Gn 11). Por lo tanto, no sorprende que esto continúe por todas las visiones de Juan, a pesar de que sabemos que claramente consideraba a Roma el gran enemigo en sus días (Ap 17).

El área final de resonancia del Antiguo Testamento se encuentra en las tantas canciones del cielo que Juan oye. Los cantos eran un elemento vital de la espiritualidad de Israel y su culto a Dios, por lo que esperaríamos que aparezca en las visiones celestiales. El cancionero de Israel, el libro de los Salmos, fue una fuente obvia de inspiración para Juan. Pero hay algunos antecedentes aún más antiguos.

Un gran ejemplo proviene nuevamente del libro del Éxodo. Después de que Dios rescatara a su pueblo del yugo de Egipto, Éxodo 15 nos ofrece las canciones de Moisés y su hermana Miriam (que eventualmente serían incorporadas al salterio bajo el Salmo 106). Se trata de una canción de alabanza, pero los motivos de alabanza son muy distintos de aquellos que inspiran muchas de nuestras canciones e himnos contemporáneos. Esta canción alaba a Dios por haber rescatado a Israel, ciertamente, pero el enfoque principal se encuentra en sus actos paralelos de juicio sobre Egipto. Hay claros recordatorios de esto en las canciones del Apocalipsis (ver 11.15–19; 19.1–9).

Hacer uso del Nuevo Testamento

Como colaborador tanto de los evangelios como las epístolas, Juan, como era de esperarse, hace uso de aspectos del Nuevo Testamento. Nuevamente, hay demasiadas referencias para resaltarlas a todas aquí. Así que nos concentraremos en uno de los temas centrales del discipulado en las epístolas en particular, esto es «el ya y el todavía no» (la idea que algunas de las bendiciones prometidas por pertenecer al reino de Cristo ya han sido cumplidas para los creyentes, pero no todas, todavía hay algunas por las cuales debemos esperar pacientemente). La enseñanza en el Apocalipsis es completamente consecuente con esta idea.

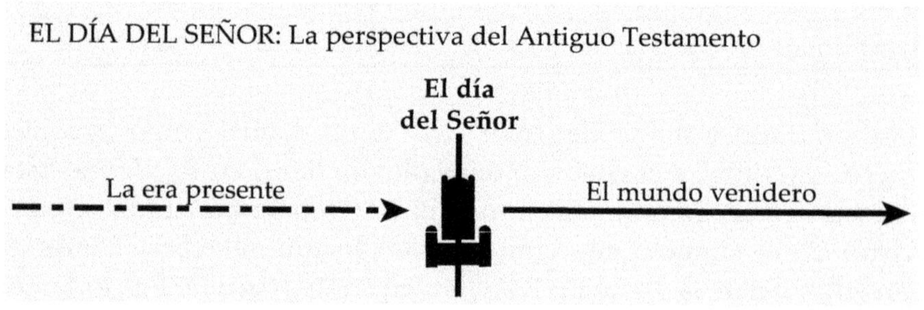

Para poder entender este punto, vale la pena ver cómo el Nuevo Testamento entiende la idea del Día del Señor, que es un tema que se repite en los profetas del Antiguo Testamento. Incluso una breve lectura de los profetas demuestra que compartían la creencia común en el carácter inevitable de la venida de Dios a la tierra, para actuar con justicia y misericordia de una vez por todas. Su venida sería un evento único, global e incluso cósmico (Is 13.6–9; Ez 30.3; Am 5.18).

Pero cuando Jesús comenzó a predicar, quedó claro que, desde su perspectiva, no funcionaba exactamente así. Al principio del ministerio de Jesús, lo vemos que enseña en la sinagoga en su pueblo natal de Nazaret y que puesto de pie lee el pasaje designado para ese sábado: Isaías 61. Si comparamos la lectura que Lucas registra con el pasaje original, nos queda claro que Jesús hace algo muy extraño. Se detiene en medio del pasaje de Isaías 61.2. Anuncia el cumplimiento del «año del favor del Señor» (Is 61.2), pero omite «el día de la venganza de nuestro Dios» (Is 61.2b). La forma en la que Lucas describe ese momento resalta la manera en que Jesús deliberadamente actúa, con intensos detalles cuando enrolla el libro y se sienta bajo el silencio expectante de los presentes (Lc 4.20–21). Jesús no cometió un error. ¿Entonces, debemos suponer que Jesús no cree en el juicio final? ¿O algo más está sucediendo?

La respuesta tiene que ver con lo que sucede el Día del Señor. Jesús divide este gran día en dos, y crea un nuevo periodo «entremedio». Comienza con su primera venida, y termina con su segunda. Hebreos 1.1 se refiere a este periodo como «estos días finales», y es un tiempo de gran tensión. La razón de ello es porque tenemos gran parte del gozo y de las bendiciones del reino de Cristo, pero no todo es color de rosa y positivo. Se trata también de un tiempo de gran maldad y confusión.

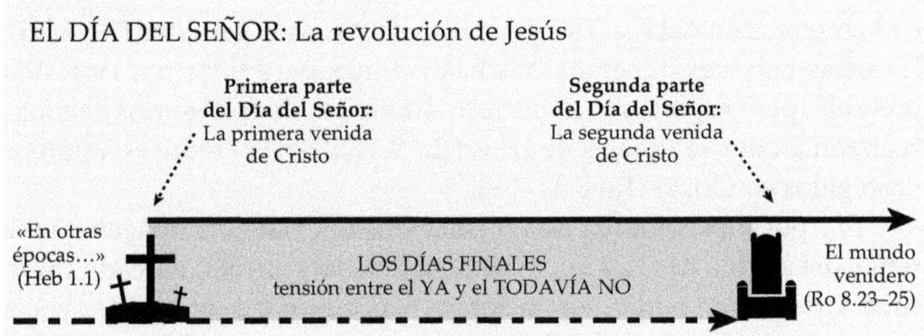

Juicio: ya y todavía no

En su epístola a los Romanos, Pablo habla de la justicia divina de dos maneras. En Romanos 1, el juicio de Dios sobre la humanidad es una realidad presente y continua, por medio de la cual «Dios los entregó a los malos deseos de sus corazones». En otras palabras, la humanidad enfrenta las consecuencias de sus acciones por la falta de intervención de Dios (Ro 1.24, 26, 27). Luego, en Romanos 2.16 habla de un día en que el juicio vendrá de una vez por todas para todo el mundo (ver también Ro 3.20). Vivimos en la tensión entre los dos, y la demora entre nuestro presente y el día final es en sí misma una señal de la gracia y la misericordia de Dios (Ro 3.26).

Encontramos la misma tensión entre el «ya y todavía no» en el libro del Apocalipsis. Hay momentos en los que Dios interviene en el presente con juicio: un ejemplo es la carta de Jesús a la iglesia de Éfeso (Ap 2.4–6). Pero el libro de Juan se enfoca en los acontecimientos que llevan al gran día del retorno de Jesús y a los eventos mismos (Ap 20.11–15).

Bendiciones: ya y todavía no

En Romanos 8, Pablo maneja brillantemente las tensiones que el «ya y todavía no» causan con respecto a las bendiciones. Nos aclara que, si somos creyentes en Cristo, ya se nos ha dado el Espíritu Santo de Dios, que nos trae muchas bendiciones en esta vida. Tenemos el privilegio de la filiación divina y la capacidad de clamar «Abba, Padre» (Ro 8.15). Sin embargo, al mismo tiempo, nos encontramos luchando constantemente con nuestros fracasos y pecados, así como el sufrimiento causado por vivir en un mundo caído. Es por eso que gemimos de frustración, como el resto de la creación, añorando el día cuando verdaderamente tendremos «la redención de nuestros cuerpos» (Ro 8.22–23). Confiamos en la intercesión del Espíritu en medio de nuestros gemidos (Ro 8.26). En otras palabras, tenemos muchas razones para llorar en esta vida presente, pero esperamos al glorioso día en que disfrutaremos de todas las bendiciones celestiales de Dios (Ro 8.17). Hasta entonces, estamos protegidos en Cristo (Ro 8.31–39).

El Apocalipsis aborda esta misma tensión. Hay una imagen que se repite del pueblo de Dios que Cristo ha sellado y que ha marcado como suyo. Cristo nos bendice en nuestras vidas terrenales, por su presencia con nosotros (recuerda la descripción de Cristo entre los candeleros en Ap 1). Pero el pertenecer a Cristo nunca nos exime del sufrimiento. De hecho, lo opuesto es el caso, ya que la bestia y sus cómplices se disponen a destruir la iglesia de Dios. Vemos la espantosa imagen de Babilonia, la prostituta, emborrachándose con la sangre de los mártires de Dios (Ap 17.6).

Todo el propósito del Apocalipsis (y por cierto, de toda la literatura apocalíptica de la Biblia) es para probar que los enemigos de Dios nunca tienen la última palabra. Dios la tiene. O, prestándome el título de los sermones publicados de un predicador acerca del Apocalipsis, «¡El cordero gana!»

XII. Poner en práctica el libro del Apocalipsis

El verdadero peligro que hay cuando se predica del Apocalipsis es obsesionarse por los detalles y perder de vista el propósito general del libro. Entonces tiene sentido predicar secciones bastante grandes del libro. Por ejemplo, podríamos tomar solo una charla para cubrir las siete cartas a las iglesias, otra para los sellos y trompetas, otra sobre las tácticas de la bestia (de distintos capítulos), y así sucesivamente. Podríamos, por supuesto, dividir también la serie en veintiún semanas (con un capítulo por semana), pero eso sería probablemente demasiado para la mayoría de las congregaciones.

Si descifrar todas las señales y símbolos de la literatura apocalíptica puede a veces ser abrumador, entonces pensar en ponerla en práctica es aún más intimidante. Podemos rascarnos las cabezas en desesperación, especialmente si hemos concluido que las figuras políticas contemporáneas no equivalen directamente con los personajes del Apocalipsis. La clave para poner en práctica este libro, así como con el resto de la Biblia, es considerar el motivo original que llevó a Juan a escribirlo.

Él mismo sufría persecución y había sido desterrado a la pequeña isla de Patmos. Es por eso que pudo escribir como «hermano de ustedes y compañero en el sufrimiento, en el reino y en la perseverancia que tenemos en unión con Jesús» (Ap 1.9). Su propósito, entonces, era principalmente pastoral. No escribió para ofrecer entretenimiento o emoción, o incluso para causar miedo. Escribió para tranquilizar y animar, para fortalecer la conversión de los que dudaban y habían sufrido.

Como ya hemos visto, la antigua literatura judía apocalíptica solía surgir por causa de una gran angustia y persecución. La oscuridad había llegado y no se veían destellos de esperanza por ningún lado. El objetivo era llevar la mirada del lector a una realidad que existe más allá del mundo visible, y así poder compartir la visión de Dios.

El reto es identificar el significado de esta perspectiva para nuestra congregación local en el diario vivir.

1. El Apocalipsis es para todas las iglesias de todos los tiempos

Ya hemos considerado la razón por la que Jesús eligió dirigir estas cartas a solo siete iglesias del Asia Menor. Por ejemplo, pudo haber incluido fácilmente a la iglesia de Colosas. Pero, las siete que aparecen tienen el propósito de ofrecer una imagen compuesta de todo el cuerpo de Cristo. Ninguna congregación por sí sola es capaz de hacer esto, pero las cartas del Apocalipsis, dirigidas a congregaciones específicas, brindan una imagen extraordinaria de la diversidad y complejidad de la iglesia.

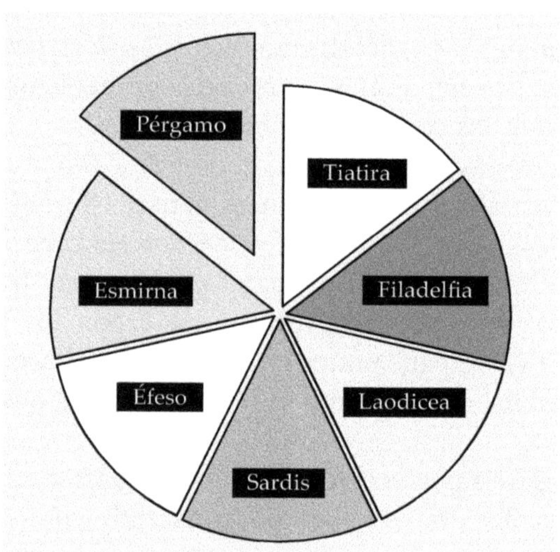

Podemos ver esto claramente cuando estudiamos las cartas de Jesús en conjunto. Lo primero que nos damos cuenta es que cada una de las cartas sigue una estructura relativamente fija (como lo vimos anteriormente con las epístolas del Nuevo Testamento).

- Cada una está dirigida a un ángel de la iglesia (o mensajero).
- Se identifica a Jesús (a menudo con imágenes de Ap 1).

- «Conozco…». Jesús camina en medio de los candelabros entonces conoce lo que está experimentando la iglesia y cómo viven los creyentes.
- «Sin embargo, tengo en tu contra que…». Jesús apela a los creyentes a que cambien de rumbo en un área particular.
- «El que tenga oídos, que oiga…». Jesús recuerda a los que se mantienen fieles lo que les espera en el futuro.

Esta estructura hace que resulte bastante fácil comparar las cartas unas con otras ya que las diferencias resaltan. Entonces, a continuación ofrecemos un resumen de tan solo algunos detalles que nos servirán para ver con mayor claridad los veredictos de Jesús.

Iglesia		Se la elogia por…	Se le advierte que…	RESUMEN DE LECCIONES
Éfeso	*2.1–7*	Trabajadora; no soporta a los malvados	Ha abandonado su primer amor	AMAR A JESÚS
Esmirna	*2.8–11*	Soporta la pobreza y las calumnias		RESISTE EL SUFRIMIENTO
Pérgamo	*2.12–17*	Fiel en una ciudad hostil	Tolera las enseñanzas falsas	SANA DOCTRINA
Tiatira	*2.18–29*	Sigue creciendo en buenas obras	Tolera la inmoralidad	SANTIDAD
Sardis	*3.1–6*		Injustificada reputación espiritual	VIDA ESPIRITUAL
Filadelfia	*3.7–13*	Espera pacientemente en una ciudad hostil		ESPERA PACIENTE
Laodicea	*3.14–22*		Indiferente y mundana	CONFIAR EN LAS RIQUEZAS DE DIOS

Las distintas cartas no encajan con exactitud en la estructura descrita anteriormente. Podemos ver que Jesús no tiene nada que elogiar en dos de las iglesias (Sardis y Laodicea), mientras que otras dos reciben solo ánimos (Esmirna y Filadelfia). Ambas estaban también enfrentando una terrible persecución, así que sus vidas no eran exactamente fáciles.

El aspecto más potente de estas cartas, sin embargo, es su impacto combinado. Si resumimos las aplicaciones clave para cada iglesia y las juntamos, obtenemos un sentido de lo que Jesús espera de todas y cada una de las congragaciones. Ninguna es perfecta, todas necesitan mejorar, ninguna puede ser autocomplaciente. Las cartas dan a cualquier predicador de Apocalipsis, y por supuesto a cualquier persona en el ministerio pastoral, una convincente lista de aplicaciones. Porque como comunidades cristianas, nuestro deber es hacer todo lo que podemos para:

- amar a Cristo,
- soportar el sufrimiento,
- enseñar la sana doctrina,
- buscar la santidad,
- poner en práctica una vida espiritual genuina (en vez de tener solamente reputación de ello),
- esperar pacientemente el retorno de Cristo, y
- confiar en la provisión que Dios tiene para nosotros.

Esto es precisamente lo que le da al libro del Apocalipsis su relevancia universal y urgente importancia. Por ejemplo, podríamos estar trabajando y ministrando en una cultura que sea tolerante o que apoye la libertad religiosa. La persecución no es parte de nuestra experiencia cotidiana. Pero nuestras iglesias pueden enfrentar otros desafíos, como llegar a sentirse satisfechas de sí misma con respecto a su devoción a Cristo (como la iglesia de Éfeso en 2.1–7) o tolerar las doctrinas falsas (como Pérgamo en 2.12–17). Para otros, la persecución es terriblemente real. La vida se vive un día a la vez porque es imposible saber qué sucederá luego. Entonces, para esos casos las verdades del Apocalipsis son un salvavidas. Saber que los que persiguen a la iglesia no tendrán la última palabra y que todo sistema humano que desafíe la autoridad de Dios debe colapsar, lo cambia todo (como debió haber sucedido para los creyentes de Esmirna y Filadelfia). Por lo tanto, no deberíamos preocuparnos por poner en práctica el Apocalipsis a nuestros contextos modernos: siempre tendremos a mano conexiones o puentes por hacer.

2. El Apocalipsis nos ayuda a ver el mundo desde la perspectiva de Dios

Otra característica de la literatura apocalíptica (sin duda provocada por la oscuridad de sus circunstancias originales) es que todo se magnifica o exagera. Los colores y los sonidos se vuelven más brillantes e intensos, y el mundo se divide en bandos definidos del bien y el mal, aquellos a favor de Dios y aquellos en contra.

Esto es lo que Jesús anticipó en algunas de sus parábolas acerca del fin del mundo, un ejemplo es la parábola de las ovejas y las cabras (Mt 25.31–46). El pastor coloca las ovejas a la derecha y las cabras a la izquierda, lo cual constituye una absoluta e irreversible división (25.33). Esto solo nos parecerá correcto si entendemos que la justicia de Dios es perfecta, sin error ni parcialidad, y eternamente buena.

Pero debemos entender algunas cosas importantes desde la perspectiva de Dios. Entonces, antes de terminar este capítulo con cuatro aplicaciones positivas, hay dos puntos cruciales negativos a tomar en cuenta.

No se trata de un llamado a juzgar a los demas…

Corremos peligro de ser presumidos cuando creemos poder decidir quiénes son las ovejas y quiénes las cabras. ¡Tamaño absurdo y qué arrogancia! Jesús no nos enseña que en el fin del mundo nos invita a compartir su tarea exclusiva, más bien nos advierte que debemos estar preparados para él, confiando y obedeciéndole.

De esto se trata el punto de una de sus primeras historias, la parábola de la mala hierba (Mt 13.24–30). El agricultor siembra buenas semillas anticipando una excelente cosecha. Pero como sucede a menudo, las malas hierbas (que el agricultor dice que fueron sembradas por un enemigo) brotan y crecen junto con el trigo. El agricultor advierte a sus trabajadores del campo que deben esperar al tiempo de la cosecha antes de tratar de separar el trigo y las malas hierbas no sea que tiren accidentalmente algunos de los trigos. Esto es crucial para aquellos de nosotros que vivimos antes del fin del mundo. No nos toca decidir quién es oveja o cabra, ni imaginar que estamos en condiciones de separar el trigo de las malas hierbas. Ambas tareas le pertenecen solamente a Dios.

Esto no quiere decir que podemos sentarnos con los brazos cruzados mientras esperamos. Aunque nunca sea nuestra obligación decidir el destino final de alguien, debemos continuar alertas.

…sino de un llamado a discernir

En su evangelio, Juan incluye una incómoda conversación que Jesús tuvo con creyentes judíos que objetaban las consecuencias de sus enseñanzas. No fue exactamente muy diplomático con ellos. Va al extremo de insinuarles que debido a que se negaban a aceptar sus enseñanzas, que esto demostraba que su verdadero padre era el diablo.

> Ustedes son de su padre, el diablo, cuyos deseos quieren cumplir. Desde el principio este ha sido un asesino, y no se mantiene en la verdad, porque no hay verdad en él. Cuando miente, expresa su propia naturaleza, porque es un mentiroso. ¡Es el padre de la mentira! (*Jn 8.44*)

Entonces, Jesús es claro, que la batalla espiritual es real y es un conflicto entre la verdad y la mentira. Este conflicto se desarrolla a lo largo del Apocalipsis. Por supuesto, no siempre es fácil distinguir entre la verdad y la mentira. A la gente jamás se le podría tomar el pelo si las mentiras no fuesen convincentes. Precisamente por esta razón los seguidores de Cristo deben siempre estar alertas.

Por lo tanto, es interesante ver cómo el enemigo intenta repetidamente duplicar quién es Dios y qué hace. Satanás jamás logra tener éxito (de ahí que su número sea 666), pero llega aterradoramente cerca.

En la tabla adjunta, he intentado reunir algunos de los engaños del enemigo tal como aparecen en el libro del Apocalipsis. En la columna de la izquierda podemos ver a Dios tal como se revela a sí mismo y sus planes a lo largo del evangelio. A la derecha, podemos ver los intentos repetidos, pero fallidos, de Satanás de hacer lo mismo.

VERDADERO		FALSO
DIOS TRINO		LA TRÍADA SATÁNICA
El Padre y Creador	El que inicia el plan	**El dragón (12.3, 9)** Crea la bestia (13.1)
Cristo el Hijo	El que ejecuta el plan	**La bestia** El dragón (siete cabezas con coronas, diez cuernos) La segunda bestia (siete cabezas, diez cuernos con coronas)
El Espíritu como testigo Libro de los Hechos Promueve la adoración a Cristo Otro consejero (Jn 14.16–18) Nos guía hacia la verdad (Jn 16.13)	El que testifica / esparce mentiras	**La segunda bestia / El falso profeta (13.11–18; 16.13)** Hace señales milagrosas (13.13) Promueve la adoración de la bestia (13.12) Ejercita autoridad sobre la primera bestia (13.12) Engaña (13.14)

VERDADERO		FALSO
EL CRISTO		LA BESTIA
19.12	Diademas	13.1
19.11–13, 16	Nombre	13.1
12.5, 10	Poder	13.2
1.17–18	Resurrección	13.3, 12
1.6	Adoración	13.4
Éx 15.3, 11s	Alabanza	13.4
7.3; 14.1	Sello	13.16
5.9	Lealtad nacional	13.7s
EL PUEBLO DE DIOS		EL PUEBLO DE SATANÁS
Seguidores de Cristo: marcados (14.1) Sufren persecución		**Seguidores de Satanás (13.16)** Persiguen a la iglesia
La novia de Cristo (19.7–8) Se separa de la prostituta		**La prostituta (Ap 17–18)** Seduce a la iglesia

Todo esto encaja perfectamente con la propia predicación apocalíptica de Jesús que ya hemos considerado (Mt 24). Nos advierte de aquellos que engañarán a muchos haciéndose pasar por Cristo (Mt 24.4–5).

Este discernimiento debe conducir a una confianza absoluta en Dios y sus propósitos.

Incluso en los tiempos de oscuridad, o tal vez especialmente en aquellos momentos. Como lo veremos en el pasaje que elegí para la muestra de sermón de esta sección (Ap 11), terribles cosas pasaron, pasan y pasarán al pueblo de Dios. Tales cosas sugieren que el enemigo está ganando.

Pero Juan lo dice dos veces: Después de que la segunda bestia aparezca (13.18) y después de la visión de la prostituta babilonia que bebe la sangre de los creyentes (17.9), «¡En esto consisten el entendimiento y la sabiduría!» Por lo menos, el Apocalipsis nos debe ayudar a actuar con sabiduría y estar alertas a la realidad de una batalla espiritual que nos confronta. Pero también nos debe convencer que no es una batalla sin esperanza. Porque el libro nos da un vistazo del final de la historia, y es un final glorioso.

3. El Apocalipsis nos mantiene confiados en el fin de la historia

Las impresionantes visiones de Juan le permiten vislumbrar el mundo entero y toda la historia de la humanidad. La más importante verdad que se extrae de todo esto es el privilegio de conocer el final de la historia de antemano. No se nos permite saber qué nos espera el día de mañana, pero se nos da suficiente información para poder confiar que, si el mañana es duro, Dios puede redimir la situación y finalmente lo hará. Vencerá a todos sus enemigos y sacará el mayor bien del mayor mal.

Esta gloriosa verdad debería tener al menos cuatro efectos, que son desafíos para los incrédulos y consolación para los creyentes.

Paciencia en las tensiones

Una frase que se repite en las siete cartas al comienzo del libro es «al que salga vencedor» (Ap 2.7, 11, 17, 26; 3.5, 12, 21). La importancia de esa frase se puede resumir mejor en las palabras de Jesús a la iglesia de Filadelfia, una iglesia que Jesús elogia por su fidelidad.

> Vengo pronto. Aférrate a lo que tienes, para que nadie te quite la corona. (*Ap 3.11*)

El punto es que deben esperar el regreso prometido de Jesús, que está garantizado, a pesar de que el tiempo no sea específico. Pero la espera no será interminable. Dios está obrando, incluso en medio del horror y el sufrimiento. Y el «viene pronto». La idea se retoma de nuevo, en un momento de verdadero terror y ansiedad.

> ¡En esto consiste la perseverancia de los santos, los cuales obedecen los mandamientos de Dios y se mantienen fieles a Jesús! (*Ap 14.12*)

En mi experiencia ministerial en varios contextos distintos, una proporción inmensa de problemas pastorales se facilitarían significativamente si la gente entendiera la tensión entre el «ya y todavía no». Necesitamos una comprensión mucho más clara de lo que Cristo Jesús *ya* nos ha dado y de las promesas que aún debemos esperar. Esta es la única forma de ajustar nuestras expectativas de vida en este mundo con la perspectiva de Dios. El libro del Apocalipsis es un brillante don del cielo que nos ayuda a lograr justamente esto.

No deja espacio para el escapismo ni para la desesperación total. En lugar de ello, a pesar de las tormentas o la confusión, nos llama a ser pacientes en medio de las tensiones, y a no negar la realidad de estas tensiones. Nada de ello es fácil. El libro es un recordatorio saludable de eso. Pero su llamado es claro. Debemos persistir y continuar en el camino. Entonces, si nuestra predicación de este libro no logra conducirnos a seguir resistiendo pacientemente en medio de todas las tensiones de la vida en los días finales, entonces algo probablemente haya salido mal.

Confiar en nuestra esperanza

Tener paciencia es, por supuesto, solo posible si tenemos confianza en las promesas del futuro. Desde sus primeras líneas, la visión de Juan está diseñada precisamente para inculcar tal confianza. Entonces, leemos que Jesús le da a Juan una visión, para beneficio nuestro, de «lo que debe suceder pronto» (Ap 1.1). Esta frase se repite en la última página del libro (Ap 22.6), y así enmarca todo lo que está en medio.

Sin lugar a dudas, hay algunas escenas terribles en el libro. Por ejemplo, algunos de los horrores que el pueblo de Dios sufre en el capítulo 17, son escalofriantes. Pero incluso estos sirven para recordarnos que Dios tiene la última palabra. Esto es cierto incluso, o especialmente, en los momentos de mayor tensión. La batalla del Armagedón en el capítulo 16 es un ejemplo de ello. Allí la escena se prepara para la batalla cósmica final entre Dios y todos los gobernantes de la tierra.

> Entonces los espíritus de los demonios reunieron a los reyes en el lugar que en hebreo se llama Armagedón. (*Ap 16.16*)

Tiene la marca de una confrontación extraordinaria. Y luego... nada sucede. Sin ningún esfuerzo de su parte, Dios acaba con esta rebelión en un instante. Juan ni siquiera ve cómo sucede. Lo único que sabe es que una vez que la séptima copa se derrama,

> desde el trono del templo salió un vozarrón que decía. «¡Se acabó!» (*Ap 16.17*)

Se trata de un eco deliberado de las últimas palabras de Jesús en la cruz, a pesar de que no sigue exactamente cada palabra que usó en Juan 19.30. Dios muestra su poder sobre Babilonia y el mundo con varios actos en los versículos siguientes, pero no se dice absolutamente nada de la batalla. Es como si Dios sencillamente chasqueara sus dedos y sus enemigos se desintegran. Irónicamente, la batalla del Armagedón no es una batalla en lo absoluto.

Como si eso fuera poco, aparece la gloriosa y emocionante visión de la eternidad en presencia de Cristo en los dos últimos capítulos. En completo contraste con la visión aburrida, fantasmal e inconsistente del cielo que mucha gente sostiene, esta ventana a la perfección es sólida, espectacular e inspiradora. Un mundo sin pecado o sufrimiento, como lo demuestran las lágrimas que se secan de los ojos. Un mundo en armonía cósmica e interdependencia, porque Dios está en su mismo centro.

> Oí una fuerte voz que salía del trono y decía: «¡Miren, el hogar de Dios ahora está entre su pueblo! Él vivirá con ellos, y ellos serán su pueblo. Dios mismo estará con ellos. Él les secará toda lágrima de los ojos, y no habrá más muerte ni tristeza ni llanto ni dolor. Todas esas cosas ya no existirán más». (Ap 21.3–4)

Juan ha ofrecido a sus lectores un vistazo de este espectáculo, y los benéficos propósitos de Dios mientras lo aguardamos. Todo se trata de una confiada esperanza. Así que, si nuestra predicación de este libro no produce una labor cristiana llena de esperanza y confianza, entonces algo probablemente salió mal.

Alabar los propósitos de Dios

Ya hemos considerado los cantos del Apocalipsis y su precedente en el Antiguo Testamento. Es fascinante saber cuán primordial es la alabanza para toda la visión. Hay lugares y momentos para lamentarse y suplicar a Dios, y la Biblia maravillosamente nos ofrece palabras que nos ayudan a lograr esto.

Pero para todos los terrores y horrores del Apocalipsis, es sorprendente cuán poco lamento hay en el libro. La mayor parte de las veces los oídos de Juan se llenan de sonidos de alabanza celestial por todo lo que Dios planea y cumple. Claro que no hay necesidad de lamentarse en el lugar donde se encuentra el trono eterno de Dios. Esto solo hace falta en un mundo caído. Pero a Juan se le da la perspectiva celestial en medio de ese mundo caído. No hay duda que nuestro mundo ha caído, pero la alabanza se enfoca en la justicia todopoderosa de Dios que debe condenar todo mal y de hecho lo hará. Por ello existe la multitud que entona el famoso Aleluya de Apocalipsis 19 justo después que se declara la caída de Babilonia.

Así que, si nuestra predicación de Apocalipsis no nos guía a alabar a Dios por su bondad, justicia y propósitos poderosos, entonces algo probablemente salió mal.

Jesús al Centro

Jesucristo es la esencia de todo en el Apocalipsis.

- Él es quien le dicta las cartas a Juan. Él es quien vive en medio de su iglesia, y quien escribe cartas a cada una de estas iglesias (Ap 1–3).
- Él es el león que a la vez es el cordero, el único que es digno de abrir los rollos de la historia humana y quien merece la alabanza del cielo por lo que sufrió en la cruz (Ap 5).
- Él es «la raíz y la descendencia de David, la brillante estrella de la mañana», quien ha revelado esta visión extraordinaria y logrado establecer las bases para la esperanza en este mundo caído. Él es el Juez y Salvador, el único digno de adoración (Ap 22.16–21).

En resumen, Jesús está en el trono del universo. Él es quien vivió, murió, resucitó y retornará. Él es «él que vive», que estuvo muerto, y está vivo para siempre, y por eso es que nos llama a confiar en él y no tener miedo (Ap 1.17–18).

Si nuestra predicación de Apocalipsis no nos lleva a la adoración de Jesucristo, entonces algo probablemente salió muy mal.

Hay muchos retos cuando se predica este libro, y apenas hemos rayado la superficie. Nos exige bastante a nuestras mentes y corazones, también a nuestra creatividad e imaginación. Pero qué tesoro es para una iglesia que está bajo presión y quizás sufre por aferrarse a lo que es importante o central.

El aliento de vida que proviene de Dios

(Apocalipsis 11)

Cuando viajas en autobús, das por sentado que el conductor sepa la ruta a tu destino. Si continuamente se detiene para pedir direcciones en cada cruce, empiezas a sentirte un poco incómodo. ¿Será que conoce el camino? Es aún peor si parece conducir imprudentemente el resto del tiempo. ¿Te va a llevar hacia un precipicio en la oscuridad cuando se encuentre con una curva cerrada que no esperaba?

Recuerdo muy bien un viaje de 8 horas por la noche que tuve que hacer en Perú. Viajamos cuesta arriba sin parar hacia las montañas de los Andes, incluso llegamos a un lugar llamado Ticlio, donde la carretera se encuentra a casi 5 000 metros sobre el nivel del mar (16 000 pies). ¡Me sentí muy agradecido de no ser el conductor! No solo porque no conocía la ruta, sino porque también me afectó el mal de altura. Fue bueno poder confiar en las destrezas profesionales del conductor, que conocía el área. ¡Incluso pude dormir un poco!

Los lectores originales del Apocalipsis se encontraban en una situación parecida. Su viaje cristiano fue cuesta arriba, a un territorio desconocido. Se encontraban sufriendo una brutal persecución. Pero este libro tiene el propósito de sostenerlos, al revelarles que Dios está realmente en control. El camino puede ser largo, estar lleno de baches y con vientos alrededor de precipicios peligrosos, pero Dios es el conductor. Él conoce el camino, y sabe lo que hace. ¡Se pueden confiar en el conductor!

Lo cual hace que Apocalipsis 11 nos cause una conmoción inesperada. A pesar de que habíamos visto algunas escenas extrañas e inquietantes en capítulos anteriores, no nos afectaba mucho porque

Dios estaba en control. ¡Pero en el capítulo 11, es como si el autobús hubiera sido secuestrado y el conductor expulsado! Otra persona parece estar al volante, dirigiendo nuestro viaje.

Muchos comentaristas piensan que este capítulo es más difícil de interpretar que los demás capítulos. Sin embargo, esta no es razón para desanimarse ya que su objetivo principal es bastante claro.

1. Cuando la misión de Dios parece amarga (Ap 11.1–10)

No hay vergüenza en admitir que: la misión de Dios puede a veces parecer amarga. Si sentimos esto, estamos en buena compañía. Después de todo, observa lo que el ángel que guía a Juan le dice cuando le da de comer el rollo de los propósitos de Dios:

> Me acerqué al ángel y le pedí que me diera el rollo. Él me dijo: «Tómalo y cómetelo. Te amargará las entrañas, pero en la boca te sabrá dulce como la miel».

En el capítulo 11 del Apocalipsis, vemos la amargura de este ministerio que Dios nos ha dado, pero solamente después de haber visto la primera obra de Juan. Él es como el capataz en una obra de construcción, con una vara de medir y los planes del arquitecto.

El pueblo de Dios está protegido (Ap 11.1–2)

> Se me dio una caña que servía para medir, y se me ordenó: «Levántate y mide el templo de Dios y el altar, y calcula cuántos pueden adorar allí. (v. 1)

Es como si Juan estuviera pasando lista en el cielo. Y no debe sorprendernos que se reunieran en el templo alrededor del altar, porque se trata de una imagen que significa estar en una relación íntima con Dios. Con Dios, hay protección. Él es «fortaleza y refugio», como solía cantar el salmista.

Pero la siguiente impresión que obtenemos es menos reconfortante. Están rodeados. Las tensiones son altas y las amenazas al pueblo de Dios son muy reales. Entonces el ángel le da a Juan estas instrucciones:

> Pero no incluyas el atrio exterior del templo; no lo midas, porque ha sido entregado a las naciones paganas, las cuales

> pisotearán la ciudad santa durante cuarenta y dos meses. (v. 2)

Una pequeña rareza es que algunas traducciones describen a estos atacantes como gentiles. Esto parece contradecir todo lo dicho en capítulos anteriores sobre cómo Dios llama a su pueblo de entre todas las naciones. Pero aquí la palabra está siendo usada sencillamente como una etiqueta para aquellos que no pertenecen al pueblo de Dios (independientemente de su origen étnico). Entonces quizá sea mejor simplemente usar una alternativa legítima y traducir la palabra como «naciones paganas» en lugar de «gentiles».

Pero, entonces aparece otro de esos números peculiares del Apocalipsis: la ciudad sagrada será pisoteada «42 meses». Bueno, aquí hay un juego matemático, porque en el versículo 3 encontramos otro número, «1 260 días». El mes promedio en un calendario es de 30 días, así que, 1 260 equivale a 42 meses. Y ese no es un número cualquiera, porque 42 meses es exactamente 3 años y medio. Lo cual es la mitad de 7, el numero de la perfección.

Pero no se preocupen demasiado sobre los números. El punto crucial es entender que Dios sabe los periodos de tiempo, ya han sido fijados. Este ataque al templo no será para siempre.

Los predicadores de Dios tienen perseverancia (Ap 11.3–6)

Lo que pasa a continuación es extraordinario. El pueblo, bajo increíble presión, se ha reunido en el refugio que Dios les dio. Entonces mira lo que sucede en el versículo 3:

> Por mi parte, yo encargaré a mis dos testigos que, vestidos de luto, profeticen durante mil doscientos sesenta días.

Parece una locura ¿no es verdad? ¿Quién quisiera salir a eso? ¿Por qué tomar ese riesgo?

Si el pueblo en el templo habría sentido la necesidad de defenderse, entonces seguramente hubiese sido mucho más prudente enviar a sus luchadores estelares para que tomen ese riesgo, así como el joven David se enfrentó a Goliat en tiempos antiguos. ¿No es cierto? Pero no. Los campeones del pueblo hacen algo aún más absurdo. ¡Salen a predicar! Y se van por meses. Dios lo tenía todo planeado.

¿Pero por qué se les describe usando imágenes como árboles de olivo y candelabros en el versículo 4? Los árboles de olivo daban el aceite para encender las lámparas en tiempos antiguos, así que es natural que aparezcan juntos. Y esta es la pista en torno a quiénes son estos dos testigos. ¿Se acuerdan los candelabros en el capítulo 1? Representan las siete iglesias. Es muy probable entonces que estos dos testigos, y los candelabros, y los árboles de olivo representen una cosa: la iglesia de Dios.

Pero esperen un momento. Si se trata de la iglesia, ¿por qué hay dos testigos? Probablemente porque el sistema jurídico de la Antigüedad siempre requería de dos testigos para confirmar la evidencia. Así que, la idea aquí es que la iglesia de Dios tiene la autoridad de Dios para ser su testigo. A pesar de lo que afirmen algunos comentaristas, es improbable que podamos identificar a estos testigos. Pero las imágenes son claramente identificables.

Observen el efecto de su mensaje: lanzan fuego por la boca (v. 5); cierran el cielo a fin de que no llueva (v. 6). ¿A quién se le parece esto? ¿Acaso no es como Elías cuando predicaba a los profetas de Baal en el monte Carmelo? Sus palabras inspiradas por Dios tenían el poder de hacer que descienda fuego y sequedad mientras denunciaba la idolatría cananea.

Ahora veamos el final del versículo 6:

> y tienen poder para convertir las aguas en sangre y para azotar la tierra, cuantas veces quieran, con toda clase de plagas…

¿De quién se trata? Debe ser Moisés, en los días previos al éxodo de Egipto.

Moisés y Elías: dos grandes personajes que Dios usó para hablar cuando su pueblo corría peligro. El punto que Juan quiere comunicar aquí es que Dios los protege para que puedan realizar su labor de testigos. Dios tiene claras consecuencias para aquellos que quieren lastimarlos.

Por ahora todo bien. ¿Pero notaron dónde están predicando estos testigos? El versículo 4 nos dice que «permanecen delante del Señor de la tierra». Esto no es simplemente una cuestión de enfrentarse a hordas de enemigos. Están encaminándose a la boca del león. Porque el «Señor de la tierra» no es en absoluto el Señor Jesús, sino el que tiene implacable odio por Jesús y su pueblo.

Permanecer delante de él requiere una increíble valentía. Me recuerda al gran Festo Kinvengere, quien fuera obispo de Kigezi en el sudoeste de Uganda entre las décadas de 1970 y 1980. Durante los años oscuros de la terrible dictadura de Idi Amín, Festo sintió que debía confrontar *personalmente* al presidente. En su propio puesto de mando en Kampala. En cuatro o cinco ocasiones. Festo confrontó a Amín a que pusiera fin al asesinato de miles de personas. Su mensaje fue verdaderamente profético y peligroso. Logró sobrevivir tan solo porque sus amigos lo ayudaron a huir a Ruanda, justo antes que los hombres de Idi Amín llegaran a arrestarle.

En esto consiste el llamado que tiene la iglesia, a testificar de las buenas nuevas del reino de Dios, reino de la verdad, la justicia, la gracia y el amor. Esto inevitablemente coloca a la iglesia en un rumbo de colisión con los gobernantes terrenales. No es sorpresa que el Señor de la tierra esté furioso. La única razón por la que los dos testigos sobreviven tres y medio años es porque Dios los protege. Pero entonces todo parece ir terriblemente mal.

Los predicadores de Dios son muertos (Ap 11.7–10)

> Ahora bien, cuando hayan terminado de dar su testimonio, la bestia que sube del abismo les hará la guerra, los vencerá y los matará.

No estabas esperando esto, ¿verdad? Es como si el autobús hubiera sido secuestrado y el enemigo ha ganado. ¿Qué está pasando? ¿Puede ser esta realmente la misión de Dios? No tiene sentido. No lo entiendo completamente. No entiendo por qué Dios lo permite. ¿Por qué tiene que ser así?

Sin embargo, una cosa es cierta. Encaja con la historia de la iglesia. Encaja con la presente realidad. Encaja con el futuro previsible. Porque es un hecho que la gente muere por su fe.

El obispo Festo sobrevivió al régimen de Amín, pero su superior, el arzobispo Janani Luwum ciertamente no lo hizo. Tuvo un ministerio profético similar al del obispo Festo y desafió repetidamente al presidente. Su última provocación fue enviar una nota formal en 1977 protestando por las innumerables muertes y desapariciones en Uganda. Después de eso, fue acusado de traición, obligado a presentarse en público con Amín, junto con otros dos «sospechosos», y luego murió en un «accidente automovilístico» camino a ser interrogado. Pero cuando su cuerpo fue entregado a sus familiares, estaba lleno de balas. Su reputación como un valiente líder cristiano fue reconocida unos años más tarde. En 1998, fue incluido en los diez mártires del siglo XX cuyas estatuas están en pie en la Abadía de Westminster de Londres.

Como si Apocalipsis 11 no podría ponerse peor…

> Sus cadáveres quedarán tendidos en la plaza de la gran ciudad, llamada en sentido figurado Sodoma y Egipto, donde también fue crucificado su Señor. Y gente de todo pueblo, tribu, lengua y nación contemplará sus cadáveres por tres días y medio, y no permitirá que se les dé sepultura. (*Ap 11.8–9*)

Esto es una ofensa: en Oriente Medio, como en muchas otras partes del mundo, el entierro debe llevarse a cabo poco después de la muerte. Dejar un cadáver en plena calle es el peor insulto. Pero observen, esto también es por un período fijo. Ellos permanecerán allí por solo tres días y medio, luego de su ministerio de tres años y medio.

El versículo 10 es aún más macabro.

> Los habitantes de la tierra se alegrarán de su muerte y harán fiesta e intercambiarán regalos, porque estos dos profetas les estaban haciendo la vida imposible. (*Ap 11.10*)

Es casi como una distorsión grotesca de la Navidad. En vez de enviar tarjetas navideñas a amigos y familiares, las personas envían tarjetas de «testigos en descomposición» e intercambian regalos de la «iglesia conquistada». Esta imagen tiene todos los horrores de los videos de las matanzas de ISIS en el Medio Oriente. ¿Por qué se comporta así la gente? ¿Como pueden hacer esto?

Lo hacen porque eran atormentados por la predicación de estos dos testigos. No era porque la iglesia trataba de ser desagradable o antipática. (Aunque, seamos sinceros, hay muchos creyentes que le dan a la iglesia de Jesús una reputación terrible porque son desagradables y antipáticos). Pero ese no es el punto aquí. El problema es que el mensaje del evangelio es siempre una piedra de tropiezo para la gente. O como escribió el apóstol Pablo: es el aroma de Cristo para algunos y el olor de muerte para otros (2Co 2.15–16). Sin embargo, lo que es realmente aterrador es que el Señor de la tierra, la bestia, se ha convertido en el amo de la iglesia. Ha callado a los testigos.

Sin embargo, no puedo evitar preguntarme: ¿por qué tiene que ser así? ¿Por qué servir a Dios debe traer tanto conflicto, dolor y amargura? Simplemente no lo entiendo.

Supongo que esto es algo que estuvo en la mente de los discípulos el día de la crucifixión de Jesús. Ese sábado seguramente fue el día más oscuro en la historia de la humanidad, después del viernes santo. Si aún podían seguir confiando en la soberanía de Dios después de todo, seguramente que se estaban preguntando por qué Dios había permito que esto sucediera.

A propósito he mencionado el sábado de la Pascua por lo que sucede a continuación.

2. Cuando la justicia de Dios despierta cánticos (Ap 11.11–19)

Los predicadores de Dios son vindicados (Ap 11.11–14)

> Pasados los tres días y medio, entró en ellos un aliento de vida enviado por Dios, y se pusieron de pie, y quienes los observaban quedaron sobrecogidos de terror. Entonces los dos testigos oyeron una potente voz del cielo que les decía: «Suban acá». Y subieron al cielo en una nube, a la vista de sus enemigos. (*Ap 11.11–12*)

¿Lo entienden ahora? Después de este breve y fijo periodo de tiempo, el cual nos recuerda los tres días que Jesús estuvo en la tumba, un milagro ocurre. El Espíritu de Dios sopla en los cuerpos de los profetas. Así como ocurrió en la visión de Ezequiel del valle de los huesos secos (Ez 37), así mismo ocurre con los dos testigos de Apocalipsis 11. Después de la muerte, hay vida. Es el milagro de la resurrección.

Sin duda las multitudes están aterrorizadas. Quiero decir, si tienes el poder y destruyes a tu archienemigo y piensas que acabaste con la oposición, ¡lo has logrado! Te deleitas y compartes regalos. Pero si tu enemigo luego regresa de la muerte, ¡madre mía! ¿qué puedes hacer ahora? Es más que un cambio de suerte. Es una derrota.

Además, Dios llama a los testigos, a su iglesia, a subir al cielo. Esto es un claro recordatorio de la ascensión de Jesús. Es una maravillosa vindicación divina después de la humillación que sufrieron al dejar que se pudran en las calles. Entonces, ¿te das cuenta? La iglesia de Dios, los dos testigos, siguen los pasos de Jesús.

- Jesús predicó como testigo de Dios: la luz del mundo. Sufrió. Murió. Después de tres días, resucitó. Y luego, ascendió al cielo.
- La iglesia predica como testigo de Dios: los árboles de olivo y los candelabros. La iglesia es perseguida y destruida. Y después de tres días y medio, la iglesia resucita y asciende al cielo.

Y ahora lo digo. No entiendo del todo por qué tiene que ocurrir así. Pero Dios está en control. Satanás, ese secuestrador mundial, no logra mantener su rebelión indefinidamente. A pesar de que arroja lo peor que tiene contra la iglesia, en su intento por destruirla, y a veces parece tener éxito. Pero, al final no ganará.

¿Por qué importa esto? Porque para muchas personas alrededor del mundo, la vida parece como el sábado de Pascua. El Señor ha muerto en la cruz y el cielo está en tinieblas y oscuridad. Pero Juan nos asegura que la justicia se acerca. Eso es claro por los terremotos y terrores que siguen en el versículo 13. Estas eran primicias de lo que está por venir cuando la séptima trompeta suene. La gente tendrá dos alternativas: será parte de la iglesia de Dios, los testigos mundiales de Dios, protegidos por la caña de medir que Juan usó en el templo, o tendrá que encarar las consecuencias de ser parte de la multitud mundial que está en su contra.

Juan no tiene duda alguna, después de la oscuridad del sábado de Pascua viene la resplandeciente vida del domingo de resurrección. Y cuando suene la séptima trompeta, que simboliza el fin del mundo, tal como sucede al abrirse el séptimo sello en el capítulo 8, la respuesta será clara. Alabanzas. Alabanzas por la justicia de Dios.

Cantan alabanzas a Dios (Ap 11.15–19)

Y la clave de todo, de hecho, la clave para todo el Apocalipsis está en la canción del versículo 15. Esto es lo que se canta:

> El reino del mundo ha pasado a ser de nuestro Señor y de su Cristo, y él reinará por los siglos de los siglos.

El secuestrador cósmico ha sido expulsado del asiento de conductor y ha sido arrestado. Claro que, él jamás estuvo en control. Su autoridad siempre estuvo restringida por Dios, aunque a veces parezca difícil de creer.

Y las multitudes del cielo cantan. Esta vez no acerca del carácter de Dios, como lo han hecho antes. Tampoco acerca de la creación del mundo como en Apocalipsis 4, o de la muerte de Cristo en la cruz, como en Apocalipsis 5. Ahora se alegran porque el reino ha llegado finalmente y para siempre: Dios reina y no tiene oposición. Esto significa que la justicia ha llegado. Todo lo malo ha sido corregido.

> Las naciones se han enfurecido; pero ha llegado tu castigo, el momento de juzgar a los muertos, y de recompensar a tus siervos los profetas, a tus santos y a los que temen tu nombre, sean grandes o pequeños, y de destruir a los que destruyen la tierra (*Ap 11.18*)

No se trata de una simple venganza. Esto es justicia. Aquellos que destruyen la tierra enfrentan justamente las consecuencias de sus actos.

Y el pueblo de Dios se regocija. Esto nos puede parecer incoherente porque pocas alabanzas contemporáneas alaban a Dios por su juicio final. Pero esto es precisamente lo que sucede en el cielo.

Este hecho es impresionante. Pero también es una prueba definitiva. Si no te motiva estallar en adoración cuando escuchas que la vindicación cósmica de Dios para su pueblo ha llegado, es probablemente porque no has sufrido mucha injusticia. Pero hay innumerables personas alrededor del mundo que claman por ello, con pleno conocimiento que no alcanzarán la justicia en esta vida. Hermanos y hermanas en Irán e Iraq, Indonesia y China, Egipto y Siria, etc., etc. E incluso en el Reino Unido.

El llamado entonces es seguir los pasos de nuestro Señor. Tomar nuestra cruz, sabiendo que el viernes santo nos conduce inexorablemente a través de la oscuridad del sábado hacia el resplandor solar de la Pascua. Y, finalmente, al regreso de Cristo, cuando podremos regocijarnos. Se trata de una invocación para no jugar al papel de víctima y odiar al mundo que nos odia, sino amar a Jesús, amar al mundo testificándole de Cristo y regocijarnos en el Dios de la justicia.

A lo cual solo podremos cantar aleluya. El reino del mundo se ha convertido en el reino de nuestro Señor y de su Cristo y él reinará por los siglos de los siglos. Aleluya.

Conclusión

¡No importa dónde he tenido que enseñar el contenido de este libro (y lo he hecho en cuatro continentes) siempre recibo las mismas reacciones! Alguien comenta: «¡realmente es bastante trabajo!» Y alguien más dice: «¡Es que no tengo tiempo para todo esto! ¿Y qué de todo lo demás que tengo que hacer?»

Siento bastante compasión cuando oigo estas respuestas. Puede ser una verdadera lucha encontrar el balance entre la vida familiar, los tiempos devocionales personales y la iglesia (y la vida laboral, si es que uno no recibe paga por su ministerio). Hay semanas que lo menos que podemos esperar es poder sobrellevar el día.

Sin embargo, todos hacemos tiempo para las cosas que nos parecen importantes. Si pertenecer al equipo local de fútbol es importante para nosotros, entonces dejamos de hacer otras cosas para poder asistir a las prácticas o viajar para los partidos. Si pasar tiempo con nuestra familia es importante para nosotros, entonces estaremos preparados para rechazar invitaciones a eventos interesantes. Y así sucesivamente…

Si predicar la palabra de Dios es importante para nosotros, entonces buscaremos tiempo para orar por nuestra predicación, para estudiar y mejorar nuestra predicación y nuestro conocimiento de la palabra de Dios, para que otros nos enseñen acerca de la predicación y la palabra de Dios, y nos digan cómo vamos progresando. Por supuesto, siempre habrá más cosas por hacer, y tenemos que ser realistas acerca el tiempo que tenemos disponible. No debemos sentirnos culpables por no poder hacer más. Pero de todas formas, deberíamos hacer todo lo posible por aprender a interpretar correctamente la palabra de Dios, así como Pablo le recuerda a Timoteo (2Ti 2.15).

Porque muy por encima de todo, el ministerio es un privilegio.

> Todo esto proviene de Dios, quien por medio de Cristo nos reconcilió consigo mismo y nos dio el ministerio de la reconciliación: esto es, que en Cristo, Dios estaba reconciliando al mundo consigo mismo, no tomándole en cuenta sus pecados y encargándonos a nosotros el mensaje de la reconciliación. Así que somos embajadores de Cristo, como si Dios los exhortara a ustedes por medio de nosotros: «En nombre de Cristo les rogamos que se reconcilien con Dios». (*2Co 5.18-20*).

Presta atención a dos cosas que dice Pablo.

Hemos sido reconciliados con Dios por medio de Cristo. La única razón que tenemos un ministerio es porque hemos recibido el evangelio de Jesús. Sin él, todavía seriamos esclavos de nuestros pecados, y estaríamos enfrentando el juicio de Dios por ellos. La maravilla de las buenas nuevas es que no recibimos condenación por estos pecados. Cristo pagó el castigo por nosotros. Como lo dice Pablo en el siguiente versículo: «Al que no cometió pecado alguno, por nosotros Dios lo trató como pecador, para que en él recibiéramos la justicia de Dios». (2Co 5.21). Esto es lo que permitió que tengamos una relación con Dios. Entonces por consiguiente…

Tenemos un mensaje de reconciliación. Habiendo sido reconciliados con nuestro Creador, seguramente deberíamos desear que otros disfruten del mismo gozo. Mientras predicamos el evangelio de Jesucristo, en realidad ofrecemos a los que nos rodean la oportunidad de disfrutar la misma reconciliación. Pablo dice que es como si Dios exhortara a otros por medio de nosotros. Esto es porque somos embajadores de Dios.

Considera el papel que juegan los embajadores. Representan a su país en tierras extranjeras. Y, en particular, representan al gobierno de su país en otros países. Es un gran privilegio ocupar esa posición, y conlleva verdadera influencia. En especial si el país es poderoso o el que gobierna el país es popular. Esto no significa que estén libres de emitir sus propias opiniones sobre asuntos de estado. Más bien, tienen que siempre honrar y defender las políticas de su gobierno. Los embajadores tienen autoridad, pero también están bajo autoridad.

¿Si esto es ocurre con embajadores del mundo, cuanto más con embajadores de Cristo? Claro que a los embajadores de Cristo no se les garantiza el respeto del mundo. Ningún siervo está por encima de su amo. Pero podemos estar seguros que es un privilegio del reino. Hablamos en nombre de Dios. Somos sus agentes que llevan reconciliación entre pecadores y un Dios misericordioso (lo cual debería producir la reconciliación entre personas). No es nuestro mensaje, sino de él. Nuestra tarea consiste en ser lo más fieles posibles a lo que Dios nos ha revelado. Es por eso que estudiamos y trabajamos duro. Es por eso que leemos y hablamos con otros en este proceso de aprendizaje de toda una vida. Es por eso que tomamos muy en serio la preparación de nuestros sermones.

Nunca podremos hacer lo suficiente, siempre habrá más por hacer. Pero debemos hacer lo mejor que podamos. Y luego confiar que Dios hará su obra mientras su palabra se expande.

Solo estaremos comprometidos a todo este esfuerzo si estamos constantemente conscientes del privilegio que tenemos cuando hablamos en su nombre. ¡Después de todo, qué mayor privilegio puede haber que proclamar cosas que los ángeles anhelan leer!

Apéndice 1

Las parábolas de Jesús

	Titulo	Mateo	Marcos	Lucas
1	Una ciudad en la colina	Mt 5.14		
2	Lámpara debajo de un cajón	Mt 5.15	Mr 4.21	Lc 8.16–18; 11.33
3	El prudente y el insensato	Mt 7.24–27		Lc 6.46–49
4	Vestido viejo y tela nueva	Mt 9.16	Mr 2.21	Lc 5.36
5	Vino nuevo en odres viejos	Mt 9.17	Mr 2.22	Lc 5.37–38
6	El hombre fuerte	Mt 12.29	Mr 3.27	Lc 11.21–22
7	La mala hierva	Mt 13.24–30		
8	El sembrador y los terrenos	Mt 13.3–9, 18–23	Mr 4.3–8, 14–20	Lc 8.5–8, 11–15
9	La semilla de mostaza	Mt 13.31–32	Mr 4.30–32	Lc 13.18–19
10	La levadura	Mt 13.33		Lc 13.20–21
11	El tesoro escondido	Mt 13.34		
12	La perla valiosa	Mt 13.45–46		
13	La red	Mt 13.47–50		
14	Dueño de una casa	Mt 13.52		
15	La oveja perdida	Mt 18.10–14		Lc 15.4–7
16	El siervo despiadado	Mt 18.23–35		
17	Los viñadores	Mt 20.1–16		
18	Los dos hijos	Mt 21.28–32		
19	Los labradores malvados	Mt 21.33–44	Mr 12.1–11	Lc 20.9–18
20	El banquete de bodas	Mt 22.1–14		Lc 14.15–24

21	La higuera	Mt 24.32–35	Mr 13.28–31	Lc 21.29–33
22	Siervo fiel	Mt 24.45–51	Mr 13.34–37	Lc 12.35–48
23	Las diez jóvenes	Mt 25.31–46		
24	Las monedas de oro	Mt 14–30**		
25	Las ovejas y las cabras	Mt 25.31–46		
26	La semilla que crece		Mr 4.26–29	
27	Los dos deudores			Lc 7.41–43
28	El buen Samaritano			Lc 10.25–37
29	Un amigo a medianoche			Lc 11.5–8
30	El rico insensato			Lc 12.16–21
31	La higuera			Lc 13.6–9
32	Los asientos en un banquete de bodas			Lc 14.7–14
33	Calcular el costo			Lc 14.28–33
34	La moneda perdida			Lc 15.8–10
35	El hijo perdido			Lc 15.11–32
36	El administrador astuto			Lc 16.1–13
37	El rico y Lázaro			Lc 16.19–31
38	El maestro y siervo			Lc 17.7–10
39	La viuda insistente			Lc 18.1–8
40	El fariseo y del recaudador de impuestos			Lc 18.9–14
41	El dinero			Lc 19.12–27**
		25	10	28

** similar

Las parábolas que se acercan más en el evangelio de Juan:

- El pastor, la puerta y el asalariado (Jn 10.1–5, 7–18)
- La felicidad de una mujer después de la agonía del parto (Jn 16.21–22)

Apéndice 2

Armar una serie de sermones

Armar una serie de sermones no es una práctica común en las iglesias de otras partes del mundo. Hay muchas razones de ello.

Una de ellas es que algunas denominaciones utilizan un leccionario (una lista de lecturas para cada domingo del año), así que el trabajo de selección ya se ha realizado. Esto ciertamente te quita la presión, y puede ser muy útil compartir consejos con otros en la misma denominación, quienes están trabajando en el mismo pasaje. Sin embargo, puede haber desventajas, sin mencionar que no hay espacio para adaptar las series según las necesidades específicas de una iglesia local.

En otras iglesias, se prefiere una mayor espontaneidad, quizás decidir una semana o un mes antes el contenido del programa. Como espero que sea obvio en este libro, decidir qué predicar la noche anterior es un hábito imprudente e inútil, ¡ya que impide que el predicador tenga el tiempo y el espacio para siquiera prepararse!

La ventaja obvia de la planificación a corto plazo es la flexibilidad: el pastor tiene la libertad de responder rápidamente a las necesidades y preocupaciones urgentes de la iglesia. También permite que se dependa de la dirección del Espíritu de Dios.

Sin embargo, pensar a corto plazo también tiene inconvenientes. Significa que nunca tendremos una visión a largo plazo de la salud espiritual de la iglesia; siempre estaremos respondiendo al enfoque inmediato. También corremos el peligro de predicar sencillamente sobre los asuntos que nos gustan predicar. Más importante aún, puede hacer pensar que el Espíritu Santo *solamente* trabaja a través de lo espontáneo e inmediato. Sin embargo ¿Por qué no puede también trabajar a través de nuestros planes a largo plazo y en el establecimiento de una visión? Al respecto, ¿por qué se considera que el Espíritu Santo está más involucrado solamente cuando dejamos nuestra preparación para el último minuto con la esperanza que el Espíritu Santo nos guie? ¿Por qué creemos que el Espíritu no actúa cuando nos sentamos en nuestros escritorios, y nos preparamos semanas antes, en oración y estudio? Sugerir que el Espíritu Santo solo trabaja en lo espectacular o espontáneo es limitarlo, es encasillar a Dios. ¡Si el Nuevo Testamento enseña algo acerca de Dios, es que esto es imposible!

Por lo tanto, quiero sugerir que es bien sabio tener programas de predicación. Hay muchas maneras de construirlos, y mucho de esto es cuestión de gusto o costumbres de la iglesia. A continuación ofrezco buenas recomendaciones que han sido recogidas durante muchos años al participar en diferentes ministerios.

El año a simple vista

Cuando Pablo se despidió emotivamente de los ancianos de Éfeso en Hechos 20, compartió su gran sabiduría sobre el ministerio.[32] En particular, describe cómo trabajó entre ellos, posiblemente como un ejemplo para que ellos lo siguieran. Dos aspectos sobresalen.

> Ustedes saben que no he vacilado en predicarles todo lo que les fuera de provecho, sino que les he enseñado públicamente y en las casas. (*Hch 20.20*)

> Porque sin vacilar les he proclamado todo el propósito de Dios. (*Hch 20.27*)

Lo que esto ilustra muy claramente es el doble compromiso de Pablo.

- Estaba comprometido con las necesidades espirituales de las personas a las que servía. Así que, si ciertas verdades necesitaban repetición, o más explicaciones y aclaraciones, Pablo daría tiempo a esa tarea. Era sensible a sus preguntas y batallas, y especialmente a los desafíos que enfrentaron viviendo donde lo hacían. Entonces formó sus enseñanzas en base a lo que ellos necesitaban.
- ¡Estaba comprometido a enseñar las verdades que ellos no sabían que necesitaban! Les enseñaría «todo el propósito de Dios», incluso si no hubiera demanda para ello. Esto es porque tenía el propósito

---

32 Estos dos versículos fueron resaltados por primera vez para mi en una discusión muy provechosa que tuvimos con Chris Wright en Kampala en el 2003.

de hacer todo lo que estaba dentro de sus habilidades para darles bases firmes en el evangelio revelado en Cristo.

Esto proporciona pautas muy útiles para planificar una serie de sermones. Significa que deberíamos estar conscientes tanto de las necesidades específicas de la iglesia como de la necesidad de predicar verdades difíciles, simplemente porque están en la Biblia. Mantener un ojo en el plan anual es importante porque podemos ver lo que hemos pasado por alto o quizá sobre enfatizado sin darnos cuenta.

Cuando estaba involucrado en planificar una serie de sermones en nuestra iglesia en Londres, tratábamos de lograr un balance anual de:

- Series del Nuevo y el Antiguo Testamento
- Series de por lo menos un evangelio por año (por lo general una sección pequeña, ver adelante).
- Series de por lo menos una epístola por año.
- Cuando predicamos del Antiguo Testamento, ofrecer variedad entre historia, literatura sapiencial y profecía.

Nuestra meta es proporcionar a la iglesia una dieta bíblica variada.

Al respecto, nos preguntan a menudo sobre la **predicación temática**. Esto es importante. No hay razón por la cual debería haber conflicto entre predicación temática y expositiva (del tipo que se enseña en los eventos de capacitación de Langham Predicación y a lo largo de este libro). Definitivamente hay lugar para ambos estilos. Después de todo, Pablo predicó lo que los efesios necesitaban aprender, y tomar un tema clave para predicar sería una buena manera de seguir el ejemplo que nos dejó.

Por ejemplo, piensa en predicar sobre el tema del dinero en la vida cristiana, o sobre cómo defender a Cristo en una cultura hostil ¿Cuán bien manejamos la Biblia cuando predicamos sobre estos temas? No podemos hacer bien nuestro trabajo si el sermón consiste mayormente en una lista variada de referencias bíblicas que abordan el mismo tema. Sería mucho mejor enfocarse en un pasaje bíblico para cada uno de los puntos principales del sermón. De esa manera es posible recurrir a diferentes partes de la Biblia haciéndoles justicia (sin tener que pasar horas revisando si estamos manejando cada versículo de una manera responsable).

Hay una gran ventaja de trabajar en base a libros de la Biblia la mayor parte del tiempo, a diferencia de las series temáticas. Ya que podemos estar seguros que no estamos predicando sencillamente nuestros temas favoritos (¡todos los tenemos!). Nos vemos obligados a lidiar con cosas difíciles o incluso incómodas cuando estudiamos todo el contenido de un libro. ¡No hay muchos lugares para esconderse! Así que yo siempre recomiendo predicar a lo largo de libros bíblicos tal vez un 80 por ciento de las veces.

Una serie a simple vista

Una vez que hayas decidido cómo quieres dividir el año con diferentes series, lo que sigue es decidir cómo dividirás cada serie individualmente.

Con grandes libros, por lo general no es recomendable abarcar todo el libro en una serie. Claro que, si eso es a lo que una iglesia está acostumbrada, entonces no hay nada de malo. El gran predicador galés, el Dr. Martyn Lloyd-Jones, trabajaba pacientemente a lo largo de libros como Romanos y Efesios durante varios años. Sin embargo, tenía un talento poco común y así fue como pudo predicar «todo el propósito de Dios». Pero, no siempre es el mejor modelo a seguir. Muchos trataron de copiar su estilo y fracasaron.

Aquí ofrezco algunas sugerencias personales para dividir series.

- Ten como objetivo series que no duren más de ocho a diez semanas. Para libros largos como Romanos y Lucas, toma unos cuentos capítulos a la vez y luego haz una pausa. Entonces retorna al libro para el siguiente bloque de enseñanzas. Para libros bastante extensos como el Apocalipsis, es recomendable ser selectivo. En vez de cubrir cada detalle de cada párrafo, trata de predicar sobre algunos de los pasajes más importantes que sean representativos de los pasajes que los rodean.
- Obviamente, algunos libros no necesitaran tanto como ocho semanas. Filemón y Judas tal vez solo requieran uno o dos sermones cada uno. Lo más importante es ayudar a los creyentes a captar una idea de todo el libro sin tener que confundirse.
- Si tu serie es acerca de un libro narrativo, divídelo por historia o conjunto de historias (incluso si algunos de los elementos de la historia aparecen muchos versículos después). Es imposible hacerle justicia a una historia si no incluimos todos los elementos de la historia como lo consideramos en el capítulo uno.

Necesitamos ver cómo los autores bíblicos terminan la narrativa antes de tratar de ponerla en práctica en nuestras congregaciones actuales.

- Si tu serie es de una epístola, busca cortes naturales en el argumento y aprovéchalos en el bosquejo. El esquema de Filipenses en el que trabajé en la sección 3 puede servirte de ejemplo para una serie.

Apéndice 3

El milenio

Un comentario final, pero breve, sobre el milenio y las distintas posturas. Ha habido una gran controversia sobre este asunto en círculos evangélicos. Así que, es importante reconocer por lo menos algunas de las posturas más sobresalientes.

La interrogante surge a partir de la interpretación de los mil años que aparecen en Apocalipsis 20.2–7. Para ser más específico, la pregunta es cómo se relaciona el milenio con la segunda venida de Cristo.

El premilenarismo

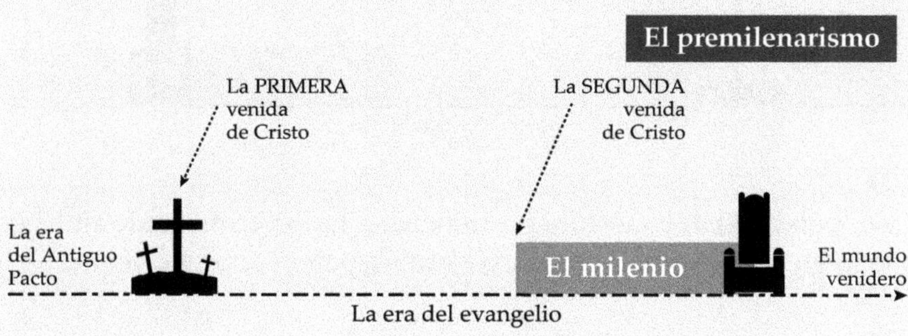

La postura premilenaria a menudo parece encajar de forma más natural con el sentido literal del texto en Apocalipsis 20. Enfatiza con frecuencia la formación del moderno Estado de Israel en 1947 como muestra del cumplimiento de las profecías del Antiguo Testamento. Y ha producido un notable conjunto de investigación de las Escrituras, especialmente de los libros proféticos y apocalípticos.

La postura premilenaria se subdivide en diferentes grupos, principalmente en torno a cómo el «arrebatamiento»[33] (el traslado del pueblo fiel de Dios, según quizá se sugiere en 1Ts 4.17) encaja con los tiempos de «tribulación» o sufrimiento.

Esta postura tiene algunos méritos, entre otras cosas porque toma en serio el texto bíblico y promueve la expectativa del cumplimiento de los propósitos de Dios. Pero, en lo absoluto no es la única postura que hay. Muchos han señalado lo peligroso que es construir marcos teológicos tan complejos con solamente un puñado de versículos y luego buscar otros pasajes que parezcan respaldarlos. Algunos de los versículos que se han usado para sustentar esta idea parecen que fueron interpretados de maneras que tienen muy poca relación con lo que el texto dice.[34]

El postmilenarismo

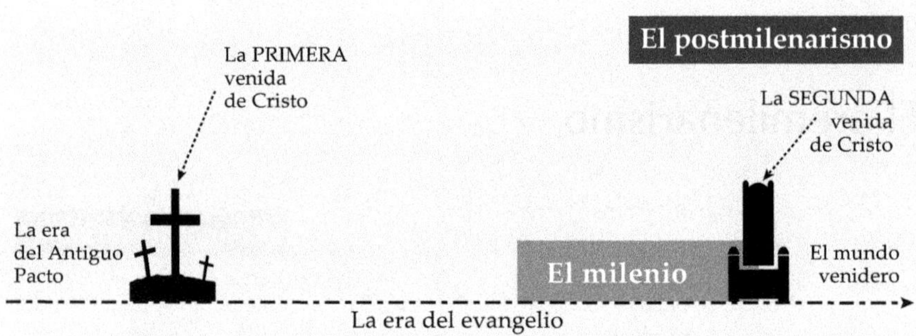

La popularidad de la postura postmilenaria ha experimentado altibajos a lo largo de los años. En algunos círculos, parece estar volviendo.

---

33 N. del E. En círculos evangélicos es común que se use el término «rapto», palabra inglesa que proviene de *rapture*. Pero, *rapture* y rapto no son lo mismo.

34 En 1 Tesalonicenses 5.17, el imaginario al que Pablo se refiere en el Monte Sinaí (Éx 19–20) cuando describe el retorno triunfal y público de Jesús, no es un evento privado para los creyentes. No existe sugerencia alguna de que vamos a ser trasladados, solamente a que nos encontraremos con el Señor y que estaremos con él. Aún más notorio, algunos interpretan Mateo 24.40–41 afirmando que se refiere al arrebatamiento de los creyentes. ¡Pero el contexto deja bien en claro que aquellos que serán arrebatados serán juzgados no salvados! Para mayor información, ver la obra de Christopher J.H. Wright, *El Dios que no entiendo* (Miami: Editorial Vida, 2008), especialmente el capítulo 9.

Esta postura considera que el milenio es una era gloriosa en la cual la iglesia se va fortaleciendo a medida que el reino de Cristo crece alrededor del mundo. Espera el cumplimiento de las profecías del milenio en términos espirituales en vez de literales, y a veces resalta el crecimiento fenomenal de la iglesia alrededor del mundo en años recientes.

Uno de los problemas que tiene esta postura es que se vuelve difícil entender cómo la espantosa persecución a la iglesia en algunas regiones (especialmente en el siglo pasado) puede encajar con un período glorioso del reino milenario de la iglesia.

El amilenarismo

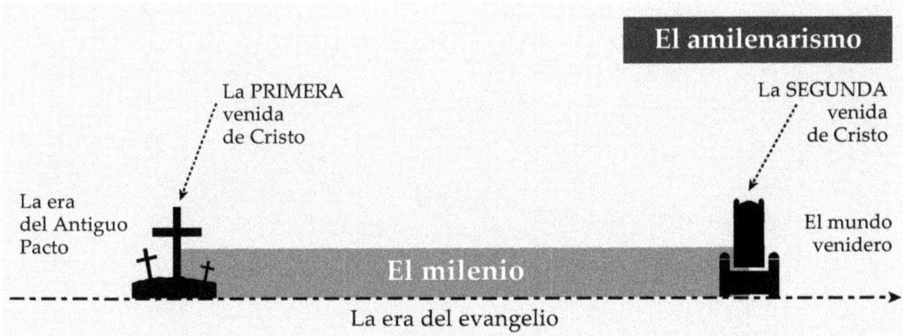

Esta postura no se aleja mucho de la postura postmilenaria. Los que sostienen la postura amilenaria dan por sentado que, al igual que los otros números que aparecen en el Apocalipsis, los mil años no debe tomarse literalmente, sino que es lo mismo que la era del Evangelio y los últimos días. Los amilenaristas sostienen que Cristo reina ya en su trono celestial, mientras que Satanás ha sido atado y encadenado (las cosas no son tan malas como podrían ser). No esperan que el bienestar de la iglesia mejore paulatinamente alrededor del mundo, sino que la expansión de la iglesia y la persecución contra ella irán de la mano.

Sin duda, esta postura explica la razón por la que cada generación ha sido capaz de relacionarse con el libro e identificar sus propias experiencias con su contenido. A menudo concuerda con el enfoque esbozado en el capítulo 10, que ve el Apocalipsis como un libro universal.

El punto débil de esta postura gira en torno al problema de tomar todo como simplemente una realidad «espiritual» y no inspira mucha expectativa o anticipación a lo que está por venir. Sin embargo, como probablemente ya se ha hecho obvio, esta postura es la que tiene mayor sentido para mí.

Cualquiera que sea nuestra postura final en este debate, debemos reconocer una sola verdad: el único detalle del que podemos estar completamente seguros es el hecho de que Cristo regresará. A este hecho se le da mayor importancia en las Escrituras que al milenio, y éste aparece solamente una vez y cuyo debate tiene razón de ser. Recuerda: las parábolas de Mateo 25 nos advierten que debemos estar preparados y confiar en Cristo; no dicen nada acerca de calcular fechas u obsesionarse con los detalles.

Apéndice 4

Citas del Antiguo Testamento en el Nuevo Testamento

A continuación incluyo mi propia lista de versículos donde se cita el Antiguo Testamento en el Nuevo Testamento. No incluye muchos versículos que aluden, o nos recuerdan, a otros pasajes.

Mt 1.23	Is 7.14
Mt 2.6	Miq 5.2
Mt 2.15	Os 11.1
Mt 2.18	Jer 31.15
Mt 3.3	Is 40.3
Mt 3.17	Gn 22.2
Mt 4.4	Dt 8.3
Mt 4.6–7	Sal 91.11–12
Mt 4.7	Dt 6.16
Mt 4.10	Dt 6.13
Mt 4.15–16	Is 9.1–2
Mt 5.21	Éx 20.13; Dt 5.17
Mt 5.27	Éx 20.14; Dt 5.18
Mt 5.31	Dt 24.1
Mt 5.38	Éx 21.24; Lv 24.20; Dt 19.21
Mt 5.43	Lv 19.18
Mt 8.17	Is 53.4
Mt 9.13	Os 6.6
Mt 10.35–36	Miq 7.6
Mt 11.10	Mal 3.1
Mt 12.7	Os 6.6
Mt 12.18–21	Is 42.1–4
Mt 13.14–15	Is 6.9–10
Mt 13.35	Sal 78.2
Mt 15.4	Éx 20.12; 21.17; Dt 5.16
Mt 15.8–9	Is 29.13
Mt 17.5	Sal 2.7
Mt 17.5	Is 42.1
Mt 18.16	Dt 19.15
Mt 19.4	Gn 1.27
Mt 19.5	Gn 2.24
Mt 19.18–19	Éx 20.12–16; Lv 19.18; Dt 5.16–20
Mt 21.5	Zac 9.9
Mt 21.9	Sal 118.25–26
Mt 21.13	Is 56.7
Mt 21.13	Jer 7.11
Mt 21.42	Sal 118.22–23
Mt 22.32	Éx 3.6
Mt 22.37	Dt 6.5
Mt 22.39	Lv 19.18
Mt 22.44	Sal 110.1
Mt 23.39	Sal 118.26
Mt 24.15	Dn 11.31; 12.11
Mt 26.31	Zac 13.7
Mt 26.64	Sal 110.1; Dn 7.13
Mt 27.9–10	Zac 11.12–13
Mt 27.46	Sal 22.1
Mr 1.2	Mal 3.1
Mr 1.3	Is 40.3
Mr 4.12	Is 6.9–10

Mr 7.6–7	Is 29.13
Mr 7.10	Éx 20.12; 21.17; Dt 5.16
Mr 9.48	Is 66.24
Mr 10.6	Gn 1.27
Mr 10.7	Gn 2.24
Mr 10.19	Éx 20.12–16
Mr 11.9–10	Sal 118.25–25
Mr 11.17	Is 56.7; Jer 7.11
Mr 12.10–11	Sal 118.22–23
Mr 12.26	Éx 3.6
Mr 12.29	Dt 6.4
Mr 12.30	Dt 6.5
Mr 12.31	Lv 19.18
Mr 12.36	Sal 110.1
Mr 13.14	Dn 9.27; 11.31; 12.11
Mr 14.27	Zac 13.7
Mr 14.62	Sal 110.1
Mr 15.34	Sal 22.1
Lc 1.17	Mal 4.5–6
Lc 2.23	Éx 13.2, 12
Lc 2.24	Lv 12.8
Lc 3.4–6	Is 40.3–5
Lc 4.4	Dt 8.3
Lc 4.8	Dt 6.13
Lc 4.10–11	Sal 91.11–12
Lc 4.12	Dt 6.16
Lc 4.18–19	Is 61.1–2
Lc 7.27	Mal 3.1
Lc 8.10	Is 6.9
Lc 10.27	Lv 19.18; Dt 6.5
Lc 18.20	Éx 20.12–16; Dt 5.16–20
Lc 19.38	Sal 118.26
Lc 19.46	Is 56.7; Jer 7.11
Lc 20.17	Sal 118.22
Lc 20.37	Éx 3.6
Lc 20.42–43	Sal 110.1
Lc 22.37	Is 53.12
Lc 23.30	Os 10.8
Lc 23.46	Sal 31.5
Jn 1.23	Is 40.3
Jn 1.51	Gn 28.12
Jn 2.17	Sal 69.9
Jn 6.31	Éx 16.4
Jn 6.45	Is 54.13

Jn 10.34	Sal 82.6
Jn 12.13	Sal 118.25
Jn 12.15	Zech 9.9
Jn 12.38	Is 53.1
Jn 12.40	Is 6.10
Jn 13.18	Ps 41.9
Jn 15.25	Sal 35.19
Jn 15.25	Sal 69.4
Jn 19.24	Sal 22.18
Jn 19.29	Sal 69.21
Jn 19.36	Éx 12.46
Jn 19.36	Nm 9.12
Jn 19.36	Sal 34.20
Jn 19.37	Zac 12.10
Hch 1.20	Sal 69.25
Hch 1.20	Sal 109.8
Hch 2.17–21	Jl 2.28–31
Hch2.25–28	Sal 16.8–11
Hch 2.31	Sal 16.10
Hch 2.34–35	Sal 110.1
Hch 3.22–23	Dt 18.15, 19
Hch 3.25	Gn 22.18; 26.4; 28.14
Hch 4.11	Sal 118.22
Hch 4.25–26	Sal 2.1–2
Hch 7.3	Gn 12.1
Hch 7.6–7	Gn 15.13–14
Hch 7.18	Éx 1.8
Hch 7.27–28	Éx 2.13–14
Hch 7.29	Éx 2.15
Hch 7.32	Éx 3.6
Hch 7.33	Éx 3.5
Hch 7.34	Éx 2.24
Hch 7.34	Éx 3.7–10
Hch 7.37	Dt 18.15
Hch 7.40	Éx 32.1
Hch 7.42–43	Am 5.25–27
Hch 7.49–50	Is 66.1–2
Hch 8.32–33	Is 53.7–8
Hch 13.33	Sal 2.7
Hch 13.34	Is 55.3
Hch 13.35	Sal 16.10
Hch 13.41	Hab 1.5
Hch 13.47	Is 49.6
Hch 15.16–18	Am 9.11–12
Hch 23.5	Éx 22.28
Hch 28.26–27	Is 6.9–10

Ro 1.17	Hab 2.4
Ro 2.6	Sal 62.12; Pr 24.12
Ro 2.24	Is 52.5
Ro 3.4	Sal 51.4
Ro 3.10	Sal 14.1; Ec 7.20
Ro 3.11–12	Sal 14.2–3
Ro 3.13	Sal 5.9; 140.3
Ro 3.14	Sal 10.7
Ro 3.15–17	Is 59.7–9
Ro 3.18	Sal 36.1
Ro 4.3	Gn 15.6
Ro 4.7–8	Sal 32.1–2
Ro 4.17	Gn 17.5
Ro 4.18	Gn 15.5
Ro 7.7	Éx 20.17; Dt 5.21
Ro 8.36	Sal 44.22
Ro 9.7	Gn 21.12
Ro 9.9	Gn 18.10
Ro 9.12	Gn 25.23
Ro 9.13	Mal 1.2–3
Ro 9.15	Éx 33.19
Ro 9.17	Éx 9.16
Ro 9.20	Is 29.16
Ro 9.20	Is 45.9
Ro 9.21	Jer 18.6
Ro 9.25	Os 2.23
Ro 9.26	Os 1.10
Ro 9.27	Is 10.22
Ro 9.27	Os 1.10
Ro 9.28	Is 10.23
Ro 9.29	Is 1.9
Ro 9.33	Is 8.14; 28.16
Ro 10.5	Lv 18.5
Ro 10.6–8	Dt 30.12–14
Ro 10.11	Is 28.16
Ro 10.13	Jl 2.31
Ro 10.15	Is 52.7; Nah 1.15
Ro 10.16	Is 53.1
Ro 10.18	Sal 19.4
Ro 10.19	Dt 32.21
Ro 10.20–21	Is 65.1–2
Ro 11.3	1R 19.10
Ro 11.4	1R 19.18
Ro 11.8	Dt 29.4
Ro 11.8	Is 29.10
Ro 11.9–10	Sal 69.22–23
Ro 11.26	Is 59.20
Ro 11.27	Is 27.9; 59.21; Jer 31.33–34
Ro 11.34	Is 40.13
Ro 11.35	Job 41.11
Ro 12.19	Dt 32.35
Ro 12.20	Pr 25.21–22
Ro 13.9	Éx 20.13–17; Lv 19.18; Dt 5.17–21
Ro 14.11	Is 45.23
Ro 15.3	Sal 69.9
Ro 15.9	2S 22.50
Ro 15.9	Sal 18.49
Ro 15.10	Dt 32.43
Ro 15.11	Sal 117.1
Ro 15.12	Is 11.10
Ro 15.21	Is 52.15
1Co 1.19	Is 29.14
1Co 1.31	Jer 9.24
1Co 2.9	Is 52.15; 64.4
1Co 2.16	Is 40.13
1Co 3.19	Job 5.13
1Co 3.20	Sal 94.11
1Co 5.13	Dt 17.7
1Co 6.16	Gn 2.24
1Co 9.9	Dt 25.4
1Co 10.7	Éx 32.6
1Co 10.26	Sal24.1
1Co 14.21	Is 28.11–12
1Co 15.27	Sal 8.6
1Co 15.32	Is 22.13
1Co 15.45	Gn 2.7
1Co 15.54	Is 25.8
1Co 15.55	Os 13.14
2Co 4.13	Sal 116.10
2Co 6.2	Is 49.8
2Co 6.16	Lv 26.12
2Co 6.16	Ez 37.27
2Co 6.17	Is 52.11
2Co 6.17	Ez 20.34
2Co 6.18	2S 7.8, 14
2Co 8.15	Éx 16.18
2Co 9.9	Sal 112.9
2Co 10.17	Jer 9.24
2Co 13.1	Dt 19.15
Gá 3.6	Gn 15.6

Gá 3.8	Gn 12.3
Gá 3.10	Dt 27.26
Gá 3.11	Hab 2.4
Gá 3.12	Lv 18.5
Gá 3.13	Dt 21.23
Gá 3.16	Gn 13.15; 17.7
Gá 4.27	Is 54.1
Gá 4.30	Gn 21.10
Gá 5.14	Lv 19.18
Ef 4.8	Sal 68.18
Ef 4.26	Sal 4.4
Ef 5.31	Gn 2.24
Ef 6.2–3	Éx 20.12; Dt 5.16
Flp 2.10–11	Is 45.23
1Ti 5.18	Dt 25.4
Heb 1.5	2S 7.14
Heb 1.5	Sal 2.7
Heb 1.6	Dt 32.43
Heb 1.7	Sal 104.4
Heb 1.8–9	Sal 45.6–7
Heb 1.10–12	Sal 102.25–27
Heb 1.13	Sal 110.1
Heb 2.6–8	Sal 8.4–6
Heb 2.12	Sal 22.22
Heb 2.13	Is 8.17–18
Heb 3.5	Nm 12.7
Heb 3.7–11	Sal 95.7–11
Heb 3.15	Sal 95.7–8
Heb 4.3	Sak 95.11
Heb 4.4	Gn 2.2
Heb 4.5	Sal 95.11
Heb 4.7	Sal 95.7–9
Heb 4.10	Gn 2.2; Sal 95.11
Heb 5.5	Sal 2.7; 110.4
Heb 6.14	Gn 22.17
Heb 7.1	Gn 14.17
Heb 7.17	Sal 110.4
Heb 7.21	Sal 110.4
Heb 8.5	Éx 25.40
Heb 8.8–12	Jer 31.31–34
Heb 9.20	Éx 24.8
Heb 10.5–7	Sal 40.6–8

Heb 10.12–13	Sal 110.1
Heb 10.16–17	Jer 31.33–34
Heb 10.27	Is 26.11
Heb 10.28	Dt 17.6
Heb 10.30	Dt 32.35–36
Heb 10.37–38	Is 26.20; Hab 2.3–4
Heb 11.5	Gn 5.24
Heb 11.18	Gn 21.12
Heb 12.5–6	Pr 3.11–12
Heb 12.13	Pr 4.26
Heb 12.20	Éx 19.12–13
Heb 12.21	Dt 9.19
Heb 12.26	Hag 2.6
Heb 12.29	Dt 4.24
Heb 13.5	Dt 31.6
Heb 13.6	Sal 18.6–7
Stg 2.8	Lv 19.18
Stg 2.11	Éx 20.13–14; Dt 5.17–18
Stg 2.23	Gn 15.6
Stg 4.6	Pr 3.34
1P 1.16	Lv 19.2
1P 1.24–25	Is 40.6–8
1P 2.6	Is 28.16
1P 2.7	Sal 118.22
1P 2.8	Is 8.14
1P 2.22	Is 53.9
1P 2.24–25	Is 53.4–6
1P 3.10–12	Sal 34.12–16
1P 3.14–15	Is 8.12–13
1P 4.18	Pr 11.31
1P 5.5	Pr 3.34
2P 1.17	Sal 2.7; Mt 17.5; Mr 9.7; Lc 9.35
2P 2.22	Pr 26.11
Ap 1.7	Dn 7.13; Zac 12.10
Ap 2.27	Sal 2.9
Ap 4.8	Is 6.3
Ap 6.16	Os 10.8
Ap 14.7	Sal 146.6

Serie Recursos Langham Predicación

La predicación bíblica transformadora
Jonathan Lamb
Ediciones Puma
ISBN: 978-612-4252-10-5
Tapa rústica, 15.2 cm. x 22.8 cm., 320 páginas

Cómo predicar desde el Antiguo Testamento
Christopher Wright
Ediciones Puma
ISBN: 978-612-4252-10-5
Tapa rústica, 15.2 cm. x 22.8 cm., 320 páginas

www.ingramcontent.com/pod-product-compliance
Ingram Content Group UK Ltd.
Pitfield, Milton Keynes, MK11 3LW, UK
UKHW022027190726
13853UKWH00005B/2149